特种战

灵活机动下的尖刀对决

SPECIAL WARS

战典

『战典丛书』编写组◎编著

哈尔滨出版社
HARBIN PUBLISHING HOUSE

图书在版编目（CIP）数据

特种战：灵活机动下的尖刀对决 / 《战典丛书》编写组
编著. — 哈尔滨：哈尔滨出版社，2017.4（2021.3重印）
（战典丛书：典藏版）
ISBN 978-7-5484-3121-3

Ⅰ．①特… Ⅱ．①战… Ⅲ．①特种战争－战争史－世界
－通俗读物 Ⅳ．①E19-49

中国版本图书馆CIP数据核字（2017）第024953号

书　　名：特种战——灵活机动下的尖刀对决
　　　　　TEZHONGZHAN——LINGHUO JIDONG XIA DE JIANDAO DUIJUE

作　　者：《战典丛书》编写组　编著
责任编辑：陈春林　韩伟锋
责任审校：李　战
全案策划：品众文化
全案设计：琥珀视觉

出版发行：哈尔滨出版社（Harbin Publishing House）
社　　址：哈尔滨市香坊区泰山路82-9号　　邮编：150090
经　　销：全国新华书店
印　　刷：铭泰达印刷有限公司
网　　址：www.hrbcbs.com　　　www.mifengniao.com
E－mail：hrbcbs@yeah.net
编辑版权热线：（0451）87900271　87900272
销售热线：（0451）87900202　87900203

开　　本：787mm×1092mm　1/16　印张：22　字数：300千字
版　　次：2017年4月第1版
印　　次：2021年3月第2次印刷
书　　号：ISBN 978-7-5484-3121-3
定　　价：49.80元

凡购本社图书发现印装错误，请与本社印制部联系调换。
服务热线：（0451）87900278

烽火狼烟的暗面

人类历史的发展一直都是踩踏着战争的废墟而前进的，我们虽然厌恶战争但是却无法使它消失。从原先冷兵器时代的烽火狼烟到现在的坦克、飞机，人类社会经历了一场又一场残酷的战争，战场成为人与人、部落与部落、民族与民族、国家与国家之间生死对决的角斗场。要想在残酷的战场上获得胜利，不仅要懂得应对战场上的明刀明枪，还必须要能够清楚地看到深藏在暗中有可能射来的暗箭。在最意想不到的地方给予敌人最意想不到的致命一击，战场上这不叫做狡诈而叫做战术。

正所谓得胜之道不在于人多势众，而在于精兵强将。你要善于运用自己手中的暗箭，这支暗箭就是一直以来隐藏在战场暗处的特种兵。每当战场上上演万炮齐发、重兵坦克开道的宏大场面的时候，在人们看不见的暗处，同时也正在进行着一场场更为激烈紧张的战争。从最初的敢死队和一些临时的特别行动队，一直到现在划归为军队编制里不可缺少的一个兵种，特种兵在现代战场上的位置越来越显得举足轻重。尤其是在近期的一些局部战争中，特种部队已经将它在现代战争中所占据的优势完全体现了出来。特种兵正在从战争的暗处逐渐地走向战争的明处，以一种新的面貌出现在战场上。不同的国家，根据各自的作战需要与特点组建出来的特种兵也是各具特色的，想要在和平年代了解一国的军事力量，从其特种兵的战斗能力上也可以看到一些。

而特种兵真正的能力的体现，在于他们总是能够完成其他兵种不能够完成的任务。特种兵的每一步行动在战争中都有着极为重要的战略意义，有的时候甚至可以直接影响到战争的胜败。一个优秀的指挥官绝对不会忽视特种部队在战场上的作用，而是会让其发挥应有的作用，利用特种兵隐蔽于暗处的特殊作战方式给予敌人最猛烈的打击。

未来战争中的先锋队

虽然人类社会的发展使战争的形态越来越倾向于信息化，作战的方式也比原来发生了很大的不同，但是这些也只是给战争赋予了更新的内涵，最为基本的战争形态并没有改变。战争在未来不论怎样发展，不可否认的一点是它仍然是人的战争。与传统战争不同的是，未来的战争将会更加注重效果，尽可能地以最小的代价来谋取最大的利益。发动一场大战早已经不受青睐，考虑到经济、政治、军事等多方面的问题，小型战争将会更加受到"欢迎"，在解决冲突矛盾的同时还能够减少战争带来的危害。

与之对应的冲锋兵当然也就是特种部队了，小组作战，战斗力强劲的他们最符合未来战争的各项指标与要求。但是这种小型战争并不是指战斗规模的缩小，相反，发达的科技反而会使战斗规模在时间和空间上更加扩大，一支小小的特种部队加上其装备的各种高科技武器，使得特种部队的战斗范围不断扩大，仅需要一个特种兵就可以掌控原先可能需要十几个普通士兵才能掌控住的作战区域，这样一来，使用特种兵的一方绝对会在战争中占有更大的优势。还有极为重要的一点就是如果能够在战争中正确地使用特种兵，甚至可以在直接达成战略企图上省去不少麻烦。

作为先锋队，就是要在部队发起大规模进攻前冲在最前面，为部队扫除一切前进的障碍。但是无论特种兵如何厉害，战斗力是怎样惊人，他们毕竟不是作战机器，要想成功地完成如此危险艰巨的任务，他们依靠的除了自己从训练中获得的素质与能力之外，还要懂得如何出奇制胜。在战场上运用多手段的作战方法，在执行任务的时候，通过将特种队员编组化实现多方位、立体化的作战企图，在各种不同的作战方式配合使用下一举多得，同时达到多个作战目的。但是无论最终是从哪一方面考虑，特种部队已经成为现代战争中不可缺少的一部分了。

战争最后的兵种

特种兵一般指的是由国家最高军事指挥机关或者是国家元首直接领导的用以完成一般军中无法完成的任务的特殊兵种。虽然根据每个国家国情的不同，具体情况也有一些差别，但是特种兵最基本的特点是与其他的兵种相比，他们的编制十分灵活，人员都是从各个部队中挑选出来的精英，要经过严苛的残酷训练的考验，配备着最先进的装备，在战场上训练有素、机动快速，拥有着超强的战斗力。除此之外，他们还经常出现在战场以外的地方，比如说深入到敌人的阵地进行袭击和破坏，执行暗杀或解救人质的任务，潜入敌后侦察和搜集情报，甚至还有的特种部队专门进入敌国国内发动心理攻势，作各种心理宣传。他们神出鬼没，总是能在各种让人意想不到的地方出现。但是有一点是一样的，他们总是被派往最危险的地方去执行最危险的任务。

他们超强的战斗力使他们成为战争中最后的兵种，而且随着现代军事理论和新的作战方式的发展，特种兵的角色也逐渐由辅助作战变得越来越重要，或者说他们成了现代化军事不断发展的产物。因为在未来战争中，信息化的作战方式成为战争的主导，远程精确攻击逐渐取代了以往的以攻城占地为主要目的的近距离作战，在最短的时间内解决战斗取代了长时间的拉锯战，所以特种兵在这个时候就是最好的选择。有时候他们甚至成为一场战争胜败与否的关键点。

特别是在近些年的几次局部战争中，这种倾向也越来越明显。如在1991年1月17日—2月28日的海湾战争中，美军和多国联合部队在对伊拉克进攻之前，为了弄清楚伊拉克的军事装备情况，派遣大批特种兵队员伪装成当地的阿拉伯人，潜入伊拉克腹地搜集到了许多重要的情报，摧毁了美军最大的顾忌——伊拉克的导弹发射架，这才使得美军的"沙漠风暴"行动得以完美实施。

穿越生与死的边界

今天，世界范围内各国之间的较量，随着社会的发展，军事的进步，"明争"减少"暗斗"增多。无论是在一个国家内部，或是一个地区，乃至整个世界，发动战争变得越来越困难了。人们渴望和平，厌恶战争，战争的残酷即使是没有亲身经历过的人，也能从各种图片、视频、资料中耳闻目睹。民意是不容忽视的，各国的执政者们唯有再三思量。

但是当利益冲突出现时，这些难以调和的矛盾就很有可能引起相互之间的冲突，甚至是一场战争。有些国家为了本国的利益，或是以国家安全为由与别国产生矛盾，这不可避免，也可以理解，但这些国家元首也深知，战争不可轻易发动，此时特种兵就成为最好的选择。特种兵本身就是为了解决这些棘手的问题而存在的，每一次任务对于他们来说就好像是高空走钢丝一样，每一次都是穿越生与死的边界，根本不知何时会一不小心坠入深渊。

他们穿越在生与死之间，让人们看得心惊肉跳，有的会成功地完成表演，让人不禁拍手叫好，有的也会因为这一次表演，坠入深渊，失去了生命。

特种兵执行任务的危险性不容置疑，这一点单从他们执行任务的对象就可看出。有凶狠残忍让人闻风丧胆的恐怖分子，也有各国或地区的重要人物，与这些人物正面冲突，一决高下，其中的危险性不言而喻。特别是在执行暗杀任务时，因为目标通常都是重要人物，身边必定防卫森严。这在无形中又增加了任务的危险程度，在行动中的任何疏忽都会导致行动失败，更为严重的后果是还会使行动暴露，将行动上升到国家层面。特种兵队员们在执行一些任务的时候甚至是抱着必死的心态，在这一点上我们甚至可以把他们简单地看做战斗力更加厉害的敢死队。但是这是他们的任务使然，危险早已经成为特种兵战士的一种标志、一种象征，即使最后他们的勋章只是书本上某某战役最终胜利的一句简单陈述。

神秘的幽灵

在风云变幻的战场上，每时每刻都会发生让人意想不到的事情，战争的可怕就在于上一刻你可能还在踌躇满志地计划着将敌人一网打尽，下一刻你却落入敌人的圈套无计可施。这其中的变数虽多，但是最为致命的就是战场上这些让人捉摸不透、神出鬼没的特种兵。神秘是他们的另一个重要标志。所有国家都对自己的特种兵部队实行保密的政策，不会允许媒体对特种部队作出一些多余的不必要的报道。所以，虽然在很多特大的军事行动中都会有特种部队的参加，但是我们却从来都不会知道他们到底干了些什么，一直到事情过去了很久以后，我们或许才能从一些秘密文档中找到当年有关特种部队行动的蛛丝马迹。

兵贵神速，攻其无备，出其不意，这可以看做是对特种部队神秘的另一种理解。他们就好像是深藏于地下两万里的神秘幽灵，让你无论如何也找不到他们的踪迹。在特种部队平日的训练里，最为基础的就是关于速度的训练，为的就是确保他们能够一直保持着备战状态，在接到任务的第一时间里就作好行动的准备，以确保只要发生突发情况、有重大的军事行动，他们就能够冲在最前面，立即投入战斗。比如美国的三角洲特种部队能够在几十分钟内出现在世界的任何一个角落，然后在完成了任务后又不留一丝痕迹地消失不见。所以特种兵给人们的印象就是哪里有突发情况他们就会出现在哪里，哪里有需要他们就会出现在哪里。他们总是一马当先地出现在人们希望他们出现的地方。

除了部队本身行动神秘之外，他们执行的任务也非常神秘，除了参与战争与打击恐怖分子之外，更多的是各国的最高机密，即使任务完成也很有可能不会留下任何记载，这就使得特种兵身上的神秘感变得更加浓厚。

特种兵的起源

特种兵的起源最早可以追溯到第二次世界大战时期，当时英国人首先意识到想要在战争中有更好的表现，就必须要有一支能够执行各种特殊任务的特种部队，于是英国专门组建了一支突袭小队，并以曾经让英军大为头疼的非洲布尔人的游击小队的名字"哥德曼"给这支部队命名。自成立之后，这支部队在战场上的表现大大超出了英军原本的期望，他们总是出现在敌人料想不到的地方，用奇袭的战术和闪电般的行动给予法西斯一次又一次沉重的打击。

1941年3月，"哥德曼"成功突袭了被德国占领的位于挪威西北的罗弗敦群岛，俘虏了二百多名德军士兵，还击沉了十一艘德国舰艇。1943年3月4日，"哥德曼"摧毁了德国在挪威的核工厂，粉碎了希特勒的原子弹计划……这一系列的突袭行动弄得希特勒心神不安，气急败坏的他对"哥德曼"下达了必杀的命令，声称要不惜一切代价将"哥德曼"赶尽杀绝。但是"哥德曼"不仅没有被希特勒赶尽杀绝，反而在二战的战场上创造出了更多辉煌。随后美国、德国和苏联都相继组建了自己的特种兵团。如美国的海豹突击队、苏联的阿尔法别动队等。

但是现在，在第二次世界大战结束之后，特种兵的作战环境和任务都发生了很大的改变。他们更多的是参与世界局部冲突问题的解决，以及对付恐怖分子，反恐已经成为了他们的首要任务。美国的三角洲特种部队，英国的特别空勤团都是令恐怖分子闻风丧胆的名字。

特种部队的任务

特种部队作为常规部队的加强和辅助，在战斗中往往能够起到四两拨千斤的作用，能够用极少的兵力对战局产生极大的影响。这是因为他们接受的任务也是常规情况下不能完成的。在战争中他们的任务主要分为以下几种。

一、深入敌营侦察敌情。采取各种隐蔽的方式，进入到敌军的后方或者是预定的侦察目标的附近，搜集到一般手段获取不到的能够对战局产生重要影响的情报。与一般侦察情报最大的不同在于特种兵侦察情报的范围更广泛，情况更复杂，环境更恶劣，侦察难度更大。

二、破坏敌军的重要军事设施。在战争中派出特种部队深入到敌军的战略后方，对敌军的重要军事设施如港口、军工厂等进行破坏，即实施特种部队最为擅长的特种突袭行动。执行此类任务的时候，最重要就是首先要依靠一些投送、渗透的手段先让特种兵出其不意地出现在既定目标附近，才能够完成接下来的任务，如果此类任务执行成功的话，有时候区区几个特种兵所造成的破坏力甚至可以抵得上一个大兵团。

三、为正规部队扫清行军障碍，控制住敌军的重要设施和枢纽，保障后勤与控制战局。在正规部队发起进攻之前，特种部队率先进入战场扫清敌军的障碍，夺取敌军的政府首脑机关或者占据所有交通枢纽，抢占先机，为正规部队铺平进攻道路。

四、暗杀行动。即"斩首行动"，直接对敌军的首脑采取暗杀行动。

但是随着二战的结束，特种部队的任务也发生了改变。因为由领土争端、民族宗教矛盾所引起的局部战争、武装冲突和恐怖主义逐渐成为人类社会新的威胁。特种部队的主要任务也变成了打击恐怖分子、解救人质、排除危险物品的反恐怖作战。

此书将为你揭开特种部队一直以来的神秘面纱，更为重要的是可以使你了解到整个特种作战史的发展。

在此书中，你将看到从一战到海湾战争期间最为精彩的特种战，这些特种战为我们呈现了其发展趋势，在将现代战争中的尖刀对决最真实的一面表现出来的同时，也还原了整个事件最真实的面目。当你被无情的战争所震撼的时候，也请记住战争永远都是伴随着伤害与痛苦的，但是为了保卫自己的国家，打击恐怖分子，我们要作好军事防御，建立一支实力超群的特种部队，为国家安全提供有力的保障。

序言

目录 contents

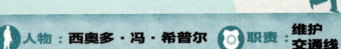

contents 目录

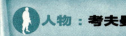

目录 contents

 人物：**奥托·斯科尔兹内** 职责：**救人** 特点：**勇敢**

contents 目录

沙场点兵

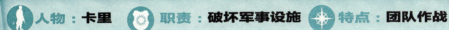

人物：**卡里**　　职责：**破坏军事设施**　　特点：**团队作战**

 ⑥ 第六章

苏联特种兵——捣毁德国生化武器基地

沙场点兵

人物：**格里高利耶夫**　　职责：**破坏军事设施**　　特点：**乔装**

目录 contents

人物：巴列夫　　职责：清除障碍　　特点：穿越封锁

contents 目录

目录 contents

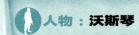

contents 目录

目录 contents

contents 目录

目录 contents

contents 目录

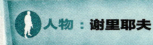

目录 contents

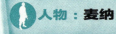 人物：麦纳 职责：营救 特点：谨慎

contents 目录

灵活机动下的尖刀对决

THE CLASSIC WARS

特种战

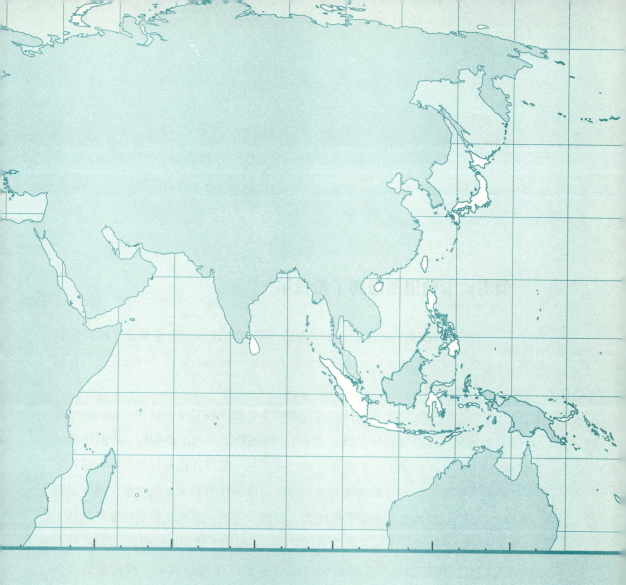

第一章

"闪电"序幕
——现代特种兵登上历史舞台

▲第一次世界大战中战败的德国在被逼无奈的情况下签订了《凡尔赛和约》，德国受到了战胜国的严厉制裁，《凡尔赛和约》成为德国人民沉重的枷锁。再加上世界经济危机的冲击，德国政坛风起云涌。以希特勒为代表的右翼分子乘机窃取了德国的政权，利用德国人民仇视《凡尔赛和约》的情绪，为了实现自己的野心，最终撕毁了《凡尔赛和约》，发动了第二次世界大战，而大战的第一枪则是由特种部队打响的。

前奏：卡纳里斯遇到了希普尔

　　希特勒执掌德国政权后立即在国内进行了各种改革，迅速重建了国内的秩序，在稳定了国内的局面后，他立即将野心的触角慢慢地伸向了周边还没有任何警觉的各个国家。

　　在1935年1月国际联盟主持的公民投票中，德国收复了被法国占领的盛产煤矿的萨尔地区，希特勒备受鼓舞，在3月，他违背了《凡尔赛和约》中对德国的军事限定条约，开始了军备扩张并且实行征兵制，德国谍报局还秘密征召组建了一个特种小队来执行一些秘密任务。当时负责这项任务的人是西奥多·冯·希普尔上尉，在一战中他曾经跟随着他的老上司保罗·冯·莱托沃贝克在东非战场上用极少的部队，使用游击战术困住了英国本来将要用于欧洲战场的大量英军。

　　这件事情对希普尔产生了极大的震动，他在仔细研究了一些相似的战例和其他国家非正规军的成功战例后，逐渐产生了一个大胆的念头，他要在德国组建一支特种部队，他深信这样的非正规军会在将来的战争中发挥不可估量的作用。

　　德国人的"刻板"世界闻名，德国军人也同样如此。要知道德国军人把军人的荣耀看得无比崇高，把非正规部队作战看做是对军人荣誉的一种侮辱。这种使用小部队游击战的做法虽然已被证明了

★《凡尔赛和约》签约仪式

是十分可行有利的，但是希普尔的想法还是让国防军最高统帅部感觉到非常为难，因为这件事情关系到无上的军人荣誉乃至国家的荣誉，很多军官认为如果战争是因为使用了特种兵才胜利的话，这样的胜利也是可耻的。

此时的德国最高统帅部军事情报局局长是威廉·弗兰茨·卡纳里斯，他的一生被神秘渲染，留下了许多不解之谜，被人称为"纳粹谍王"。

希特勒能够在二战初期的战场上迅如闪电，连连大捷，此人可以说是功不可没，正是他为希特勒建立了一个严密的，不仅在欧洲甚至可以渗透到美洲

★威廉·弗兰茨·卡纳里斯

和中东地区的庞大情报网，才让希特勒能够在战场上知己知彼。希特勒非常信任卡纳里斯，因为自从撕毁了《凡尔赛和约》开始恢复全民兵役，组建军队之后，希特勒也非常担心其他的国家会暗中对德国的工业军事等进行破坏，于是给予了卡纳里斯很大的权力和大笔的资金，让他进一步加强德国的特殊军事力量。

短短的两年时间里，原本只有几百名雇员的谍报局变成了上千人的庞大谍报组织。但是卡纳里斯还是不满足，他想要德国的军备力量更加强大。

所以当他看到了希普尔的关于建立一支特种部队的文件时，立刻眼前一亮，他本就是间谍出身，对于一些高级将领毫无用处的固执十分不屑。此时的德国军备虽有增长，但是在很多方面还是不能与其他的国家相比，于是"闪电战"的战术概念在德军中得到了发展与推广，不能以军队数量取胜，那么就要充分地利用别国正规军队不具备的速度和灵活，希普尔的特种小队建议正好与这一战术不谋而合。

卡纳里斯立刻把希普尔叫到了办公室，二人就此事进行了详密的商讨，最后卡纳里斯同意了让希普尔先征召一支临时小队。这支临时小队果然没有辜负希普尔的期望，马上就用实际行动向大家证明了它的价值。

精英组成：铸就勃兰登堡特种部队

按照希普尔的想法，这支特种部队的人数不必太多，但必须都是极其优秀的部队精英。在他还没有加入谍报局的时候，战场上多次的实战经验告诉他，一个部队的战斗力并不完全是由部队的人数决定的，最为重要的还是士兵的个人素质，在关键的时候一个训练有素、机智勇猛的士兵会比十个普通士兵有用得多。

现在组建这样的一支部队就是为了派他们去完成普通士兵完成不了的任务。比如说给正规部队扫清前进的各种障碍，在战斗开始前或者开始后深入敌军的内部进行破坏军事设备和信息交通枢纽、混乱敌人情报的活动等，要能够神出鬼没让敌人防不胜防，用极少的人数和损失给敌军带来巨大的破坏与恐慌。

希普尔在仔细地研究后，根据将要执行任务的特点制定了挑选队员的一系列标准。欧洲大陆国家众多，除了使用英语的国家外，还有好多国家拥有自己的语言，考虑到会有让队员潜入到别国的特别任务，所以报名者必须要会一门以上的外语。因为德国还是一个多民族的国家，虽然在1871年的时候普鲁士在普法战争中获胜，建立了统一的德意志帝国，但是德意志民族中的很多人还是生活在原先德国的殖民地或者边界上，会说多国语言的人并不少。因此希普尔还专门加上了一条，除了会说一门以上的外语外，还必须要十分了解当地的民俗风情。

有特种队员这样形容他们潜入别国执行任务时的要求，当进入这个国家之后，他们甚至要能跟当地的居民一样吐口水。这样小队的人员在各国执行任务的时候，除了不会有语言交流上的问题外，还因为生活在当地，熟知当地的各种生活习俗，没有哪个国家是这支部队所不熟悉的，只有如此才能安全地潜入、融合到敌国民众中完成各种任务。这支部队基本上可以轻松地潜入欧洲的所有国家来完成各种秘密任务。

除此之外他们本身必须拥有超强的体能，要学会各种完成秘密任务的技能和生存技巧。特训地点被选在了普鲁士的老城勃

★勃兰登堡的德军特种兵

兰登堡，那里的乡间有一大块空地。队员们在这里学习不用任何特殊工具在丛林中辨别方向，在森林中秘密行军，对抗各种恶劣天气，学会熟练地操作各种车船装备，悄无声息地扭断敌人的脖子不被任何人发现，独立地在任何一个地方生存下来……随着训练程

★训练中的勃兰登堡部队特种兵战士

度的不断深入与加强，留在队伍中的人越来越少，到最后留下的只能是经得起严酷考验的部队精英。

穿越边境：为闪击波兰铺平道路

很快，勃兰登堡特种兵展露锋芒的机会就来了。经过一系列精心准备，希特勒再也按捺不住自己的野心，1939年3月5日，希特勒不费丝毫力气地占领了捷克斯洛伐克，然后向波兰提出归还在一战战败后被划为波兰自由市的但泽，这一要求遭到了波兰的拒绝。希特勒从来没有打算将自己宝贵的时间浪费在跟波兰的无聊谈判上。1939年4月3日，一个代号为"白色方案"的秘密指令下达到了德国的三军部队。指令中说明与强调了"一切努力和准备工作必须集中于发动巨大的突然袭击"，三军部队必须在9月1日前完成对波兰的作战准备工作。

希普尔的这支特种部队也接到了同样的命令，就在军队准备要入侵波兰的前几天，希普尔就命令特种部队的一部分队员分散成二至三人一组，伪装成煤矿工人或其他工种的工人，开始秘密地潜入了波兰的西里西亚地区。西里西亚位于波兰的西南部，资源丰富，盛产煤矿和铁矿，工业发达，是波兰的重工业中心。

8月31日的晚上，希普尔则率领剩下的队员借着夜色的掩护穿过两国的边界，然后按照计划到达了横穿波兰中心的维斯图拉河沿岸的桥边。在对维斯图拉河周围的环境作了侦察之后，他们选择一个十分隐秘的角落，借着河岸边植物的遮掩潜伏了下来。深夜的岸边静谧得让人心慌。希普尔和他的队员们匍匐在阴影里一动不动，接下来他们所要做的就是占领维斯图拉河沿岸所有的重要桥梁，为

★德军入侵波兰

德军打通这条重要的交通线。希普尔看了看漆黑的夜空，面色凝重，因为他们的时间非常紧迫。

德军正式向波兰进攻的时间被定在9月1日的凌晨4时左右，也就是说希普尔的部队必须要在天色未亮的时候就完成所有的任务，这样明天一早才能够让那些正规军队顺利地以最快的速度突破波兰人的军事防线。好在波军以为在有了英法联盟的保证后，就算希特勒再狂妄也不会贸然对自己发动进攻，所以并没有作出太多的战略部署。

希普尔在望远镜里看到不远处桥上的守卫部队并不是很多，只有一个哨兵正在桥头站岗。他对身后的队员做了一个偷袭的手势，有两名队员立刻离开了队伍融入了夜色当中，悄无声息地向桥头的守卫士兵慢慢逼近。桥头的波兰士兵环视了一下周围，没有发现任何异样，于是放松是地调整了一下姿势，突然，他感觉到脖子上一凉，已经被锋利的刀锋割破了喉咙，张大的嘴没有发出一点声音，只有倒在冰凉地面上的身体发出一声闷响。

哨所里的另一名士兵觉得刚才好像有什么声音，隔着玻璃向外望，只看见一片朦胧的夜色，于是打开门想问一下门外的士兵有没有发现什么动静。门刚打开他便意识到这是个错误的决定，因为他和他的同伴一样没有发出一点声音就被割断了喉咙。

任务完成得十分顺利，希普尔率领的部队很快就成功地占领了河上的所有重要桥梁，只等着天色一亮德军到来。同时早就潜入了西里西亚工业区各工厂的队员们也在这个晚上开始了行动，他们凭借这么多天潜伏所得到的重要信息，也成功地控制了工业区里几个最重要的工业设施。

凌晨4时45分，德军的轰炸机呼啸着向波兰境内飞去，开始对波兰的机场、铁路、公路、桥梁以及军火库等重要交通枢纽、军事设施进行大规模轰炸。没有丝毫准备的波军被来自四面八方的猛烈炮火打得晕头转向，猝不及防，同时在波德的边界线上早已整装待发、一切就绪的装甲部队在听到了从远处传来的炮火声后，随着指挥官的一声令下，借着德军轰炸机的掩护从北、西、西南三个方向发起了全面进攻。

波兰的军事防备确实十分单薄，军队基本上和一战的时候没有什么差别，空军的飞机都是早已经过时的机型，陆军臃肿不堪，调度不灵，海军更是基本上等于没有。在这样的情况下，波兰人有的只是想要保家卫国、团结一致的战斗决心了。

通往波兰中心的所有障碍早已经被希普尔带领的特种部队扫清，德国的军队像一道钢铁洪流，势不可当地冲垮了所有挡在面前的障碍，占领了波兰南部的工业区，继而长驱直入至波兰的腹地。到10月2日德军占领了最后一个进行抵抗的城市格丁尼亚，波兰被德军以闪电般的速度占领了。整个战役仅用了一个月的时间，这其中正是希普尔的特种小队为德军机械化部队的快速行进铺平了道路，他们对这场战役起到了重要作用。

奇怪的是，在德国官方的这次闪电入侵波兰的战役资料中，并没有一点有关于这支属于德国谍报局下的特种部队的参战记录。因为这支部队采取行动的时候德国还没有对波兰正式开战，德方并不愿意让人知道这支部队在这次战役中的行动，于是对于要给这支部队的成员授予铁十字勋章的提议也没有得到通过。

但是通过这一次行动，德国统帅部终于承认了特种部队在战争中所起到的重要作用，卡纳里斯决定让这支临时部队正式加入德国谍报局。1939年10月15日，这支特种部队的第一个组织建立了起来，以它曾经的总部所在地命名，叫做勃兰登堡部队。

神出鬼没：纳粹的急先锋

在这次闪电入侵波兰的行动后，勃兰登堡部队作为纳粹铁蹄的急先锋，开始出没于德国进攻挪威、比利时、荷兰、苏联等国的战场上，成为德国"闪电"战术得以成功施展的重要力量。

在希特勒发动对波兰的战争后，第二次世界大战正式打响，接下来东线的战事情况千变万化，可是在位于德法边界的西线上战况却异常安静，法国忘记了当初对波兰许下的如果德国胆敢入侵波兰那么英法联军就会直捣鲁尔谷的诺言，法国士兵坐在边界的白桦林下，听着远处的炮火声进行了一场奇怪的"静坐战"。

★英法联军奇怪的"静坐战"

法国的陆军在当时可以算得上是具有世界一流水平的一支具有超强战斗力的陆军，但是在面对德军用来进攻波兰的仅有二十多个师的兵力的时候，他们却选择了在早已经建筑好的坚固的防御工事的后面安静地坐着。眼睁睁地看着自己的盟国被敌人占领。同时英国虽然向波兰派出了部队，但那也只是少得可怜的象征性的派兵。等到波兰全部被德军占领之后，英国军队在此次战役中伤亡的士兵据统计只有一个，那是一名巡逻兵在巡逻的时候被德军发现击毙的。

不可否认英法两国错过了阻止法西斯的最佳机会。

但是希特勒也不乐意看见法国的"悠闲"，1940年4月9日，勃兰登堡部队派出了一个排的人马伪装成了丹麦士兵占领了小带海峡的一座桥梁，为接下来德军入侵挪威打通了道路。紧接着，勃兰登堡部队又接到了新的任务。德军采用了曼施坦因计划，计划在作战的第一阶段组建A、B、C三个集团军，让A集团军绕过法国的马其诺防线，从防守力量薄弱的阿登森林进入法国，同时B集团军则要以闪电攻势入侵荷兰和比利时，来吸引和牵制位于比利时一带的英法盟军，使A集团军能够顺利地突破法国北部的英法盟军防线，然后形成一个大包围圈。

计划的关键点就在于B集团军能否快速地侵入荷兰和比利时，这样才能够及时起到牵制英法盟军主力的作用。于是在1940年5月10日的凌晨，勃兰登堡部队的威廉·沃尔瑟中尉带领着八名勃兰登堡队员伪装成了三名荷兰军警和六名被俘虏的德国军人。他们的任务是占领位于荷兰亨那普镇上一座跨越了玛斯河的铁路桥梁，这座桥梁是通往荷兰西部的必经之路，具有十分重要的战略位置，只要打通了这条交通要道，入侵荷兰的德国军队就能长驱直入。荷兰人也同样认识到了此地的重要，对德军心怀警惕的荷军预料到如果发生战事，德军一定会对此桥发起进攻，于是在桥梁上安装了炸药，还专门派遣了一支小分队守卫桥梁，荷军得到命令，只要看见德军的火车开过来就引爆炸药。

当伪装好的威廉·沃尔瑟中尉和勃兰登堡队员来到玛斯河上的铁路桥梁时，

驻守的荷军并没有产生任何怀疑，于是，三个穿军警制服的勃兰登堡队员在荷军的眼皮底下径直走到了位于河岸对面的警卫房，然后迅速制伏了房间里的警卫。与此同时，伪装成俘虏的其他队员也趁荷军不注意冲上了铁路桥，准确而快速地切断了引爆线。几分钟后当守卫的荷军反应过来时，只听见远处已经传来了列车轰隆隆的声音，一辆德军的装甲列车已经从桥上开了过来，紧随而来的就是运载着德国大军的货车。荷军没有预料到德军可以如此迅速地攻入荷兰，脆弱的防线不堪一击，德军一路上畅通无阻，攻破荷兰。勃兰登堡部队作为德军的秘密先锋，为德军从北翼进攻比利时、法国铺平了道路，奠定了基础。

东部辉煌：战斗在最激烈的第一线

在希特勒计划进攻波兰之前，为了避免被英法盟军和苏联两面夹击的状况出现，德国在1939年8月23日秘密与苏联签订了一份《苏德互不侵犯条约》，一起合谋瓜分了波兰。

斯大林认识到德国迟早会进攻苏联，于是建立了一条从波罗的海一直延伸到了黑海的东方防御战线，他想通过扩大苏联的西部疆域来加强防御德国，但是他没有想到希特勒竟会如此快地在苏联还没有准备好时就撕毁了条约，导致了他之后的猝不及防。

1941年6月22日，德国集结了一支由156个师、4 300辆坦克、4.72万门火炮、60万辆运输车和4 980架飞机组成的百万大军，对苏联发起了突然袭击，东线的战争开始了，这就是著名的苏联卫国战争。

数不清的装甲车、坦克伴随着数以万计的德国士兵倾巢而出，每一片被他们踏过的土地都被战火和灰烬所覆盖。在苏联卫国战争开始的前几个月中，苏联完全陷入了被动状态，一方面是因为斯大林对于德军发动战争的时间和进攻路线的错误估计，另一方面则是苏联

★战场上的勃兰登堡战士

★德军挺进苏联，在苏联战场上勃兰登堡部队名扬四海。

国内的肃反运动让苏军失去了许多优秀将领，严重削弱了苏军的战斗力，战前建设的东方战线也因为还没有建立好而脆弱不堪。这些都导致了苏军在战争初期损失惨重，很快，德军就兵临莫斯科城下。

在这场战争中勃兰登堡部队不仅作为机械部队的先锋执行了各种秘密任务，而且还在最激烈的前线战斗。西线战场上这支部队所作出的一系列贡献让德军的高层再也不能熟视无睹，参与战斗的队员们有四分之三的人获得了铁十字勋章，弥补了这支部队在波兰战役中的遗憾。同时希特勒也对这支部队感到十分满意，在他的命令下，勃兰登堡部队的规模扩大到了团的建制，战斗力也得到了进一步的加强。

在对苏联的进攻开始后，勃兰登堡部队不仅担负了整条战线的侦察工作，还在短短的几天时间内就占领了好几个重要的交通枢纽。在南部，勃兰登堡团派出了一个营和乌克兰民族分子一起伪装渗透到了败退的苏军中，成功地营救出来被苏军抓获的战俘。还穿过了茫茫雪原和茂密的森林，长途跋涉深入到了苏联的内部，破坏了摩尔曼斯克铁路线，这条铁路是英美向苏联提供军事援助物资的重要路线。

苏联在节节败退的情况下仍然能够有能力顽强抵抗，除了本身的军事力量外，英美的军事物资援助也是起到了一定的作用。德国的空军对此线路进行了多次轰炸，但是因为空袭的精准性不强，效果并不如意，于是就有了让特种部队直接对摩尔曼斯克铁路运输线进行破坏的想法，专门派遣了一支特种小队深入到了苏联的腹地。苏联人没有想过德军会如此的冒险进入到自己的腹地深处，所以在这一条铁路线上并没驻扎重兵，这给了执行任务的特种队员们一个绝佳的机会。他们趁着深夜在铁路的重要位置上安装好了定时炸弹，然后再悄悄地沿着原路返回了德国，为了确保最后炸药能够准确地爆炸，还专门留下了一名队员潜伏在铁路的不远处进行观察。等到第二天这名队员亲眼看见炸药将苏军的铁路炸毁之后，他才返回了德国。而苏联人更是根本没有想到这是德军的杰作，只是把它简单地看做是一次意外，直到连续有好几次这样的意外发生，这才引起苏军对此事的重视。

气数已尽：难以挽救的衰亡

在经历了如此多的战火磨砺之后，勃兰登堡部队在1942年时达到了它最鼎盛的时期，由原来一支临时的小分队扩大到了师的建制。德军高层充分肯定了这支部队在战争中的重要性，凭借着勃兰登堡部队的战士在战场上所创造的一个又一个奇迹，这支部队所得到的奖章和嘉奖可以说比国防军中的任何一支部队都要多。可是这支部队的辉煌并没有一直延续下去。虽然在东线的苏联战场上勃兰登堡部队战绩斐然，但是它自己也付出了极大的代价，德军在苏联战场上的优势到了1943年的时候就消失殆尽。除了军备、战术等一系列的原因之外，还有很重要的一点，就是德军对于苏联气候的严重不适应。苏联寒冷漫长的冬季到了，战线拉得太长使得德军的后勤不能够得到保障。很多士兵穿的还是秋季的薄棉袄，根本不能够起到什么保暖作用，再加上士兵们士气的下降导致了德军在苏联战场上出现了很大的缺口。

为了弥补这个缺口，勃兰登堡部队被暂时拉过来填补空缺，可是勃兰登堡因为执行任务的特殊性，配备的全部都是轻武器，根本就不适合这样的正面作战，结果损失惨重，精英队员大量伤亡。为了恢复战斗力，虽然很快又重新招收了新的人员补充建制，但是勃兰登堡部队不再是一个完全的特种部队了，它的性质从根本上发生了变化。在1944年的时候，勃兰登堡部队进一步改变了原来的建制，进行了改组，被分成了几个独立的战斗单位。

这一切不得不再次说起当时曾同意建立这样一支特种部队的威廉·弗兰茨·卡纳里斯，虽然希特勒给了他巨大的权利与充分的信任，但是他却在后来被发现是一名双面间谍，虽然希特勒在此时没有发现什么确凿的证据，但是已经对他起了疑心。让这样的一个危险人物拥有着这样一支危险的队伍实在不是什么好事，于是他授权党卫队军官斯科尔兹内招收他需要的任何人，在希特勒的授意下斯科尔兹内要走了勃兰登堡部队的900名突击队员，这些突击队员正是勃兰登堡部队的精英，这样一来就等于说挖空了勃兰登堡部队的战斗力。

同时随着二战到了后期，军事谍报局的作用也开始降低，很早就对勃兰登堡部队不满的德国军官开始对勃兰登堡特种部队提出了各种非议，认为这种"偷偷摸摸"的作战方式是令人鄙视的、不光彩的论调再次在军中高涨，加上突击精英的失去，勃兰登堡部队也不得不被迫背离了原来的战斗方式，最后被斯科尔兹内所领导的奥宁堡部队所取代。

尽管斯科尔兹内也是一名优秀的将领，他英勇无畏富有冒险精神，可是他却不是一个成大器的领导者，所以这支由他所领导的特种部队虽然拥有了勃兰登堡部队的全部精锐，却没有拥有勃兰登堡部队那样全面的战斗力。斯科尔兹内所感兴趣的是参与行动完成任务，而对部队的组织规划全不在行。对于他来说，最令他激动与享受的是每一次秘密行动给他所带来的强烈刺激，制定特种部队的总体战略和行动规划则交给其他人做就好了，对他来说完成希特勒交给他的任务才是第一位的。就这一点上来说，相比于令人捉摸不透的卡纳里斯，他倒是绝对忠心和服从，让希特勒无比放心。

但是也因为这样，这支奥宁堡部队完全变成了一支希特勒的私人部队，他把这支部队看成了是他解决私人问题、获得更大权力的秘密武器，这支队伍的任务变成了替希特勒暗杀和捉拿异己，战场上越来越少看到他们的身影，从而渐渐地退出了军事历史的舞台。

保证军事交通线

精锐的勃兰登堡特种部队多采用打通交通线的方式，为德国正规军扫清前进的障碍，铺平前进的道路。波兰闪击战中，正是这支精锐部队提前一天潜伏到波兰境内，成功控制了维斯图拉河上的所有重要桥梁，保证了德国进攻波兰的军事交通线畅通，第二天德国机械化正规军才能更顺利地进攻波兰，从而迅速深入波兰腹地，仅仅一个月就拿下了波兰，使得德国的闪电战术得以成功施展。为协助德军入侵挪威，勃兰登堡部队派出了一个排的人马伪装成了丹麦士兵占领了小带海峡的一座桥梁，为接下来德军入侵挪威打通了道路。

曼施坦因计划中，为了让B集团军快速地侵入荷兰和比利时，及时地牵制英法盟军主力，使A集团军绕过法国的马其诺防线，从防守力量薄弱的阿登森林进入法国，顺利地突破法国北部的英法盟军防线，以便形成一个大的包围圈，勃兰登堡部队的威廉·沃尔瑟中尉带领着八名勃兰登堡队员伪装成了三名荷兰军警和六名被俘虏的德国军人，去占领位于荷兰亨那普镇里一座跨越了玛斯河的铁路桥梁。这座桥梁是通往荷兰西部的必经之路，具有十分重要的战略位置，只要打通了这条交通要道，入侵荷兰的军队就能长驱直入。尽管面对重重困难，勃兰登堡部队还是成功地完成了任务，为德军从北翼进攻比利时和法国铺平了道路，奠定了基础。

在对苏联的进攻中，勃兰登堡部队在短短的几天时间内就占领了好几个重要的交通枢纽，包括军事重镇普热梅西尔和重要的铁路枢纽城市利沃夫市。北部，勃兰登堡团的几个小分队攻下了德维那河上的几座重要的桥梁，这些桥梁是重要的交通要道。虽遭到了苏军的不断反攻，勃兰登堡部队都成功地坚守下来，他们的坚持保证了德军军事交通线的畅通，为德军顺利前进打下基础。如果没有勃兰登堡部队前期成功地打通一条又一条军事交通线，德国正规军不可能如此成功地实行闪电战。

完成正规军无法完成的任务

勃兰登堡特种部队能够完成正规军无法完成的任务，它的这种特性是由它的性质决定的。勃兰登堡特种部队是一支由部队精英组成的经过特种魔鬼训练的部队，队里的精英们都熟练掌握一种以上的外语，并熟知周边国家地区的人文地理，非常有利于在实际作战中的隐蔽和伪装，为战争成功的可能性增加了筹码，这支部队的队员们经过了严酷的体能训练，经过特殊的作战培训，能够掌握各种军备器材的使用，掌握一招之内悄悄地制敌于死地的杀人技法，在实战中确保了成功的几率，精英所掌握的特殊技能，在对抗敌人的时候，发挥了正规军所没有的优势。

另外，由于德国在对其他国家发动一系列战争的时候，多数情况下受到条约的牵制，比如德国突袭苏联时，相当于单方面强行违反了《苏德互不侵犯条约》，这在国际上是不齿的行为，是会受到国际舆论的强烈谴责的。而勃兰登堡特种部队的任务就是赶在德国大部队向别国开战之前，深入敌国内部，扫清重要边关的障碍，为德国大军铺平道路。

★ 沙场点兵 ★

人物：西奥多·冯·希普尔

西奥多·冯·希普尔一战时曾经在德属东非的战场上战斗过。东非战场上的德军无论是从数量还是从武器装备上都不能与协约国的军队相比。但是在这种寡不敌众的形势下，西奥多·冯·希普尔的上司保罗·冯·莱托沃贝克司令却因为成功地使用了将部队分散成小纵队的游击战术而对协约国的军队造成了大量的损伤，让这支原本可以用于欧洲战场的部队被困在了东非，成功地为主战场的德军牵制了敌人。

这件事情对希普尔产生了影响，在一战结束后，他被分配到了德国的谍报局二处，专门负责秘密的军事行动。经过一系列考虑和衡量之后，他决定建立一支专门的小分队，可以深入敌后、占领重要的交通线路和枢纽、辅助正规部队作战。他是勃兰登堡部队得以建立的重要促使人。

职责：维护交通线

为了能让希特勒的"闪电"战术展现出最大的威力，让其灵活、机动的优点全部凸显出来，就必须要保证德军进攻路线的畅通，因为在闪电战中，进军速度直接关系到战局的胜败，特别是在西欧，这里河流密布、桥梁众多，如果不能保证交通路线上桥梁的安全，德军大规模的、威力强大的重型装甲部队就没有办法前进，所以勃兰登堡部队最重要的任务就是要维护德军的交通线，确保德军行军路线上所有桥梁和交通枢纽的安全，在战争爆发时去快速地夺取和控制敌方的桥梁、交通枢纽，保证交通线的畅通。

特点：隐蔽

因为在波兰战役中，勃兰登堡部队的队员在执行任务的时候，德军还没有发起进攻，这等于说是在德国与波兰两国非交战的情况下就潜入了波兰执行任务，这样任务的性质就变得更类似于间谍的破坏渗透行动，所以隐蔽成为了此次勃兰登堡队员们行动的特点。

因为执行潜入波兰的任务时，队员们一旦被发现的话，遭殃的就不仅是队员们本身，这件事情还会引起波兰方面的注意与警惕，让德国人突然袭击的目的落空，波兰更可能会以此为借口对德军展开相应的对策，所以为了不让事情有发展到最坏情况的可能，队员们必须尽自己的一切可能做到隐蔽。比如说分成了两个小队进行活动使目标缩小，同时在潜入的方式上也采取了完全不一样的潜入方式，在战斗前夕潜入的部队也选择了最为隐蔽的深夜发起行动。

灵活机动下的尖刀对决
THE CLASSIC WARS

特种战

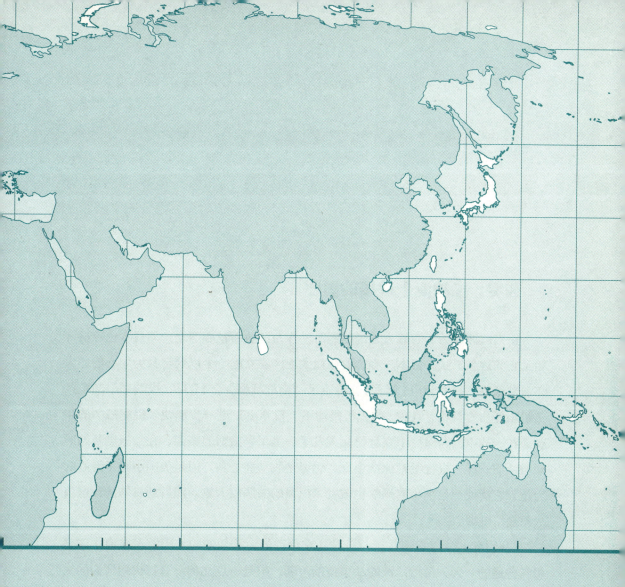

第二章

海豹突击队
——传奇的三栖特种部队

▲太平洋的战火燃烧得异常惨烈，美军在一次次作战中付出了惨重的代价，大批的人员伤亡使特种兵出现在美军的部队编制中，海豹突击队应运而生，虽然它的名称几经变更，但是它在美军战争中发挥的作用却得到了人们的充分肯定。

前奏：二战海上战场的需要

正当欧洲战场上的战火越烧越烈时，作为法西斯轴心国之一的日本也趁机开始了它的远东扩张。日本一心想要在亚太地区建立起一个以其自身为中心的"大东亚共荣圈"，在1941年7月就确定了"南进战略"。10月，极端好战的东条英机出任日本首相，在他　的积极推动下，日本更是进一步加快了侵略战争的步伐。在一战中因为保持中立身份而大发了一笔军事横财的美国，在二战刚开始时想与从前一样，推行绥靖保持中立，想要坐收渔翁之利。但是美国小瞧了野心的力量，它能使一只小小的蚂蚁也敢发了疯似的去撕咬大象，而且还真的能让这只大象痛得跳脚。

1941年12月7日清晨，对于驻扎在珍珠港海军基地的美国海军来说，这是极其普通的一天，虽然欧洲的战事持续不断，但是一点儿都没有打扰到他们的生活。对于是否加入这次战争，美国到现在还是处于观望状态，虽然在战争爆发之后，美国总统罗斯福就立刻表示了自己将会和英国一样把苏联看做是自己的盟国，但是美国政界包括大多数的美国民众还是希望美国不要卷入这次战争，还是像上一次一样专门在背后给各国提供军火和装备，准备再发一次战争财，等战争胜负已见端倪的时候，再表明自己的态度，如果德国最后占据了上风，就帮助德国，反之就站在苏联的一边，反正最后的目的就是好让鹬蚌相争，渔翁得利。

在辽阔的港口上空，蔚蓝的天空中几架侦察机和往日一样例行公事地盘旋着。军舰聚集在港口沐浴在明媚的阳光下，一些早起的士兵正在悠闲地吃着早餐，整个港口显得宁静而美丽。可是就在突然间，数百架轰炸机突然从天而降，猛烈密集的炮火喷射而下，到处都是弹药爆炸的声音，水下一个接一个的鱼雷发起了猛烈的袭击，刚刚还一片宁静的港口里现在到处都弥漫着炮弹的硝烟，惊恐的惨叫，没有人意识到发生了什么事情，张皇失措的士兵们四处逃窜。等到一切结束，美国海军清醒后，四周早已经是满目疮痍，时间好像过去了好久，但其实才两个小时而已。这就是著名的日军偷袭珍珠港事件。日军在这次偷袭中以极少的损失炸毁了美军十多艘舰艇、一百八十架飞机，还让

★被袭击的美国军舰起火爆炸

三千四百多名美军战士一同成为了牺牲品。

不得不说从眼前看这真是日军的一次辉煌胜利，所取得的战果早已远远超过了当初计划的设想。二战初期，美国虽然没有对日本采取什么军事手段，但是其联合英国、荷兰殖民政府禁止了对日本的战略物资输送，尤其是最为重要的钢铁和石油。这对于资源严重缺乏的岛国日本来说就像是当头一棒，罗斯福让舰队驻扎在珍珠港也是为了限制日本在东南亚的活动。所以这次偷袭成功让一直受到美国海军力量控制的太平洋战场成为了日军的天下，日军的势力从东南亚、太平洋南部一直扩张到了印度洋。虽然日军没有能够彻底地消灭美国在太平洋的海军，但是它大大地削弱了美国在太平洋战场上的实力。

在此期间，美军在太平洋战场上的一系列作战行动中损失惨重，特别是1943年在太平洋赤道附近吉尔伯特群岛中的塔拉瓦环形岛进行海上登陆的时候损失最为严重。塔拉瓦岛是太平洋上一个十分普通的珊瑚岛，但是在第二次世界大战中，它位于美军对日本的战略反攻线上却被日军占领，并且在此修建了机场，对美、澳之间的交通线构成了威胁，于是美国参谋长联席会议决定要夺取该岛。在1943年的11月20日，美军调集了重兵抢滩登陆，开始了进攻。但是日军在此建立了十分严密的防御措施，在岛外围的浅水滩头上设置了大量的三角锥、铁刺网，并安置了大量的火炮和步兵来阻止敌人的登陆舟艇。另外，还有大批半地下式的碉堡、钢板等用来抵御大口径炮的轰击。岛内还有复杂的防空洞，战壕纵横，交通便利，复杂至极。日军曾经夸口道这是美国用一百万大兵花一百年时

★美军激战塔拉瓦岛，在这次战役中美军损失惨重。

间也攻不下的塔拉瓦。战斗一开始美军就对岛上的日军进行了一轮又一轮的狂轰滥炸，纷飞的炮弹让这个小岛立刻面目全非，但是日军依靠着坚固的工事展开了顽强的抵抗，美国海军的陆战队员们也同样不好受。为了争夺战机，队员们在仓皇间下水冲向岸边，但是没有丝毫的屏障保护使很多士兵在还没有登陆时就被炮火击中。还有一些士兵因为身背沉重的装备在水中行走不便，一不小心踩入珊瑚礁的凹陷处从而沉入了海中。每一个地堡、战壕都让美军难以攻克，如此猛烈地进攻了几个小时后，美军惊讶地发现部队竟然只向前推进了几十米。放眼望去炮火中完全看不见日军的身影，他们躲藏在各种工事的背后让美军的强烈进攻只能凭直觉。

战斗开始进入胶着状态，变得异常惨烈，双方士兵的精神和肉体都已经极度疲劳，终于在苦战了四天之后，美军以惨痛的伤亡在天微微亮起的时候取得了最后的胜利。太阳从海岸线上慢慢升起，一架直升机降落在了满是弹坑的机场上，从上面下来的是美军太平洋舰队的高级指挥官和参谋军官们，有人惊叹"一生中从未见过如此狰狞的战场"。上百名海军陆战队战士甚至还没真正踏上战场就在登陆的途中牺牲了，他们的生命在某种意义上等于白白浪费了。但也正是因此给了美国海军一次惨痛的教训，让美军意识到水陆突击作战的巨大风险，海军登陆作战是需要进行精心准备的。由此而引发了一支新的特种部队的诞生。

锋芒毕露：二战中的美国特种兵

偷袭珍珠港大获成功给日本带来的好运到1943年时就差不多要结束了。珍珠港事件使美国从一个战争的观望者变成了战争的参与者，美国国会立刻宣布进入战争状态。与此同时，英国也被日军的这一次行为震惊了，作为与美国拥有同样利益的"伙伴"，丘吉尔马上飞赴华盛顿同罗斯福商讨了两国作战方针。最后将战略基本制定为：德国是主要的敌人，主战场在欧洲，将北非的战略地位排在了中缅印战区的前面。于是决定要尽快夺取北非的战略要地，进而从南翼威胁德国和意大利。但是在一开始的时候盟军的战况确实很糟糕，非洲战场上的英军被德国的"沙漠之狐"隆美尔逼得节节败退，差一点就被赶出了埃及，在海上，德军的U型潜艇的群狼战术让盟军的海军防不胜防。

1942年的10月，就在日军偷袭珍珠港成功后的几个月，美军组建了一支陆海军海滩联合侦察小队，并在美国的弗吉尼亚州的特尔克里克成立了由美国陆军和海军人员组成的两栖训练基地。这支侦察与袭击小队在正式参加作战之前在此进行了专门的强化训练，以确定他们有能力在大部队登陆前，提前摸清相关地形等情况，以引导进攻部队的登陆作战。

在经历过严格的体能训练和爆破训练后，1942年的11月，在一个传奇人物菲尔·H.巴克柳的指挥下，这支小队参加了他们的第一次战斗，也是在第二次世界大战中美国所参加的第一次战斗，这次战斗有一个非常明亮、耀眼的代号叫做"火炬行动"。这是在第二次世界大战北非法战役中的美英军队在北非法属阿尔及利亚和摩洛哥的一次登陆战役，其目的是夺取北非被维希政府控制的一些国家，然后使登陆部队和正在埃及和利比亚的英国第八集团军协同作战，一起歼灭在非洲大陆上的德意军队。

英美军队为了取得这次战役的胜利，动用了13个师、450艘战斗舰艇和众多运输船只，共十万多人。这些人被分为几队，分别从不同的地方发起进攻，行动当天，盟军的一千多艘舰艇满载着士兵和物资开始分别从美国和英国的港口出发，然后根据事先掌握的情报悄悄地通过了被德军潜艇和轰炸机封锁了的海域，到达了计划中设定好的三个登陆地点：地中海沿岸的奥兰、阿尔及尔和卡萨布兰卡，等待着进攻的命令，而美军的这支侦察小队的

★盟军在北非登陆，在此战役中美国特种兵第一次参战。

任务则是偷偷潜入有重兵把守的摩洛哥河，然后斩断横拉在河面上的钢缆，从而使美军的战舰能够顺利地通过。

于是在美军正式登陆作战之前，他们从一艘美军舰艇换乘上一只小木船，小心翼翼地避开沿河的敌军，最后成功地完成了任务。这次战斗中，他们共获得了八枚海军十字勋章，这正是对这支侦察与袭击小队价值的充分肯定。最后凭借盟军各方面的紧密配合与英勇战斗，盟军成功掌握了北非的一些重要战略基地，从而为之后北非战场上形势向盟军扭转提供了有利的条件。

同时在太平洋战场上的接连失利令美军十分恼火，为了尽快挽回丢失的颜面，美军不断地增强太平洋战场的反攻力量，并在1943年开始对日军实施逐岛作战和反攻。

在这一年的春天，美国海军开始从海军正规军中挑选志愿者，并从中选择了一部分人组成了一只叫做NCDU的部队，翻译过来的意思就是海军战斗爆破队，这支部队的成员全部都十分擅长在水中作业，甚至还包括许多职业蛙人，可以说是美国海军蛙人的始祖。美国军方针对日军在太平洋各个小岛上都修建有坚固防御的这一问题，想要把这支部队建立成一支可以两栖作战的先遣部队，它的任务是在主力部队登陆前对敌岸滩头进行扫雷和破坏敌军军事防御工事，使后续而来的主力部队能够以极小的牺牲顺利登陆。

由于没有先例，这支部队初期的人员甄选和训练方案全部都交给了考夫曼将军来负责。考夫曼将军总结了从1941年底美国准备向日本反攻到如今刚经历不久的令美国海军记忆犹新的塔拉瓦战役，认为登陆作战中，对作战部队最大的威胁主要有从敌人防御工事中发出的直接攻击火力，敌人投掷在水中的或在水中所设置的障碍物，还有就是来自于水中的如珊瑚礁之类的自然障碍物以及登陆路线的长短对士兵的影响。

所以他将训练内容基本定为：炸弹的拆解和爆破、两栖侦察和被称为"地狱周"的耐力训练，这几项内容看似简单但实则不易，其作战技巧在今天仍旧是海豹特种部队的战斗准则，和今日的海豹特种部队队员所受的训练相差无几，也正因如此考夫曼将军被称为"水中爆破队之父"。

考夫曼将军毫无疑问是一名严厉的训练者，士兵们不分昼夜地在各种恶劣的环境下进行着体能、游泳及爆破训练。学习如何进行侦察和清除障碍。最后从这种高强度的训练中坚持下来的队员们组成了几个爆破小分队，同年9月就参加了在太平洋战争中新几内亚的战斗，以及新英格兰东南部海岸的战斗。

美军的反攻很快就收到了成效，在1943年的中途岛战役后太平洋战场的战局发生了扭转，盟军开始发动反攻。这其中海军爆破战斗队也逐步发展成"水中战斗侦察组"（CSRU），在太平洋战场和大西洋战场上参加了一系列的战斗，完美地完成了众多任务。经过无数次战火的洗礼，出色的战斗力让这支队伍威名远扬。他们总是在正式战争发起之前就以六个人一个小队的方式潜入敌

★准备执行任务的海军战斗爆破队队员

区，进行搜集情报和侦察等一系列任务，同时他们这种孤军深入的作战方式也意味着他们必须要冒着比其他兵种更大的危险。

在二战中有着转折点重要意义的登陆战诺曼底登陆战中，CSRU也参与了这次战斗，并且作为部队的开路先锋，他们首先冒着敌军猛烈的炮火登上战况最为激烈的奥马哈滩头。他们在敌人的枪林弹雨中踩着队友的尸体向前移动，最终他们以九十多名队友的牺牲换来了后方部队的顺利登陆。在诺曼底登陆的任务完成之后他们又接着开始转战太平洋。在1944年到1945年之间，美军在整个太平洋战场上总共投入了近一千名CSRU队员。

仁川登陆：水下爆破组的杰作

二战即将胜利的时候，美苏之间的矛盾也日益尖锐起来，为了加强彼此之间的信赖，更好地协调作战以尽快结束战争，美苏英三国首脑在雅尔塔签订了一份秘密协议，协议中除了安排战后国际事务，维护战后和平的内容外，美英还以让出自己在中国外蒙古和东北的利益为条件来换取苏联对日作战，同时认为朝鲜半岛无法自治，所以决定应该由美国、苏联、中国和英国实行国际托管。虽然这次会议起到了巩固和维护反法西斯联盟的作用，但是某些协议没有经过有关国家的同意，严重损害了这些国家的利益。

在日本战败投降的前夕，美国更是提出了以北纬38度线为界，把朝鲜半岛划分为南部和北部，然后与苏联分占南北的提议，并得到了苏联的认可。最后在美

苏的影响和插手下，朝鲜半岛分裂成了拥有不同意识形态的南朝鲜和北朝鲜。但是此时美国的远东战略重心并没有放在朝鲜半岛上，有着苏联支持的北朝鲜明显占上风。于是经过几年的精心准备，在1950年，苏联和美国相继撤出了在朝鲜半岛上的驻兵后，金日成开始频繁地与斯大林进行联系，最终他说服了斯大林同意他带领着朝鲜人民军在毫无预兆的情况下向"三八线"另一边的韩国发动了全面的武装进攻。

1950年6月25日，金日成下达了进攻韩国的命令，为了这场战争，金日成早在1948年的时候就开始精心准备了一支庞大的军队。

没有任何准备的韩国国防军无力招架，短短三天的时间，汉城（今首尔）就失守了。美国见况立即操纵联合国进行干预，让麦克阿瑟出任美军总司令和"联合国军"总司令。麦克阿瑟是美国历史上一个备受争议的将领，他对自己极其自信，凭着自己杰出的判断力和眼光成为一战中美军最年轻的一位准将，接着又成为美军中最为年轻的上将和陆军参谋长，曾一度被人称为是美国历史上最为杰出的将领，但是也正是因为一直以来过于顺畅没有挫折的人生，使得他对自己的自信慢慢地转变成了狂妄和自大，虽然在他的强制下一些冒险行动确实获得了意想不到的结果，但是最终他为自己的自负在朝鲜战争中付出了惨痛的代价，断送了自己的军事生涯。

★仁川登陆时的麦克阿瑟

战争开始的时候，朝鲜军队连连大捷，把韩国国防军和美军一直逼退到了釜山。此时的美军第25师收到了死守南方防线的命令，不得再往后退。朝鲜人民军已经一鼓作气占领了朝鲜半岛一半以上的土地。这种战况对于美军来说十分狼狈。作为曾经给日军带来第一次挫折的传奇人物，麦克阿瑟突然抛出了一个让所有人都为之震惊的新计划——仁川登陆计划。会议上没有任何人相信仁川登陆计划能够成功。

麦克阿瑟看着这一大堆只知道后退不知道如何作战的军官力排众议，用"用军事会议诞生恐惧心理和失败主义"来回敬。麦克阿瑟虽然狂妄，但是也确实有狂妄的资本。他那么多的胜利与奖章所靠的也不仅仅是一张会说的嘴。其实这样的登陆作战难度虽大，但是也并不是不可能。美军中有一支部队能够担此大任，那就是重组后的水下爆破组UDT。

在二战结束后，按照美国一贯的军事传统，各种特种小队在战争结束时

★美军在仁川登陆

解散，但是原来的战斗爆破队在1947年被改编成为水下爆破组（UDT）。与二战时的战斗爆破队不同，水下爆破组除延续了原先侦察和清除滩头的任务外，还担负起了破坏敌人海港船只、桥梁、隧道的任务。同时将原先每队一名军官与六名士兵的编制增加到每队有八名军官和120名士兵，大大提高了部队的战斗力。

在仔细地研究了战况后，麦克阿瑟发现了一个从没引起大家注意过的港口仁川港。仁川是韩国西海岸临江华湾的港口城市，坐落在汉江口南侧，与韩国首都汉城（今首尔）相距四十余千米，是汉城（今首尔）的外港。仁川港的一个重要特点是：它有着全亚洲最大的落差，涨潮时海浪不停上涌，高达10米，退潮时海滩竟长达几万米，宽达数千米，所有船只在涨潮时均可进港，退潮时则会全部搁浅。一旦在退潮时进攻，则会完全处于被动挨打的境地，这显然不是舰队理想的登陆点，但麦克阿瑟却不这么认为，这位极富冒险精神的将军更清楚此地登陆所带来的无数便利：这里位于朝鲜半岛西海岸的中部、江华湾的东岸，距汉城（今首尔）仅四十余千米，一旦登陆成功，收复汉城（今首尔）便是轻而易举的事；一旦夺取了汉城（今首尔），朝鲜半岛就可控制一半了。

但是这样的地形也十分险恶，登陆距离的加长也意味着危险程度的增加，因此对这次登陆作战的时间安排和任务实施的要求十分严格。为了将危险程度减到最低，在作战前麦克阿瑟就命令水下爆破组对所有相关的航道、码头、敌

方防御工事等详细信息，甚至还有潮汐的具体时间都作了详细调查。于是他一边假装后退引诱金日成调集力量全力以赴地攻打在釜山的敌军，使诈让金日成以为自己将准备在群山港登陆，但另一边已经秘密派遣了一支庞大的舰队驶向了被朝鲜军队忽略了的仁川港。这支军队由261艘舰艇组成，上面共有7 500多名官兵，在静谧的夜色下只听得见海浪翻滚的声音，舰队在隐秘地穿过济州海岛后到达了黄海海域，终于在9月14日的午夜抵达了目的地仁川港外。

在此之前，水下爆破组就早已在仁川港登陆了，并将海岸上所有的障碍物清除干净，队员们并排保持着彼此间的距离，然后给所发现的水雷都安上了炸药，就这样慢慢地艰难地清理出了一条安全的航道。接着又深入到了仁川海岸的内部，将所有主要的军事目标如桥梁、铁路、公路等进行了清除。

所以当美军的第一进攻梯队悄然逼近时，美军已经冲到了守军的面前他们才开始反应过来还击，但是面对美军铺天盖地的火力攻势，一切都为时已晚。最后在开战两个小时内，美军便一举夺下仁川港的防守基地月尾岛，这使朝鲜军队失去了保护的屏障，只能眼睁睁地看着美军登陆。到9月22日，麦克阿瑟已经取得了这场近乎赌博式冒险的登陆作战的胜利。

虽然朝鲜战争并非是一场符合美国公民意愿的战争，但是在这次战争中水下爆破组拓宽了自己的任务范围，在接下来的战争中，水下爆破组还利用直升机多次进出敌军阵地运送间谍和完成了许多其他的特殊任务，为这支部队的继续发展提供了机会。

重装登场：海豹突击队特种部队

20世纪50年代中期到60年代初期，美国与苏联的关系既缓和又紧张，此时苏联的综合国力和美国有着明显的差距，特别是在军事实力上苏联还没有能力撼动美国的霸主地位。

1961年，肯尼迪成为美国总统，他也是美国历史上唯一一个获得了普利策奖的美国总统。他致力于研究国际冲突和非常规战争，认识到国际冲突已经由大规模的对抗逐渐向小规模的战争转变。想起在不久之前其他国家利用非正规军在战场上取得的胜利，他开始清楚地意识到非常规战争在未来的重要性，而美国在这方面还远远没有准备好。

作为新上任的总统，他必须要作出些改变，那就是让所有人都开始对此重视起来。美国的一些特种作战部队虽然早在二战时就已出现，但是却一直没有得到真正的承认和支持。每次在任务完成后就会面临着解散的命运。但是这一次肯尼迪告诉国防部说在未来的全新战争中，我们也同样需要全新的军事理论、非常规的部队和超强度的军事训练。

1962年1月，美国军方正式建立了"海豹突击队"（SEAL）。人员全部来自于原来的"两栖突击队"和"水下爆破组"，由肯尼迪总统直接负责，分为一队和二队，在太平洋和大西洋地区活动，并在其原先的任务基础上增加了许多秘密任务。

★时任美国总统的约翰·肯尼迪

在正式成立后不久，海豹突击队就在1962年的古巴导弹危机和1965年支持多米尼加共和国的行动中小试身手，这两次作战时间虽然不长，没有引起太多关注，但是这支部队在现代战争中的重要性已经慢慢地凸显出来了，特别是在不久之后的越南战争中。

海豹突击队先后有八支小队被派往越南直接投入战斗，虽然越南战争对于美国来说最后证明是一个巨大的泥潭，

★美国海豹突击队队员

但是海豹突击队的成员在这场战争中表现得十分出色，显示出特种部队的优势。由于他们不受其他军方指挥官的干扰，所有的作战行动都由他们自己来决定，所以他们在战斗中灵活机动，再加上海军舰队、空军和情报部队的得力援助，使他们完成了许多普通军队无法完成的如突击、侦察、捕获战俘等任务。

特别是在湄公河的三角洲地区，海豹突击队的行动更加多样化，除了有小规模的伏击以外还有复杂的联合行动。在一次行动之前，海豹突击队就搜集好了相关的情报，了解到在此地区除了一支海军内河巡逻部队外没有其他的部队，

于是在第二天晚上，小队成员带着武器轻装前行，乘坐着小艇沿着主要河道进入了目标区域，在所有必经之处都安插好了人员，然后借着茂密树木的掩护离开了小艇，小心翼翼地缓慢地向预定的埋伏地点移动，埋伏在离渗透点几千米的河岸，然后静静等待着过往的船只，黑夜树影浮动，所有移动的物体看起来都十分可疑，队员们仔细辨认着，生怕遗漏了真正的敌船。

前面已经过去了四只船，但是都是普通的渔船。正在此时第五只船驶了过来，那只船与先前的明显不一样，花费了一晚上的时间终于将目标等到了。随着指挥官的一声令下，弹光四射，强劲的火力在短时间内就将敌船一举歼灭了。任务圆满完成，接到撤退命令后所有队员重新归队，返回到基地等待着下一次行动。

可以说这是海豹突击队常用的战斗模式，选择好一个最佳的伏击地点后将自己隐藏起来，然后静静地等待着敌人进入自己的攻击范围后，集中力量将其消灭。这种方式被证明是十分有效的，但是也是要冒着深入到敌人内部和孤军作战的巨大风险。

头等机密：神秘的海豹突击队

因为这支部队所执行的任务总是有关于国家机密，所以对他们的相关报道非常少，再加上其隐秘的作战风格，海豹突击队也逐渐成为了世界上最为神秘、最具威慑力的特种部队之一，只是与二战时相比，随着国际形势的转变与社会的发展，它的作战任务也发生了很大的变化。

除了直接或非直接的军事行动、侦察搜索、防卫、营救俘虏外，其重点转移到了反恐怖活动上，包括直接地打击恐怖活动、防止恐怖分子渗透、直接以及非直接的反恐怖活动。

为了胜利地完成以上任务，海豹突击队的训练标准比常规部队的标准要高出很多，还相应地多了更多的补给，成为美国政府资金投入最大的部队，海豹突击队也不辱使命地

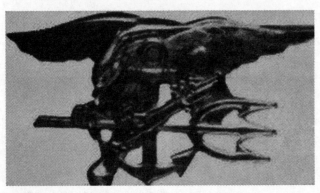

★海豹突击队标志

成为了在所有突击队中作战成功率最高的部队。

1991年的海湾战争，海豹突击队也参加了战斗，在战争还没有正式开始前，海豹突击队就已经到了科威特的海岸边进行监视。二月的一个晚上，六名突击队成员划着小艇悄悄地来到了岸边，用机关枪扫射伊拉克防卫部设置好的炸药，黑暗中伊拉克士兵看不见目标只能够盲目地开火，当这一连串爆炸声将大批的伊拉克士兵引来时，他们早已经潜入了水中悄悄离开了。

而不知情的伊拉克军却继续将更多的部队派遣到了海岸边。同时联军的装甲部队趁机攻破了伊拉克的南方防线。很显然在这次战斗中海豹突击队成功地限制住了伊军的行动，以极少的兵力赢得了极大的成功。除此之外他们几乎参与了每一次重大的现代战争和军事反恐事件。在最近一次深入阿富汗的反恐战斗中，他们消灭了上百名躲藏在山洞里、黑暗处的恐怖分子，海豹突击队队员仅有四人遇难。

9·11恐怖袭击之后，海豹突击队的编制又有所增加，目前总共有约两千多人的兵力。由于许多任务都需要在夜间执行，所以对队员视力的要求很高，除此以外还必须要通过被认为是世界上最痛苦的军事训练。海豹突击队的队徽上面是一只勇猛的老鹰，老鹰的两只脚

★正在训练的海豹突击队

★战斗中的海豹突击队

★海湾战争中的海豹突击队

分别紧紧地抓着一支枪和一把鱼叉，这只老鹰代表着美国人最崇尚的自由，而这老鹰脚下所抓的这两样东西，正好表明了要想成为一名海豹突击队队员所必须具备的两个基本条件：第一必须要有誓死捍卫美国的坚定决心，这是枪的含义，第二就是鱼叉所代表的必须要拥有超强的在海上战斗的能力。

所以参加海豹突击队挑选的队员们对于接下来的选拔必须要有足够的心理准备。

训练一共分为三个阶段，第一个阶段是体能训练，时间是九周，学员每天要接受好几千米的跑步训练和游泳训练。除此外还要接受其他的体能训练，学习生存急救技能。在这个阶段中最难熬的要算是训练的高潮"地狱周"。

所有学员在一周的时间内只能睡四个小时，其他时间都在冰冷的水里浸泡或者在其他地方完成各种危险困难的任务。所有训练都是真刀实枪，在一定程度上可以与真实的战场相比。所以这不仅是严格，更可以被称为残酷，很多学员在训练中受伤，也有人严重到造成身体残疾。因此也招来了一些人的非议。第二阶段的重点是水下求生训练，总共有七个星期。第三个阶段的训练重点是陆上的武器训练，同时还有空降、格斗、爆破等训练。

今天，这支从一支爆破小队发展而来的部队已经成为美国两栖作战部队的精锐，细数他们的战功，越战中有14人获得了荣誉勋章，其中有三人是海豹突击队的成员，而且在越战这场美国人认为伤亡最为惨烈的战争中，海豹突击队没有一个人牺牲。他们还参加过许多次营救战俘的行动，在被营救出来的战俘中，有几乎一半的人都是由海豹突击队队员救出的，所以凭借着显赫的战功，海豹突击队受到了所有部队的敬重。

战争中冲在最前面的人

在大多数战争中，冲在最前面的人一定是最勇敢的，因为他们所面临的危险是最大的。海豹突击队通常在战争还没开始前，就已经到了某个海岸，提早为美军的抢滩登陆作准备，他们面对的不是活生生的敌人，而是敌人所设下的一个又一个陷阱：大量的水雷、铁丝网、三角锥等等。这些陷阱如果不提早清除，将会给美国正规军的抢滩登陆造成巨大的威胁和伤害，很可能直接导致整场战争的失败。所以，海豹突击队自然而然地成为了战争中冲在最前面的人，他们面对的是一个个水雷、三角锥等这些没有生命却比有生命更可怕的杀人工具，他们无疑是战争中最勇敢的人。

★沙场点兵★

👤 人物：考夫曼

考夫曼1911年8月出生于美国加利福尼亚州，因为他的父亲是一名美国海军少将，所以他从小就对海军产生了一种特殊的情感，当1933年他从海军学院毕业后，就满怀希望地准备直接进入海军服役。但是最后却因为视力的原因而没有实现这个愿望，无奈地去了一家海军公司。但是幸运之神很快就眷顾了他。当美军的珍珠港基地被日军成功偷袭后，美军急需大量的人力进行海上作战，所以考夫曼又被召入了海军。

在最开始的时候他负责对美国海军人员进行专门拆弹技术培训，并且专门成立了一个特种小组完成炸弹引信的拆除工作。在替美军解决了一系列棘手的问题之后，令美国海军官员对其刮目相看，还授予了他海军十字勋章。

在1943年时应美军的要求，他在佛罗里达州建立了第一所水下拆弹学校，专门培训水兵拆除炸弹和处理水下其他危险品，为二战最大的登陆战诺曼底战役作准备。不久，考夫曼就在佛罗里达州组建了第一批美国海军拆弹组，后来叫做水下拆弹组，这就是美军特种部队"海豹"的前身。二战后美国海军许多人还把考夫曼称做"'海豹'之父"。

☀ 职责：为海军提供战前准备

从海豹突击队成立开始，海豹突击队的职责就十分明确，要为海军提供战前准备。美国海军自从在塔拉瓦战役上吃了大亏后，就认识到自己还没有作好两栖登陆作战的准备，特别是在面对日本的时候。日军在它的所有太平洋海上战略重地都设置了各种坚固的防守工事，美军在一次又一次登陆的惨痛教训中意识到，正在登陆的美军暴露在日军花费了极大心思建筑的工事下时是多么的危险。再加上海下的复杂地形，登陆进攻的美军完全就是日军的活靶子。

为了减少美军在进攻时的伤亡，海豹突击队在接下来美军的每次登陆作战之前，都会担负起破坏近水的桥梁和隧道的任务，以及海港和河流的障碍清扫工作，做足战前的准备工作。

✳ 特点：神秘

海豹突击队一直以来都是世界上最为神秘的特种部队之一，因为从建立初始一直到今天都很少有人能够知道他们会执行什么样的任务，会出现在什么地方，训练基地在什么地方，但是令人惊讶的是他们总是能恰到好处地出现在国家最需要他们的时候。这是因为海豹突击队所执行的任务经常都会涉及到国家的头等机密，所以很少会被媒体报道。再加上他们的作战方式一直以来都是以八人以下的小组为单位活动，每次执行任务时都是对外绝对的保密，这些都使他们披上了一层神秘的面纱。

灵活机动下的尖刀对决
THE CLASSIC WARS

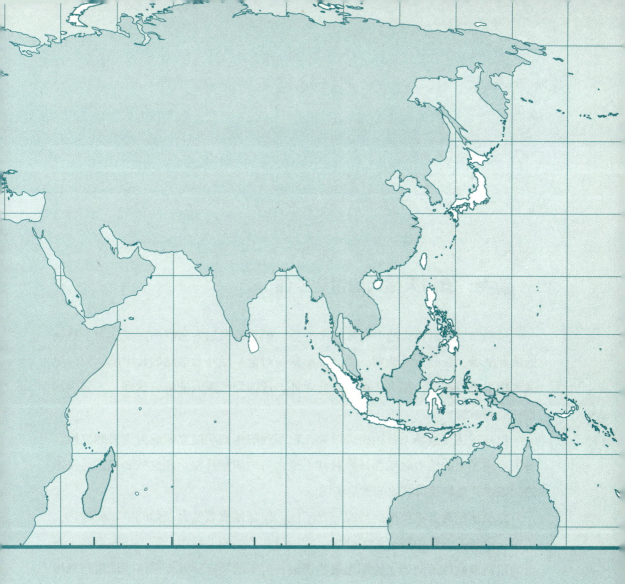

第三章

奇袭
——英特种部队袭击圣纳泽尔

▲二战时，英国的雷达研究处于世界先进的水平，而不甘落后的德国研制出了一种新型的雷达使得英国皇家空军大受损失。为了研究出对抗德军新型雷达的方法，英军不得不铤而走险采取军事行动，派出了"哥德曼"特种小队，命令其将德军的雷达偷运回英国，从而给了德国的防空系统一个致命的打击。

前奏：德国人强大的雷达监测

虽然第二次世界大战中有好几个战场，但是战况最为激烈的还是作为主战场的欧洲战场。在战争的初期，英、法军队面对德军战斗力强劲的装甲部队和闪电战术根本难以招架，损失惨重，除此之外，还因为德国人的秘密武器——强大的雷达监测系统。

自从雷达在战场上开始出现以来，它强大的探测功能立即成为飞机的克星，各国看到了它的威力之后都开始对其不遗余力的研制开发。在这些研究雷达技术的国家中，最早获得成效的就是英国。

二战初期时虽然英国的战况一直不佳，但是依靠着实力强劲的空军和雷达，英军一直掌握着空中战场的主动权。特别是在不列颠战役中，英国在海岸线上布设的雷达准确地探测到了德军飞机的情报，英军的指挥部就根据这些情报判断出来德军的战机目标，然后成功地在德军实施空袭前进行了拦截。但是从1941年开始，英国军方从空军的统计数据上发现，飞机的损失数据不知道为何开始以惊人的速度增长。紧接着在11月的一次对德国鲁尔地区的空袭行动中，竟然有多达21%的轰炸机被德军击中坠毁，这在以前是从来没有过的事情。

★飞往伦敦执行轰炸任务的德军战机

这件事立刻引起了英

军的警觉，如果再这样继续下去，英国引以为傲的皇家空军将会损失殆尽。接到了消息的英国首相丘吉尔对此十分焦虑，因为根据现有的情况来看，德国很可能拥有了一套比英国更为先进的雷达系统。为了保持住英军在空中战场的优势不被德军逆转，丘吉尔除下令减少英国皇

★雷达，作为一种新型武器，在二战中发挥了重要的作用。

家空军的起飞次数外，还立即召见了专门负责电信雷达研究的琼斯博士。在知道了丘吉尔为何这么紧急召见自己的原因后，琼斯博士惊讶地回答道："我还以为首相阁下早就知道了这件事。"

原来早在1939年的时候，琼斯博士就了解到德国开始在沿海布设了一种飞机探测系统，作为雷达专家的琼斯博士对此事十分关注，因此下了极大的力气去搜集了有关这一系统的信息。根据一个战俘所说，德国歼击机能够接二连三地成功截击英军的飞机，所靠的是一个名字叫做"弗利亚"的雷达站，它位于法国沿海的一个小村庄内并且由一个高炮营守卫。这个名字来自于一个美丽的女神，传说她珍藏有一条项链，为了防止有人觊觎它，弗利亚派了一个看护人去专门看护这条项链，他的视力超绝，不论是白天还是黑夜都能够看清任何一个方向160千米内的所有物体。

现在德军用这个厉害的看护人的主人名字给雷达站命名，其中的意思不言而喻。当琼斯博士把这一系列发现告诉给了丘吉尔后，丘吉尔不禁产生了疑问，德军如此先进的雷达到底是从哪里来的呢？于是他立即向相关部门进行了查询，是否曾经有雷达落入德军之手。当天丘吉尔就得到了回复，英军没有雷达落入德国人的手里，就算有也是彻底破坏得毫无价值的。这样看来德国人有关雷达的资料很有可能是从法国人那里弄到的。不过这些已经不重要，现在最重要的就是要找到德国人到底把雷达安在了哪儿。

在经过一系列侦察找到了雷达的具体位置之后，英军有了一个大胆的想法："我们可以从海滩上去，把雷达搬回来。"琼斯冷静地说道："如果我们能够搞

到雷达，那么一切问题就迎刃而解了。"他这个惊人的想法得到了大家的赞成，随后他就立即把这个想法告诉了丘吉尔并且得到了丘吉尔的同意。

雷达站被建在了很高的悬崖上，西边面对大海，南北两侧是通海的山沟，唯一的一条道路上还有德国人的重兵把守。如果海上突袭的话，不出半个小时驻守在附近的德军就能够赶来增援，即使到时突击的士兵能够成功地到达安装雷达的悬崖顶处，也没有办法阻止德军在突击士兵赶到这里前就把雷达设备破坏掉，这让陆军感到了力不从心。于是大家开始想起了"哥德曼"，也只有他们才能完成这样的任务了。

胜利凯旋：德国的天空不设防

偷取德军雷达的计划被丘吉尔批准之后，很快，有关这项计划的批示就被传达到了负责统一指挥"哥德曼"作战的联合司令部总司令蒙巴顿将军的手中。根据这次任务的特点和特定的地理环境，在经过了详尽的考虑之后，蒙巴顿将军提出可以使用伞兵，并且命令联合作战司令部立即拟订出一套具体可行的方案来。

最终这次行动的代号被命名为"刺痛"，准备用轰炸机将一个连的伞兵空投到位于布鲁尼沃尔悬崖上的雷达站，在占领雷达站后迅速将雷达部件拆除运往海滩，同时海上还安排了数艘海军轻型舰艇用于最后的撤退。在接下来的调兵遣将中，蒙巴顿将军首先想到的最合适的人选就是罗斯特少校。

★联合司令部总司令蒙巴顿将军

当人员选定好之后，琼斯博士又专门给队员们明确了一下此次行动的具体目标，一共有三个。一是取回雷达的中央天线。二是再拿到雷达的接收机和跟它联系的显示装置。有了这些东西琼斯就能够找到德国人装在机器里的所有的抗干扰线路，这样就可以了解到德国人的雷达技术。第三个目标就是抓回来几个俘虏，最好是雷达的操作手。

时间紧迫，准备工作立即展开。虽然"哥德曼"的队员个个身手非凡，但是在接到任务之后还是专门为这次行动进行了针对性极强的一系列训练。为了保证拆卸和装载雷达的时间不超过半个小时，队员们反复地进行训练，几乎没有什么空余的时间。琼斯博士也多次来到突击队指导队员们训练，还开设了雷达结构和原理课程进行专业知识讲解，并与他们一起进行雷达的拆卸训练。为了能够确保队员们拆卸和装载雷达的时间最多不超过半个小时，在经过近一个月的高强度训练之后，队员们竟然达到了能在二十分钟内拆卸整套雷达系统的惊人速度。

2月27日晚，天空中繁星点点，海面上无风无浪，预兆着明天将会是一个好天气。"哥德曼"的队员们在德军雷达站以南大约五百米的地方悄然降落，在行动之前，这次

★ "哥德曼"特种部队偷袭德军雷达站（连环画）

"刺痛"计划的策划者和最高指挥官亲自来到了机场，给将要为了大英帝国而战斗的勇士们送行。到了晚上十点钟的时候，罗斯特和队员们搭乘着12架经过了改装的轰炸机离开了机场。

在落地之后，队员们都尽可能地伏低身子，以防被德军发现。等到飞机已经飞离了视线，罗斯特才发出了信号让其他队员慢慢地向他所在的位置靠拢过来。然后根据计划把队员分为了几支小分队，交代了各个小队所负责的任务之后，罗斯特亲自带领着一支小分队直接向雷达阵地而去。另一个小分队则为罗斯特作掩护，剩下的第三支小分队按照计划占领了沙滩守住了退路。

罗斯特和队员们悄悄将雷达和旁边的一个小屋包围了起来，一切都准备好后发出了信号，告诉大家战斗开始了。罗斯特和队员们冲进了小屋，本来以为会遭到德军的武力反抗。但是罗斯特在冲进去后才发现这个小屋里竟然只有一个人，在他还没有来得及作出任何反应的时候罗斯特就将其击毙了。雷达阵地周围驻守的少量士兵没有想到英军会做出如此冒险的举动，在准备不足的情况下还没作出什么实际的抵抗就被罗斯特和他的队员们消灭，几分钟之内整个雷达周围的德军就已经全被击溃了，顺利得让人难以相信。

但是同时离雷达阵地不远处的德军兵营此时却响起了枪声，德军的增援部队开始上山了。时间不多，队员们立即开始了雷达的拆卸工作。本来计划半个小时的拆卸工作没想到只用了十多分钟。此时已远远地可以看见德军增援部队的黄色灯光了，随着罗斯特撤退的命令，队员们立即收拾好了一切，在给雷达站安好了炸弹之后就往海滩退去了。就在队员们全都登上了突击舰后，只听见身后一声巨大的爆炸，悬崖上德军的雷达站在一瞬间被炸成了粉末。这次行动罗斯特和队员们得到了绝大部分重要的雷达，同时还抓到了三个俘虏，其中有一个正好就是雷达的操作手。"哥德曼"又一次成功地完成了任务。

阴魂不散：德国潜艇的隐蔽所

在丘吉尔刚刚解决掉了德国的雷达系统的时候，又有一件事情开始让他大伤脑筋。这件事情要从二战初期说起，英、法军队在面对德军的闪电战术的时候损失惨重， 1940年的敦刻尔克撤退，对于英军不得不说是一次奇耻大辱，大大伤害了英国人的自尊心。

但是令英法盟军没有想到的是，从敦刻尔克撤回到英国本土后，竟然给了德国人一个机会威胁到英国的海上霸主地位。由于英国海军在海上的绝对控制权，从战争开始到现在，德国海军一直都是表现平平，没有取得过什么令人瞩目的战果。但是德军不知道从什么时候开始，利用自己的潜艇对英军实行了一种"群狼战术"，他们不断地袭击英国、美国等盟国在大西洋上的运输船队，给盟军带来了巨大的损失。

　　"群狼战术"是由德国海军元帅邓尼茨提出的，这个战术的重点就是集中德军的弱小舰艇的火力对付落单的英军舰艇，并且一般都是在夜间行动。就如同这个名字一样，德军的潜艇隐藏在大海深处，猎物一旦出现在它的视线之后，隐藏在周

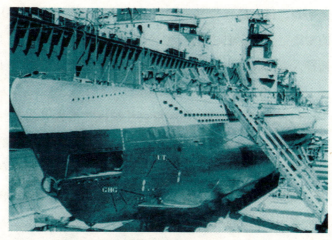

★正在"诺曼底船坞"中维修的德国潜艇

围的所有潜艇就会一拥而上将其包抄起来，就像群狼猎取猎物时那样向目标发射鱼雷，当英国海军的舰队赶到的时候，德军的潜艇早已经消失得无影无踪了。

　　这实在是让英军大伤脑筋，在法国被德军占领之后，德军很快就在圣纳泽尔港口建立了自己的海军基地，这也是法国唯一可以容纳德国最大型战舰"德尔贝茨"号的船坞，更为重要的是，现在这里也成为了德军潜艇的最佳隐蔽所。圣纳泽尔港口内有两个船坞，最主要的船坞是诺曼底船坞，整个诺曼底船坞有350米长，50米宽，在当时是世界上大型的船坞之一，甚至可以容纳九万吨的船只进入。在船坞的两端有闸门，必要的时候可以将闸门打开然后把船拉入闸内，十分隐蔽。

　　德国海军在占领了法国后就直接将此处作为了自己重要的战略要地，配合德军陆地和空中的攻势，封锁和破坏了英国和其他反法西斯联盟国的后勤运输线，这对于即将准备反攻的英军来说，就像随时都会被人卡住喉咙一样是一个极大的威胁，只有破坏掉德国的海军，重新把握住运输要道，才能尽快地稳定战局，然后等待时机对德军进行反攻，挽回丢失的颜面。

请缨出战："哥德曼"的军令状

　　短短几个月的时间，德国毫不费力地以闪电攻势攻占了波兰、丹麦、挪威、荷兰、比利时、卢森堡和法国，几乎占领了大半个欧洲。英、美、苏等国面对如此局面并没有采取相应的措施，而是继续实行着绥靖政策，妄想以此来缓和各国之间的争霸矛盾，以退让姑息来换取和平。但是法西斯的战火并没有如他们所想的那样平

息下去，反而愈演愈烈，烧到了自己的国土上。1940年德国开始了对英国城市的密集空袭，危难时刻，英国首相丘吉尔果敢地出现在了英国人民的面前，发表了振奋人心的演讲，他说我们要用天上、陆地上、海上等上帝赐予我们的一切力量来保卫国家，直至胜利。

与英国隔海相望的法国早已经被德军占领，这件事让英军十分头疼与担心。因为这意味着在法国的卢瓦尔河口，战略地位十分重要的圣纳泽尔港口现在也已经成为了德国的驻地。这里离英国最近的港口只有400千米的距离，如果想要从法国的西海岸入海，这里也是必经之地。并且法国沦陷前，法军还在这里建起了非常坚固的防御工事，这个工事虽然没有让法国在这场战争中获得什么胜利，却为占领了此处的德国提供了不少便利，使这里成为了真正的易守难攻之地，驻扎在此的德军也成为了英军的心腹大患。为了除去这一大患，经过长时间的秘密谋划，终于在1942年的春天，英军奇袭圣纳泽尔港的计划成形了。"必须彻底解决圣纳泽尔！"英军统帅部当天就下达了坚决的命令。

看着墙上的作战地图，英军指挥部里气氛凝重。虽然计划有了，而且早已经设计好了各种周密细致的方案，但是要一举使德国海军部队陷入瘫痪，摧毁诺曼底船坞这个任务还是有着极大的难度。

1942年2月22日，本来正在前线指挥作战的克拉克中校接到了命令直接从战场回到了陆军部，召见他的人是卡林顿将军。虽然他此刻心中充满了疑惑，但是他知道只要等会儿一见到卡林顿将军一切就都会明白了。

进门之后他一下子就看见了坐在宽大办公桌后面的卡林顿将军，他的眼里充满了血丝，看来已经很久没有好好休息了，不过就在卡林顿将军抬起头来的一瞬间，他又恢复了平日里神采奕奕、精神百倍的模样。

卡林顿将军站起了身，然后示意克拉克坐到他的对面开始进入了正题："我想你还不知道首相已经发出了命令，必须要在3月底之前彻底解决

★德军占领时的圣纳泽尔港

掉圣纳泽尔港口。"克拉克低头看见卡林顿将军桌上的那张地图上，原本是圣纳泽尔港口的位置已经被一个醒目的红圈标注了出来，然后卡林顿将军继续说道："既然任务已经制定，你作为前线的第一指挥官，今天叫你来就是想听听你的意见，究竟派谁去执行这项任务呢？"

听完了卡林顿将军的话后，克拉克没有立即回答。他十分清楚目前在德军掌握着制海权的情况下，如果这项任务成功，无疑会使德军立即失去对海面的控制，让英军重新夺回海上的控制权。但同样这项任务的难度和危险性也是一样的高。否则卡林顿也不会专门把他从前线拉回来。按照目前的情况，德军掌握了绝对的制海权，这样的情况下想要潜入德国人重兵把守的圣纳泽尔港口然后将其摧毁，实在是让人无法想象。可是如果这个任务真的可以成功，那么产生的积极效果也是难以想象的。

在经过慎重的考虑后克拉克才回答道："根据现在的情况，如果我们想要占领圣纳泽尔港口是不可能的。唯一的办法只能是将它破坏掉，这样就可使德军在短时间内无法使用圣纳泽尔港口，如果我们可以炸毁港口里的船坞水门，圣纳泽尔港口的问题也算是被彻底解决了。而这种事情正是我们'哥德曼'最为擅长的，就把这个任务交给我们'哥德曼'吧。我会派出队伍里的第一勇士西摩尔带队，绝对不会让您失望的。"

在听完了克拉克的话后，卡林顿的脸上露出了难得的笑容，他一直很看重克拉克，所幸的是克拉克也从未让他失望过。卡林顿开启了放在身边的一瓶白兰地，然后给自己和克拉克一人倒了一杯，将酒杯递给了克拉克，"那就让我们一起提前预祝'哥德曼'大获成功吧。"

等待时机：到海滩上去侦察

作为"哥德曼"最富有经验的指挥官之一的西摩尔在接到了克拉克中校传达给他的命令后，激动与兴奋得几乎一夜都没有睡。并不是任何人都有机会去执行这样的任务，这在一定程度上也是对他和"哥德曼"的一种肯定。

西摩尔虽然兴奋，但是头脑依旧十分清醒。他清楚地知道这不是一件容易的事情，要想完成这项任务自己还必须费一番精力。

第二天起床后，西摩尔迅速地建立了专门的战斗指挥部。接下来的事情就是要将圣纳泽尔港口德军的情况彻底摸清，这样才能制订下一步的计划和部署，于是他派出空军侦察机对圣纳泽尔港口进行全方位的侦察。在研究侦察兵带回来的资料时，他发现这个时候正好是卢瓦尔河的低潮期，卢瓦尔河的浅滩也因此露了出来。这对于西摩尔来说就意味着如果发起行动，部队必须要进行一段长距离的没有任何遮蔽的远程跋涉才能够进入作战地带。增加任务难度的第二个方面是作为一个天然港口，圣纳泽尔港的地形十分复杂，几乎没有什么可供袭击登陆靠岸的地方。

为此西摩尔不得不在这次行动人员的挑选上多花一些时间，虽然"哥德曼"的成员个个都是精英，但是针对此次作战专门破坏敌军军事设施的目的，西摩尔亲自选取了155名队员，再加上总部挑选的有着出色破坏技术的80人组成了一支突击队。但是接下来从刚拿到的侦察结果来看，西摩尔有了新的不安，根据自己对港口情况的了解和侦察机带回来的航空照片看，德军不知道什么时候起在圣纳泽尔港口附近竟然又增加了五个炮兵阵地，这样一来自己所选的这些人员对于这次任务来说是远远不够的，于是在向上级反映了情况后，西摩尔又在特种部队里挑选了30人，最终组成了一支大约300人的特种突击队。

并且西摩尔还为这支部队制订了专门的训练方案。因为突袭是在夜里，为了让队员们适应在夜间的海上作战，除了一般的适应海浪、游泳等训练外还增加了夜间的射击、泅渡、登岸等训练。每一个队员都非常刻苦认真，因为他们明白自己身上的巨大责任。

一边在紧锣密鼓地训练，另一边的西摩尔也没有闲着，他这几日每时每刻都在思考怎样才能一击致命地摧毁诺曼底船坞，作为突袭，自己绝对没有时间上和人数上的优势，唯一的方法只有出奇制胜。

克拉克中校提供了一个可行的行动计划：让"哥德曼"的队员们利用汽艇或者橡皮艇作为运载他们突袭登陆的工具，这样的好处是灵活，而且缩小了目标不易让敌军发现。到达后再使用驱逐舰对水门进行强行冲击。这个水门长51米、高16米、厚11米，要想在最快的时间内把它摧毁，让它在短时间内不能修复，只有用驱逐舰撞毁水门之后再利用定时炸弹将驱逐舰连同水门一起炸毁。与此同时，突击队员开始登陆直接破坏掉圣纳泽尔港口的水泵车间、动力车间。经过反复磋商，克拉克中校最后决定：突击队乘坐的炮艇由驱逐舰掩护进入卢瓦尔河，实在无法蒙混过关时就强行上岸炸毁船坞。这是最直接的办法，也是唯一的方案。

同时为了掩盖自己的作战意图，混淆德军的视听，英军对外公布这支刚组建的英国海军第十猎潜队的任务是开赴南大西洋猎潜。西摩尔还专门要求英军军方故意给德军透露了一些假的情报，让他们以为这支猎潜队是以开赴南大西洋猎潜为掩盖，实际上却是要到英吉利海峡的另一边去执行任务，同时英方还进一步地故意泄露给德军更多的有关这支舰队的消息，说这支舰队在近段时间内就要出去执行任务了。

这样一来，真真假假，德军绝对不会想到这支舰队竟然在打自己的军事重地圣纳泽尔港口的主意。所以德军对这支微不足道的舰队根本未加留意，错误地认为这只是英军一支无关紧要的小舰队而已，仅仅是通知了一下己方的海域。

行动开始：从天而降的闪电

具体的行动日期很快就定了下来，根据国家气象局提供的气象资料显示，3月底的时候会有连续几天的好天气，于是日期被定在了1942年3月26日至28日。下午4点的时候，西摩尔率领着这支名义上的猎潜队开始向圣纳泽尔港口驶去。出发前他看着这些自己亲手挑选出来的队员，心中充满了感慨。"相信大家都清楚地知道这次任务的危险性，但是同时也必须明白我们所承担的责任，现在你们还有最后的机会，如果害怕，你们可以选择离开队伍，但是只要你们选择留下，我希望你们已经有了为祖国牺牲的觉悟。"最后队员们没有一个人选择离开。舰队排成了三个纵队，最中间的是西摩尔乘坐的"阿萨斯顿"号驱逐舰，它的后面紧跟着"威迪尔"号和"堪培拉塔温"号。

★撞上水门的"堪培拉塔温"号

舰队的两边是鱼雷快艇和汽艇。就如同天气预报所说，海上的天气非常好，风平浪静，十分适合出航。一路上西摩尔和他的舰队都没有遇到任何异常情况。到傍晚的时候，舰队按照计划行驶到比斯开湾，在这里，队员们将会换乘上经过改装的炮艇，然后近300名勇士整装待发，在这里静静地等候着最后的攻击命令。

晚上10点整，西摩尔发出了命令：舰队出发。经过重新编队，舰队在离卢瓦尔河口还有10千米时加速向前冲去，而此时英军的轰炸机也呼啸而至，沿着河口对圣纳泽尔港口进行轰炸，借着轰炸机的掩护，很快舰队就进入了港口，西摩尔又继续下达命令：强行前进，尽快登陆上岛。并要求随行的舰队开始炮火攻击。

对方驻岛的士兵在要求西摩尔的舰艇进行例行检查而没有得到回应后，正准备向上报告时被突然而来的袭击吓了一跳。等到反应过来这不是己方的战舰而是敌人的时候，双方已经展开了空前激烈的战斗，岛上配备的大炮开始对"哥德曼"战舰发起了猛烈的进攻。但是事先早已经做好了侦察工作的西摩尔专门针对德军新增加的大炮做出了解决方案。

西摩尔在"堪培拉塔温"号上装配了六门57毫米的火炮和四门105毫米的火炮，这两种火炮的精准性远远高出德军的火炮，并且西摩尔早已经知道了德军火炮的具体位置，所以没过多久，德军的阵地就安静了下来，但是在进攻时西摩尔所带的这些舰队中也有一艘炮艇不幸被击中，剩下的炮艇则趁此机会快速地向圣纳泽尔港口的船坞靠近。眼见圣纳泽尔港口的水门就在眼前了，所有队员更是小心翼翼不敢出一点差错。西摩尔回头大声对队员喊道："加快速度前进。"然后对自己搭乘的"堪培拉塔温"号发出了全速进攻的命令。

24点36分左右，"堪培拉塔温"号开足了马力向着圣纳泽尔港口船坞的水门撞去，霎时间一声巨响，黑夜中火光四溅，在舰艇撞上水门的一瞬间产生的巨大冲击力，让站在舰艇甲板前的西摩尔一下子没有站稳摔倒在甲板上，但是他马上就强迫自己忽视掉这暂时的晕眩感站了起来，握紧了武器对着队员们大声喊道："快给我抓紧时间登岸。""堪培拉塔温"号与水门相撞后船头的一部分甲板搭在了船坞的门上，正好变成了西摩尔和队员们登陆的便桥，西摩尔率先登上了圣纳泽尔港口，然后开始按照计划命令跟在自己身后的队员们分别行动。

根据计划，队员们登岸后将要分为三支小队，一支小队登陆后就直接向德军港口上的指挥所奔去，他们的任务是将德驻军的火力全部吸引过来，给另外两支小队提供行动的机会。然后另外一支突击队就趁机进入圣纳泽尔港口的水门控制室，把最重要的水门控制台炸毁，剩下的最后一支小队则在西摩尔的带领下把视线所及的港口上所有的重要设备都炸掉。

三分钟后，整个圣纳泽尔港口遭到了毁灭性的破坏。等后来德军清理战场的时候，看到港口的损害程度不得不承认，如果要将圣纳泽尔港口重新修好投入使用的话，至少也是四五年之后的事情了，整个港口已经被西摩尔和他的队员们炸得七零八落面目全非了。由于一开始就把水门给炸毁了，德军在港口外的大型军舰根本就进入不了港口，只能在港口外面干着急却没有办法加入战局。于是他们对同样停在水门外的"堪培拉塔温"号和其余的几艘英国舰艇发起了猛烈的攻击，在炮火的攻击下英军舰艇不得不从港口退出返回了。港口内还在战斗的西摩尔和他的队员们被断绝了退路之后无奈选择了投降。

"哥德曼"在这次任务中的卓越表现让人称赞，但是也使"哥德曼"的元气大伤，除了一部分队员未能够登上圣纳泽尔港最后回国之外，共失去了两百多名官兵，是"哥德曼"组建以来死伤官兵人数最多的一次。

战典回响

"刺痛"了德国人的心

"哥德曼"的行动给德国以极大的打击，尤其是"刺痛"计划的实施，成功地"刺痛"了德国人的心。通过这次大胆的行动，英国人成功地搜集到了想要的情报，同时增强了英国情报部门对自己掌握情报准确性的信心。通过对被带回来的雷达装置的研究，最后英军发现德军的雷达之所以能够这样厉害，并不是因为德军雷达的制作装置有多么的精良，而仅仅是因为它的调频范围非常广，仅这一点就可以让它不易受到电子的干扰。

同时这个行动还给英军带来了一个非常意外的收获，在遭受到这次巨大的损失之后，德国人开始给所有的靠近海岸的雷达都围上了铁丝网，这个看似给予了雷达更大保护的行动，实际上却让英军对德军的雷达布设情况更加地了解和清楚了。因为在此后本来一直弄不清德军雷达具体位置的英国军方发现，只要是照片上有铁丝网保护的地区就一定是德军的雷达阵地，阴差阳错间这竟然成了德军雷达地点的标志。

无论如何这次行动中"哥德曼"充分地发挥了自己的优势，行动时灵活机动，并且队员们根据战场的形势灵活变通为了三个小分队，充分地发挥了主动性和创造性，作战前所作的准备充分，计划周密，对敌情、地形甚至于气象情况都作了细致的分析，进行了针对性极强的准备，可以说是真正做到了有备无患。更为重要的是整个行动的闪电速度，使"哥德曼"在德军的援军还没有来得及赶到时就已经完成了任务，起航回家了。

而奇袭圣纳泽尔港更是以最小的代价让德国人遭受了最为惨重的损失，为英国控制大西洋上的制海权发挥了重要的作用。

★ 沙场点兵 ★

人物：西摩尔

西摩尔中校是英国特种部队"哥德曼"的指挥官，善战有谋，屡获战功。他所指挥的最重要也是最著名的战斗就是上面所说的偷袭圣纳泽尔港。这场战斗曾经被英国首相丘吉尔称为"荣誉之战"。他在完成了摧毁诺曼底船坞的任务后，面对大队包围而来的德军选择了投降。虽然按照当时的国际法，化装成敌军偷袭的军人是不能够受到战俘条例的保护的。但是令人意外的是德军并没有把西摩尔处死，只是关进了集中营里。回到了英国的西摩尔被英王乔治六世颁发了代表着最高荣誉的维多利亚十字勋章。

职责：破坏军事设施

无论是突袭圣纳泽尔港口还是获取德军的雷达装置，"哥德曼"的这些行动只有一个目的，就是破坏掉德军的军事设施。在这次斩断德军神经偷取雷达的行动中，"哥德曼"接受到的命令是将德军的雷达拆卸后运回英国进行研究，这样一来就等于说是挖掉了德军一直以来盯着英国皇家空军，并且给英国皇家空军造成了巨大损失的眼睛，同时还能够通过对德国雷达的研究，找出对付德军新型雷达的办法，实在是没有比这更好的计划了。所以说这个把德军的雷达运回英国的计划虽然听起来太让人不可思议，最终还是获得了所有人的支持。

特点：勇猛

勇猛，直截了当地讲就是勇猛之士，"哥德曼"被看中去执行这样危险度极高的任务，是因为他们有能力胜任，而指挥官们看中的就是"哥德曼"队员们无论在什么情况下都能够勇猛向前、英勇无惧的精神。这一点在队员执行"刺痛"任务时体现得极为突出。因为队员们从空降到着陆的整个过程中，都面临着会被敌人发现然后遭受各种火力打击的可能，同时还要面对各种意想不到的情况，这就要求罗斯特和他的队员们必须要勇猛无畏、随机应变，能够对各种突发情况迅速作出分析判断，然后果断行动。

灵活机动下的尖刀对决
THE CLASSIC WARS

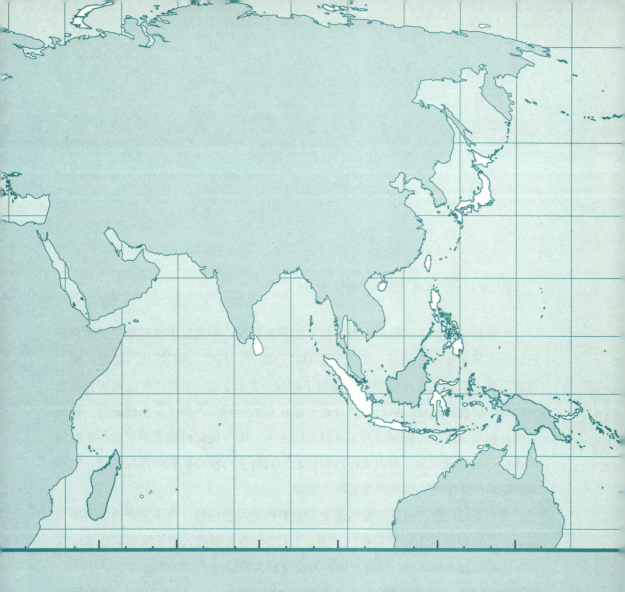

第四章

营救墨索里尼
——最冒险的"橡树行动"

▲二战到了 1943 年的时候，英法盟军开始反击，意大利的军队因为军事不利，在苏联和北非的战场上接连退败，意大利国内的情况因此变得更加动荡不安。再加上英法盟军所采用的心理战术，终于使意大利国王决定逮捕墨索里尼作为与英法谈判停止战争的条件。听闻此消息的希特勒大为不安，最终为了保住了自己的盟友，决定要不惜一切代价营救墨索里尼。

前奏：墨索里尼成为阶下囚

一说起法西斯主义很多人都会首先想到希特勒，但实际上法西斯主义的真正创始人是墨索里尼。他是一个地地道道的独裁者，1921年组织法西斯党，第二年就发动了政变，被任命为首相获取了政权，并在1925年时宣布法西斯党是意大利唯一的合法政党，从而正式开始了他在意大利的法西斯主义独裁统治。在此后的几年里，意大利逐渐成为了世界强国之一，但与此同时墨索里尼也在不断地加强自己的独裁统治。对内实行残酷统治，对外实行侵略扩张的强权政策，使意大利在法西斯统治的黑暗深渊里越陷越深。

随着美国的经济萧条渐渐地演变为世界性的经济危机，许多国家的实力明显减弱，墨索里尼认为有机可乘，于是在1935年首先派兵入侵了埃塞俄比亚。当面对国际联盟的制裁时，他更是以此为由使意大利退出了国际联盟。

★意大利入侵埃塞俄比亚

同年7月，他还伙同德国武装干涉了西班牙内战。这一系列的行为让希特勒看见了一个极好的合作伙伴，开始极力地拉拢墨索里尼，无论是在政治上还是军事上都积极地与墨索里尼进行合作，终于在1936年10月，两国在柏林共同签订了《柏林协定》，"柏林-罗马轴心"

开始形成。但是后来的事实证明希特勒的这个盟友除了"忠心"以外，在军事上没有一点才能，虽然他自己一直以"恺撒大帝"自居，但是在一系列的战斗中，如果没有德军的协助，他根本就只有挨打的份儿。

从二战一开始，墨索里尼不顾政府和军方大多数人的反对与劝告，贸然进军希腊。到1941年出兵苏联，墨索里尼可谓是一败涂地。同时，在北非战场的意军面对英法盟军的攻势也是同样落败，墨索里尼不得不开口向希特勒求助。但是早已落败的意军

★希特勒和墨索里尼在一起

加上自顾不暇的德军面对英法盟军早已准备好的精锐部队，根本不是对手。

1943年7月，盟军在西西里岛登陆，意大利的本土遭到了盟军的空袭。盟军采取了心理攻势，从飞机上撒下许多写着让墨索里尼下台就可以停止战争的传单。本来就动荡不安的意大利国内局势顿时更加混乱。

意大利本土将要卷入战争的危机令意大利国王埃马努埃莱三世深感不安，而且这位国王早就对墨索里尼的行径不满，私下与法西斯党内反墨索里尼的团体往来多次。看出了国王心中不安的意大利陆军总参谋长巴多里奥元帅此时提出了一个大胆的建议，那就是拘捕墨索里尼，只要解决掉了墨索里尼就可以向英法盟军求取和平。

在陆军总参谋长巴多里奥元帅和法西斯党的元勋之一意大利的前外交部长迪诺·格兰第的帮助下，国王决定要在7月23号的时候召开一次法西斯委员大会，然后利用这次会议设计剥夺墨索里尼的权力。而另一边为了向希特勒求援，刚从柏林回来的墨索里尼对于国内的这一切全然没有察觉。一回来便去向国王保证有办法可以使意大利摆脱困境，但是他的这一番话没想到却进一步坚定了国王要逮捕墨索里尼的决心。在接下来法西斯党内的最高会议中墨索里尼成了众矢之的，最后以19票对7票的结果结束了墨索里尼的独裁统治。

心中对此充满了愤怒的墨索里尼绝对没有想到这只是一个开始而已。虽然

在大会上他的票数落败，但是他仍然觉得军权还在自己的手里，不会有什么能威胁到自己的实际地位。于是在第二天的时候他专程去皇宫与国王见面，想要就此事进行一些商讨，当他会晤完国王从皇宫中出来时，已经事先安排好的一个军官走上前来对他说："国王陛下要我负责阁下的安全。"还没有等墨索里尼作出回应就不顾墨索里尼的反抗把他拉上了一辆车中，然后另外一些士兵一起进入了车内，把还想要挣扎出来的墨索里尼给死死地堵在了车里，启动了汽车扬长而去了。直到此时墨索里尼才发现大势不妙，但是也已经没有任何办法了。这位在几日前还不可一世的法西斯首领一下子就变成了阶下的囚徒。

无所畏惧：有些莽撞的突击队长

消息迅速传到了柏林，希特勒闻讯后立即暴跳如雷。在战争进行到白热化的时候，他最忠实的跟随者墨索里尼的倒台，绝对是一件可以致命的事。如果意大利真的成功与盟军签订了停战协议，那么无异于使德国的腹部大开，四面受敌。在最初的恼怒过去后，希特勒沉思许久，最后亲自下令德军必须立即采取行动，不惜一切代价也要制止这个事件。获得命令的德国总参谋部以最快的速度制订出了一个叫做"橡树计划"的行动，这个有着盎然生机名字的行动最终的目的就是要将墨索里尼营救出来。

斯科尔兹内上尉被选为这次计划的负责人。对于这样一个要冒着巨大风险的任务，任何人在接到命令的时候都会有几分迟疑。但是斯科尔兹内却是完全不一样，他出生在奥地利浪漫的音乐之城维也纳，但是他的性格却一点都不"柔情"，在大学的时候热爱决斗的他加入了一个决斗的团体，在一次与对手决斗的时候不小心失手，然后就在脸上留下了一道长长的恐怖的疤痕，这条伤疤从此以后一直都陪伴着他。

因此他也被人不客气地叫做"刀疤脸"。希特勒上台后，他加入了希特勒

★党卫军上校奥托·斯科尔兹内

的纳粹党卫军，被派遣到了另一支大名鼎鼎的党卫军部队——帝国师。他的勇猛好斗使他在之后入侵荷兰、法国的一系列战斗中都表现得十分出色。只可惜他在1941年进攻苏联的战场上不幸负了伤，于是被送回了德国进行休

★希特勒接见斯科尔兹内

养。出人意料的是当斯科尔兹内的伤好了之后，希特勒并没有让他返回战场，而是让他参与到组织和征召一支新的部队的任务中去。于是斯科尔兹内被晋升为了上尉同时担任了这支部队的指挥官。后来证明这件事是斯科尔兹内人生的一个转折点，他之后的所作所为完全地影响了整个二战的进程。

意大利国王下令逮捕了意大利的法西斯领袖墨索里尼，并且准备与同盟国签订停战协议的消息传到德国的时候，斯科尔兹内被希特勒亲自召见了。在当天的深夜，正在睡梦中的斯科尔兹内被叫了起来，接着就坐着飞机连夜赶到了希特勒在东普鲁士的指挥部狼穴里。当希特勒见到斯科尔兹内的时候，对他的印象非常好，这个年轻的军人穿着合身的军服迈着稳健的步伐走到了希特勒的面前，行了一个干净利落的军礼，没有一丝的不安和胆怯。

事情紧迫，希特勒也非常直接，告诉了他意大利的元首墨索里尼被捕了，墨索里尼对于德国来说是重要的盟友，他的被捕对于德军来说是非常不利的，而且意大利的国王正想利用这次机会向英法求和，所以德军必须要迅速地采取行动制止意大利与盟军谈和，阻挠的关键就是要把墨索里尼给救出来。按照希特勒的想法，总共的计划其实是由四个部分组成的。第一个部分是轴心计划：命令德军接管、夺取或者摧毁意大利的舰队。第二个部分是黑色计划，命令德军全面占领意大利，解除意大利军队的武装。第三个部分是斯图登特计划，目的是为了等墨索里尼被营救出来后能够顺利地恢复在意大利的领导地位。最后一个部分就是要交给斯科尔兹内去执行的"橡树计划"。

"是的，伟大的元首。"在明白了自己的任务后，斯科尔兹内斩钉截铁地回答了希特勒，这也正是希特勒看中他的最大原因，超于常人的自信与勇敢。在回到了驻地后，他就立即开始了准备工作，制订了一套营救计划，第二天天一亮就

呈递给了希特勒。想要顺利地营救出墨索里尼，首要的问题就是要找出关押他的具体位置，希特勒仔细地审查了方案，基本上没有作出什么修改就通过了。得知行动计划被准许后，斯科尔兹内就立刻开始了行动，他首先找了一个借口搭乘着一架用于在罗马与柏林间运送物资的飞机悄悄地潜入了罗马境内。

大海捞针：寻找神秘的看守所

事情比斯科尔兹内想的要顺利，因为意大利国王逮捕墨索里尼的行动十分隐秘，并没有在国内大肆宣扬，同时，鉴于德国与意大利之间目前还是同盟的关系，所以也还没有来得及限制德军在意大利的行动，这给斯科尔兹内的行动提供了不少便利之处。可是经过几天的寻索，还是没有得到任何有关墨索里尼被关押的线索，无奈之下，在28日的时候又有60名突击队员和十名谍报人员潜入了罗马，他们暂时都按兵不动，等待着斯科尔兹内有需要时就全力支援。

其实当墨索里尼被意大利国王秘密逮捕后就关押在罗马郊区的一座小楼内，但是后来考虑到国内的形势和防止有人来营救墨索里尼等原因，就将墨索里尼秘密地转移到了意大利西海岸的一个小岛上，而一直在罗马城中的斯科尔兹内当然无法找到。就这样二十多天过去了，就在队员们都要绝望了的时候，斯科尔兹内却在偶然间获得了一条重要的情报。

他在买东西的时候听到一个意大利妇女说，她新婚不久的丈夫为了到一个小岛上执行一项紧急任务而离开了她。当听到这一句话后，敏锐的斯科尔兹内立即觉得有什么地方不对，罗马城内一直没有发生什么紧急的事情，现在又有什么事情会如此紧迫呢？唯一能够解释的就只有墨索里尼被逮捕这一件事情。为了验证自己的判断，斯科尔兹内还专门对几个早已在这几日里混得烂熟的意大利海军军官旁敲侧击了一番。

欣喜若狂的斯科尔兹内立即向希特勒作了汇报，还拟订了一份自认为绝妙的作战计划。可是令人沮丧的是当他以为营救马上就可以展开的时候，意大利人不知道是不是听到了什么风声，在8月6号的时候又将墨索里尼转移到了撒丁岛。斯科尔兹内也只好又跟随着新的情报来到了撒丁岛的附近。可是让人头疼的是当德军准备派遣海军和伞兵进攻该岛救出墨索里尼的时候，1943年9月墨索里尼又被秘密转移了，因为逮捕墨索里尼事情重大，意大利国王害怕一旦让墨索里尼逃脱，说不定他会实施强烈的报复行动，所以极为小心。这一次转移仅仅是因为岛上的居民会不时地前往陆地上进行采购或者做生意，怕他们走漏了风声，这次转移干得出人意料的干净利落，所有的线索都消失了。

当斯科尔兹内在附近的村庄一一询问的时候，没有得到一条有用的线索。大家的说法都不一样，有人说墨索里尼其实还在岛上，有人说被转移到离这里不远的另一个小岛上。就这样，几次营救计划都夭折了的斯科尔兹内万分沮丧，但是想起自己曾在希特勒面前所作的保证，又不得不强打起精神来。而且在寻找关押墨索里尼地点的这段时间里，斯科尔兹内还因为遭到了敌机的袭击，受了重伤，回到德国柏林养了一段时间的伤，后才又回到了意大利执行任务。

在他养伤的这段时间里，希特勒明确地告诉了他如果不能完成任务，他将会受到军法处置。就在斯科尔兹内备感压力的时候，当初过来增援的十名谍报专家那里却传来了一个意外的好消息，原来他们截获了一份意大利军警发给内务部的一份电报。翻译过来后的内容是"大萨索山一带的警卫措施已经完成，库里耶。"这份电报一切都很正常，但是让斯科尔兹内兴奋的是库里耶这个名字，在以前的工作中他就接触过这个名字，此人专门负责墨索里尼的警卫工作，现在墨索里尼被关押，他跑到大萨索山去，一定也是和墨索里尼有关的事情。

根据巴多里奥和盟军签订的停战条约，在不久以后墨索里尼就会被交给盟军。不能再把时间耽搁在罗马了，于是斯科尔兹内忙将主要的精力都放在了第勒尼安海岸东岸亚平宁山脉的大萨索山上了。大萨索山的海拔有2 914米，峰顶长时间积雪，美丽的雪景吸引了大批的游人来此处游玩，在战前的时候这里是欧洲著名的滑雪胜地。把这里作为关押墨索里尼的地点实在是一个绝佳的主意，谁能够想到在这一片白雪覆盖的美景下关押着一个可以影响整个二战战局的重要人物。

根据线人的情报，在大萨索山上的半山腰有一个二战前修建的酒店，那里正是大萨索山上唯一可以关押墨索里尼的地方，但是光是这样还不足以使行动一击成功，除此之外，还必须知道一些更具

★关押墨索里尼的大萨索山

体的情报，比如说，在酒店那么多房间里，准确无误地弄清楚墨索里尼到底被关押在哪一间。不过这就不需让他担心了，因为有人已经开始了行动。

神秘绽放："郁金香"在行动

自然界中有个奇怪的规律，越是美丽的生物往往越是危险。在欧洲很多人都因为郁金香高贵典雅的美丽而迷恋它，但其实郁金花的花朵是含有毒碱的，人和它待的时间久了，就会感觉到头晕，严重的甚至还会导致中毒，过多地接触也会导致毛发的脱落。只可惜人们总是喜欢被美丽的外表所迷惑，直到当发现自己已经落入陷阱无可挽回时才会恍然大悟。

在营救墨索里尼的所有准备都完成了之后，斯科尔兹内没有在基地进一步地好好研究作战计划，而是专程来到了德国驻意大利大使鲍克的家中。"营救行动马上就要开始了，大使就把你美丽的郁金香借给我用用吧。"鲍克大使看着行色匆匆的斯科尔兹内不禁调侃道："你怎么能够让女人也卷入危险中去呢？"从发动战争之前希特勒就一直在发展着自己的谍报系统，除了早已被自己视为囊中之物的那些国家之外，连自己的同盟国意大利也没有放过，同样也安插了间谍。

53岁的蒙凯尔中将是意大利佛罗伦萨军区的司令。最近他的心情非常不错，就算像这样战火不断、意军接连战败的事情都没有能够影响到他。因为在几个月前当他到罗马城内处理事情的时候遇见了一个卖鸡蛋的小姑娘。他已经不再年轻了，日复一日年复一年的军旅生涯蹉跎了他的大半人生，年轻时的日子早已经在记忆中变得一片模糊，结婚生子，跟所有的人一样以为会一直这样，直到有一天老去或死在战场上，但是当他看到这个从乡村来的小姑娘时，心里好像有什么感情一下子就复苏了，他不禁想起了少年时阳光下的午后，也有个像这样带着满脸羞涩与稚气的女孩，用小动物般清纯的眼睛看过自己。蒙凯尔于是邀请这位天真烂漫的小姑娘到屋子里来坐会儿，然后喝点咖啡，趁着小姑娘喝咖啡的时候他开始细细地打量起来，她真的非常年轻，以自己的年纪都可以做她的爸爸了，因为每天要在乡间到城市的路上来来回回，使她的身材变得苗条而且健康，带着一种少女特有的窈窕玲珑，再配上被大阳晒出了红晕的带着几点小雀斑的美丽脸蛋，让蒙凯尔都不能转移自己的视线了。两个人在这个慵懒的下午又随便地聊了一些。

从她的口中蒙凯尔了解到她是波兰人，战争的爆发使她失去了父母，于是只能够到意大利来投靠她的叔父，他的叔父是个农民，现在她和她的叔父一起住在罗马城外附近的村子里，他曾经见过她的叔父，一个非常普通的老实农民。当天晚上女孩没有回去，陪着蒙凯尔过了一夜，第二天早上，他发现自己并不想就这样和女孩分开。于是向女孩说出了自己的想法，从此以后两个人就开始保持了这种关系，蒙凯尔喜欢这个女孩不仅是因为跟她在一起他总会觉得自己年轻很多，更重要的是她从来不向自己索取要求过什么，两人之间一直保持着一种轻松愉快的关系，如果他不去叫她，她是绝对不会跑过来找他的。

8月27号的晚上，当处理好所有事情后，蒙凯尔跟平常一样向罗马城中的一个别墅区驶去，在那里他有一幢别墅专门用来和女孩幽会。女孩早就在别墅内等候他了，在看见她的时候，蒙凯尔就一把将女孩搂进了怀里，女孩娇羞地笑着，然后一把推开了蒙凯尔。"我还没有洗澡呢，你要等我。"于是蒙凯尔先进了卧室换上了睡衣，放松地躺在了床上。可是当他听见浴室门开的声音正准备坐起来的时候，多年来的战场经验立即让他感觉到了危险的味道，外面接着传来的一声闷响蒙凯尔再熟悉不过了，是无声手枪的声音。他连忙准备冲出去，可是已经晚了。

打开门的一瞬间，冰冷的枪管已经抵上了他的额头，拿着手枪的人正是那个依然美丽的女孩，只是不见了青涩的神情，被一脸的冷艳所取代。"将军，不要动，否则我会开枪的。"此时蒙凯尔的脑中开始回想起这段时间从遇到这个女孩起，一直到现在的所有事情。他一下明白了自己的处境，接着卧室门被打开了，一个魁梧的男子走了进来，在看到这个人的脸时，蒙凯尔一下子就记起来了，这正是那个自己认为普通得不能再普通的农民，女孩的叔父。蒙凯尔此时后悔不已，但是为时已晚，接着蒙凯尔感觉到脖子一痛，眼前顿时一片漆黑晕了过去。当他再次醒来的时候已经到了德军的德马雷兵营。

斯科尔兹内亲自审问了蒙凯尔，不仅从他的口中知道了关押墨索里尼的房间的具体位置，还摸清了大萨索山上的所有警卫分布情况。德国人仅用一枝美丽的"郁金香"就轻而易举地迷惑了敌人，得到了自己想要的一切。

孤注一掷：冒险的营救计划

虽然已经知道了墨索里尼被监禁的地点，但是如何进行营救仍然是个难题，这一带的地形斯科尔兹内已经十分熟悉了，接到任务后，他乘坐飞机在此处侦察了不止一遍，并且在行动之前，斯科尔兹内为了搜集情报，专门找到了一

★墨索里尼被关押的酒店

★参加"橡树行动"的德军特种兵

位几年前曾经去过大萨索山的军官，向他询问了有关大萨索山的一些详细情况。

现在能够得知的情报是上山的小路仅有一条还被卫兵严密把守着，另外还有一条索道可以上下山，但是这条索道同样被意大利军队控制着，不可能使用，而且山脚下也有重兵把守着，如果要从山下发起正面进攻上山的话，至少需要一个师的兵力。而且这样一来惊动了敌人，到时候说不定墨索里尼早就被处决了。

于是一个大胆的构思在斯科尔兹内的脑中浮现了出来。监禁墨索里尼的酒店后面有一块没有用的三角空地，上面杂草丛生被废弃在那，但是这里离悬崖太近面积又太小，降落的难度太大。如果把能把这块空地作为着陆点的话，那么就可以直接用滑翔机进行营救了。可是这样做必须要冒着极大的危险，从航拍的照片上可以清楚地看到，这一小块地方实在是太小了，根本不适合滑翔机降落。

但是时间紧迫刻不容缓，营救拖得越久难度和危险程度也就越大，回去之后他立刻定下了计划，决定使用12架滑翔机，然后让其中的两架滑翔机先行着陆以掩护后面的滑翔机着陆。接着派出两架去营救墨索里尼，剩下的其余各机负责压制住敌人的火力。计划订得的十分详细，小到连如何进入酒店、撤出酒店，怎样跟掩护支援的人员协同作战以及营救的时间、进入的地点、所需要携带的武器装备都全部涉及到。

于是在9月11日的夜里，墨索里尼被捕近两个月后，一百多名袭击队员以及全体飞行员在基地集合，临行前斯科尔兹内向所有的队员说明了此次的任务，告诉大家不管这次任务有多么危险和艰巨，但是结果只能有一个，那就是成功。

虽然预定的行动时间是在9月12号的凌晨，但是因为滑翔机在途中出了一些状况没能够准时到达。斯科尔兹内临时改变了计划要在白天行动。虽然这样一来更增加了暴露的危险，但是时间不允许他们拖延。悠闲惯了的意大利人习惯在午后休息，没想到这却给偷袭小队提供了一个绝佳的机会，在中午12点多钟时，所有的滑翔机全部到齐，在一切准备就绪后，随着螺旋桨的徐徐转动，一架架滑翔机凌空飞起钻进了云层，很快就看到了阿奎拉山谷。

斯科尔兹内乘坐的滑翔机找到了情报中所说的三角形空地，准备在这里强行着陆，由于这里满地都是碎石，飞机在接触到地面的一瞬间开始剧烈摇晃，驾驶员见状立即打开了减速伞。虽然如此，滑翔机的舱底和帆布还是被碎石弄破了。而本来用于掩护的两架滑翔机此时却没有降落，所以斯科尔兹内和队员们就必须在没有掩护的情况下发起突袭。队员们一下滑翔机就向饭店冲了过去，在饭店附近防守卫的意大利士兵从来没有想到希特勒会这么大胆地采用如此冒险的方式来营救墨索里尼。

★在预定地点着落的突击队员

此时，看见这么多从天而降的德国士兵，意大利人一下子就傻了眼，没有任何反抗就举起了双手放下了武器。于是本来准备进行一场恶战的突击队员没有耗费一颗子弹就

★降落时损毁的滑翔机

★降落后的特种兵对酒店发起进攻

★被成功营救出的墨索里尼

顺利地开打了酒店的大门闯了进去。酒店内负责看守的士兵没有感觉到任何危险的信号，面对这些荷枪实弹突然出现在自己面前的德军没有任何反抗之力，斯科尔兹内根据先前获得的消息，很快就准确地找到了关押墨索里尼的房间，看守的人大多因为突然而来的袭击而到前面支援去了，把墨索里尼从房间里救出来后，后续的突击士兵都进入了酒店与守卫的士兵交上火。

在突击队员猛烈的炮火攻势下，守卫士兵的抵抗很快就被打散了。与毫无准备的守卫军相比，德国的突击队员人数越来越多，意大利军官看到取胜无望只能举手投降了。然后斯科尔兹内走到了这位可怜的元首面前说道："元首阁下，希特勒元首命令我营救您，您自由了。"

"盟友希特勒没有抛弃我。"此时的墨索里尼早已经感动哽咽得说不出话来了。接下来唯一的问题就是怎样把墨索里尼安全地送走。原本在计划中预定用"汉莎"轻型飞机进行最后的营救，但是刚刚在三角形空地降落时，"汉莎"的起落架受到了损坏不能起飞了，斯科尔兹内并没有带电台上来，酒店里的电台又在刚才的激战中被毁坏了，所以也无法与基地进行联络。要是直接下山，到了山下再离开的话，没有军队的支援，外面又全部都是意大利军，离开意大利的难度反而更大了。于是，最后他决定联络一直在空中没有降落的"费赛勒"怪鸟飞机。

死里逃生：意大利的噩梦在延续

　　驾驶怪鸟"费赛勒"的是飞行老手盖拉赫上尉，当接到了斯科尔兹内的信号后，他克服了复杂的地形，凭借着高超的飞行技巧成功降落了。但是当听到斯科尔兹内说要搭载两个人的时候立即拒绝了，因为这里的地形本来就碎石遍布，坑洼不平。在这样的地面上要顺利起飞都是一个难题，更何况墨索里尼和斯科尔兹内两个人的体重加起来肯定有90公斤以上，超过了飞机的载重量，这样实在是太危险了，是在拿生命开玩笑。"您要是一定要这样，我拒绝起飞。"

　　斯科尔兹内看盖拉赫的态度如此坚决也说道："如果失败，我负全部责任。"最后盖拉赫终于被劝服了，毕竟自己的任务就是协助斯科尔兹内营救墨索里尼，本来就应该听从斯科尔兹内的命令，既然他已经作了保证，自己就无所谓了。斯科尔兹内和墨索里尼登上了飞机，其他的突击队队员则全部都在飞机的旁边帮助飞机起飞。

★准备登上飞机的墨索里尼

　　他们围在飞机的周围，然后紧紧地抓着机翼。随着引擎的启动，飞机缓缓地移动，队员们也开始推动着飞机跑了起来，最后在14点50分的时候随着盖拉赫起飞信号的发出，队员们一下子全

★斯科尔兹内离开时乘坐的飞机

都松开了手，借着这一股人工助力，飞机在高速旋转的螺旋桨的带动下很快加速猛地向前冲了出去，因为地上密布的碎石，飞机不停地剧烈地左右摇晃着，盖拉赫全神贯注地紧盯着前方，牢牢握着操纵杆的手因过度用力而显露出青筋，坐在后面的斯科尔兹内和墨索里尼也同样不好受。这段时间的监禁生活早让墨索里尼十分压抑、疲劳，现在他更是脸色煞白得吓人。就在这时飞机突然猛地歪了一下，因为不巧碰到了悬崖边的一块石头，飞机的一只轮子撞歪了，本来勉强达到了起飞要求的速度一下子又减慢了许多。

可是这个时候飞机已经到了悬崖边，一直死死盯着前方的墨索里尼绝望地闭上了眼睛，他没有想到自己刚被救出来却会死在这里。

可是这时的盖拉赫反而冷静了下来，他驾驶着一头向深渊栽下去的飞机开始慢慢地滑行，最后借着重力加速度的作用，飞机终于获得了足够的升力，重新从悬崖下飞了起来。墨索里尼感觉到飞机的动势，睁开了眼睛，发现自己竟然没有死，随着一直紧绷着的情绪的放松，一下子瘫在了座位上。

飞机上的另外两个人也都冒了一身冷汗。这次冒险突击营救的行动终于在有惊无险中结束了。从最开始接受任务到现在任务圆满完成总共过去了两个月，死里逃生的墨索里尼在三天后与希特勒会面了，面对着这个从来没有放弃过自己的"盟友"，墨索里尼激动的心情无以言表，他向希特勒发誓一定会永远效忠。

本来准备用交出墨索里尼换取停战的意大利国王，在没有给意大利军队下达任何指示的情况下仓皇地逃往了盟军的控制区，在意大利陷于一片混乱的时候，德军入驻了意大利。解除了绝大部分意大利军队的武装，然后继续让墨索里尼担任了新成立的意大利法西斯政府的领袖，虽然意大利法西

★希特勒在"狼穴"迎接墨索里尼

斯政权早在这之前就已经岌岌可危，但是这次成功的营救却让早该下台的墨索里尼又重新登上了舞台，意大利没有跟二战说再见在一定程度上影响了第二次世界大战的进程。

战典回响

希特勒喜欢玩心跳

在这次营救墨索里尼的行动中，虽然过程十分曲折惊险，但是最后能够获得成功，一定程度上都是因为这支特种突击队总是喜欢采取各种让人意料不到的冒险刺激的行动计划。这与希特勒的本性是相关联的，希特勒本身就是一个喜斗的好战分子，独裁和专政可以作为他的代名词。在当时，墨索里尼被囚禁的时候，可以说在当时的局势下，营救墨索里尼极其艰巨，但却是希特勒不得不采取的措施，因为失去墨索里尼意味着希特勒不仅失去了一个得力臂膀，还可能造成使他四面受敌甚至战争失败的结局，若说他喜欢玩儿心跳，从很大程度上还不如说他不得不玩儿这次心跳。

在战争行动中玩心跳玩的就是一个惊险、刺激，希特勒让奥托·斯科尔兹内执行的营救任务，分为四个部分，各个部分都透着难以预测的险恶，第一个部份是轴心计划：命令德军接管、夺取或者摧毁意大利的舰队。第二个部分是黑色计划，命令德军全面占领意大利，解除意大利军队的武装。若说这两部分还不够过瘾不够心跳的话，那看接下来的第三部分，第三部分是斯图登特计划，目的是为了等墨索里尼被营救出来后能够顺利地恢复在意大利的领导地位。当时希特勒还不知道墨索里尼被囚禁的具体位置，就像大海捞针，营救出来还要顺利地恢复其在意大利的领导地位，这简直就是在考验希特勒的思想极限，过程处处惊险，玩的就是心跳。

墨索里尼分割意大利

墨索里尼从被囚禁一直到重新登上意大利的政治舞台，跟法西斯专政者希特勒是脱不了干系的，墨索里尼本身就是一个好战好斗的独裁者，遇到了希特勒可谓找到了一个志同道合的人，难得世界上有像墨索里尼一样的适合希特勒口味的人，希特勒当然不会放手。对于墨索里尼的被囚禁，希特勒当然不会善罢甘休，不论从相同的个性上，还是更多地从政治利益考虑，墨索里尼对于希特勒的重要性就决定了墨索里尼不可能在被囚禁之后就销声匿迹，这也为墨索里尼在将来重

特种战

灵活机动下的尖刀对决

新登上政治舞台，成为法西斯专政的独裁者奠定了基础，为墨索里尼在以后分割意大利提供了条件。在被营救出来后，他开始在新成立的法西斯政府中担任领袖的角色。

1943年9月23日，意大利社会共和国成立，首都设在萨洛。让人觉得好笑的是，这个实际是德国的傀儡政府竟然采用了社会主义理论中的分配制度。在希特勒成功营救了墨索里尼后，德军占领了整个意大利，为了防止意军叛离轴心倒向盟军一边，许多意大利士兵被杀害，还有更多的人被抓进了集中营。面对这种情况，意大利军队的内部也开始产生了分歧，继续忠于轴心国的人和赞成投奔盟国的人已经开始厮杀，内战实际已经开始，整个意大利开始分崩离析。

★沙场点兵★

👤 人物：奥托·斯科尔兹内

　　奥托·斯科尔兹内出生于一个普通的中产阶级家庭，他对人生充满了热情，像其他普通人一样在音乐之都维也纳过着平平淡淡的生活。他的童年生活并不像世界其他人一样多姿多彩，由于经济萧条，他的童年还过得甚至有些贫苦，可以说，自1908年起到1921年这13年的时间里，他走过了他的童年，平平淡淡、清清苦苦。1921年之后，他的生活开始好转，生活变好的他并没有忘记之前过的那些贫苦的生活，因为正是由于这些清苦和困难，才磨练了奥托·斯科尔兹内坚强的意志和顽强的身心，为他的以后打好了坚实的基础。

　　斯科尔兹内受父亲潜移默化的影响很深。所以在1926年，斯科尔兹内18岁的时候，进入维也纳大学学习工程学。在学校中，他参加了决斗社团，并且积极地投身于社团的各种活动，成为社团里一位极其热心的会员。在他的大学期间，他参加过14次社团组织的决斗，第十次的决斗给他留下了深刻的印象，也为他的人生留下了印记，并且成了他极具特点的个人标志，"刀疤脸"的外号就是因此而得出，第十次决斗在他的左颊上留下了一道很明显的剑伤，而这道剑伤则被戏称为"荣誉之疤"。四年之后，斯科尔兹内大学毕业了，毕业之后的他为纳粹效忠，成为希特勒党卫军的一员，加入了奥地利的纳粹组织。又过了11年，由于他表现突出，被德军新建的一个全新的突击队招收，并且荣幸地成为这个突击队的指挥官，这支特殊的突击队就是参营救墨索里尼的那支特种兵部队，德军战败之后，他被宣判无罪释放。

☀ 职责：救人

　　奥托·斯科尔兹内所带领的特种部队的任务十分明确，就是要将希特勒的"好朋友"墨索里尼救出来。对于特种部队来说是一次典型的救援任务，与其他的任务相比，救援任务最重要的就是要想尽一切办法保证被救目标墨索里尼的安全，否则一切行动也就失去了意义。所以在整个行动过程中，每一步行动计划是否行得通就成了能否保证顺利营救出墨索里尼的衡量标准，这样也在一定程度上增加了任务的难度，使得特种部队不得不采取强攻的方式。而这次行动更是在撤退的时候面临了危机，所幸的是第三帝国的特种部队成员们最终是毫发无伤地将墨索里尼救了出来。

✳ 特点：勇敢

　　如果只是有勇无谋那不叫勇敢，只有当又有勇又有谋的时候才能称得上真正的勇敢。抛开这次行动的正义性不谈，单单看这次雪山救魔的行动而言，在这次拯救墨索里尼的行动中，这些特种部队的队员们的表现绝对称得上这个词。斯科尔兹内自己说过："如果将现在尚待实验和完善的方法付诸实践，下一次世界大战几乎在其爆发时就可能结束。先生们，别误会，我不是指大国制造的互相毁灭的武器，我指的是一种通常被人估计不足的秘密武器——那就是人。"在营救墨索里尼的过程中出现了各种突发情况，如气候、敌方部署、己方配合失误等，但是这些都没有影响到队员们的行动，他们沉着冷静地采取了最有利的方案，抓住了有利时机，以坚决勇敢的行动实现了最终的行动目标。

灵活机动下的尖刀对决 **特种战**
THE CLASSIC WARS

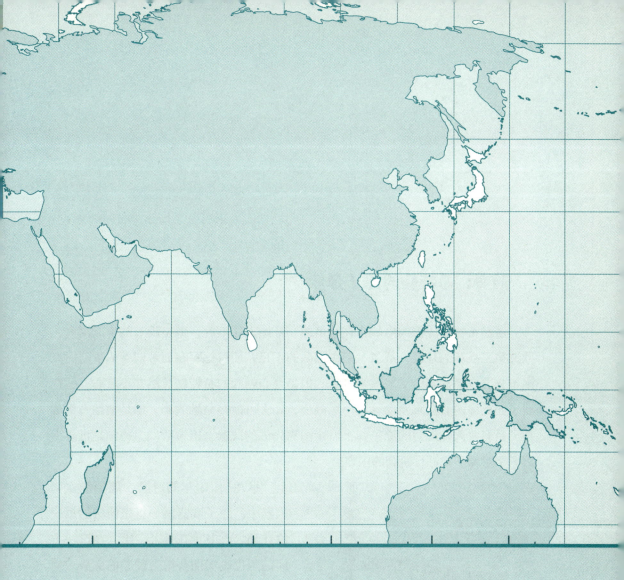

第五章

希特勒
——原子弹梦的破灭

　　▲德军在闪电占领了波兰之后，又在 1940 年 4 月占领了丹麦和挪威。这件事情立刻让两国大为恐慌，因为挪威的诺尔斯克电气化工厂是当时世界上唯一能够生产制造原子弹必需的重水的工厂，为了防止德国人占领该工厂率先研制出原子弹，英国决定立刻发动突袭行动摧毁掉诺尔斯克电气化工厂。

前奏：希特勒的原子弹梦

　　虽然希特勒凭借闪电战术在战争的一开始无往不胜，但是随着战争的深入，欧洲第二战场的开辟，战备、后续部队的不足，使得德军在面对盟军的攻势时渐渐不支，已经显露出了战败的迹象。但是野心勃勃的希特勒显然并不甘心，他耗费了如此多的心血来发动这样一场战争，怎么可能轻易地放弃。于是他把希望放在了具有毁灭性威力的原子弹上，企图靠先进的武器来扭转败局。德国是世界上第一个对原子弹进行研制的国家。

★德国物理学家海森伯

　　早在1939年的时候，德国的实验武器中，原子武器就一直是德国的第一位计划。与其他国家相 比，在这一方面德国也确实拥有得天独厚的优势。他们占领了捷克斯洛伐克，那里有世界上最大的铀矿，拥有在此领域里最优秀的科学家——最早发现原子裂变现象的奥托·哈恩、弗里兹·斯特拉斯曼和被认为是20世纪最伟大的物理学家之一的诺贝尔物理学奖得主、量子力学之父维尔纳·海森伯。

　　德国军方将这些科学家全部都集中到了德国陆军部的管辖之下，成立了史上有名的"铀俱乐部"，加入了希特勒的原子弹计划，而这个计划的总负责人

★德国"铀俱乐部"成员（后排左五为海森伯）

就是海森伯。在1939年的9月，德军军方在柏林召开了两次秘密会议，讨论了研制原子弹的详尽细节，还将在1937年建成的有着精良设备的威廉大帝物理研究所接管了过来，原子弹计划开始启动。重水是制造原子弹必不可少的原料，它是从含有特殊矿物质的普通水中提取出来的，在制造原子反应堆时它是最好的减速剂。

经过计算，一座反应堆大约需要五千千克重水，但是当时世界上唯一可以提炼重水的工厂仅有位于挪威的诺尔斯克电气化工厂。在德国进行核分裂的研究实验时就不断地向该厂购买重水，但是随着实验的进展，已经不再能够满足需要，于是在1940年5月德国人突然袭击了挪威，占领了诺尔斯克电气化工厂。

量子物理学奠基人玻尔是海森伯的导师，同时也是同盟国研制原子弹"曼哈顿工程"的参与者，两个人之间的关系不仅如师徒更像是朋友。在研究期间海森伯也一直跟玻尔保持着密切的联系。他告诉玻尔德国在核武器的研究上已经得到了链式反应，在1941年9月的时候还亲自到了丹麦首都哥本哈根与玻尔见面，他们两个人具体谈了些什么没人知道，后来英国作家米歇尔·弗雷恩还根据此事创作了著名的音乐剧《哥本哈根》。在剧中海森伯被描写成了一个阻止纳粹开发核武器的英雄，该剧之后在百老汇上演大获成功。不管其中究竟如何，但是毫无疑问的是，这次会面在一定程度上促使了英国对阻止德军原子弹研究采取行动的决心。玻尔对于德国人发现了链式反应十分震惊，再加上德军对诺尔斯克电气化工厂的行动，极大地刺激了一直对德国研制原子弹密切关注的英美两国。这个时候英美两国的原子弹研究才刚刚起步，盟军意识到如果让希特勒得逞后果将不堪设想。

面对挪威的陷落，英国外交大臣哈利法克斯不无担忧地说道："这意味着希特勒决意将恫吓付诸实施。"因为在希特勒发动战争袭击欧洲之前，他就开始四处宣扬消息称德国要使用一种别人不知道的而又能保护自己免受攻击的武器。

形势紧迫，1942年6月丘吉尔乘坐飞机专门就此事前往美国与罗斯福进行了商讨，最后得出了一致的结论：必须要立即阻止德军的原子弹计划。因为德国现在不仅拥有着世界上最为权威的核武器研究专家，还占据了生产重水的工厂，率先造出原子弹的可能性非常大，但是要阻止德国人首先造出原子弹，第一个面临的问题就是如何毁掉诺尔斯克电气化工厂。

首次出击：惨败的第一次行动

诺尔斯克电气化工厂位于挪威奥斯陆西部约110千米处地势险要的巴伦山中，所有人都不得不惊讶这座工厂的坚固与警备。它被建在了300米高的山崖上，并且全部都是由钢筋水泥建造。同时德军在所有通往它的路口上都安排了警戒，而且由于这个工厂的四周都被丛山包围，想要瞄准目标轰炸也是行不通的，还会误伤到工厂附近的居民。这样一来破坏掉这个工厂，成功地炸毁其重水生产系统看似成了一项不可能完成的任务，在这种情况下想要进入工厂区就只能够依靠特种部队了。

经过慎重考虑后，这项任务被交给了两个英军空降特务排，这也是英军空军特别空勤团的前身。行动的负责人是有着丰富特种战经验的科林·宾格斯和斯蒂文森。从这支部队建立初他们就参加了特种兵，后来成功执行了多次任务，表现突出。英军的情报部门从近日收到的情报里看到诺尔斯克电气化工厂的重水生产量正在迅速增加，这意味着德国关于原子弹的研制进入了新的阶段，行动迫在眉睫。通过挪威抵抗运动的一些人士，英军得到了一些有关于诺尔斯克电气化工厂的重要情报和一份重水生产补充设备安装图。科林·宾格斯和斯蒂文森对这些情报作了仔细的研究和分析，最后发现任务的关键点在于怎样才能够让两个排的人神不知鬼不觉地通过警卫森严的关口。

因为德国在挪威的防空系统没有安装雷达，所以他们最后决定使用滑翔机搭载特种队员进入工厂的北侧高地。这样做的好处是可以绕开德国人的守卫直接进

★搭载特种队员的滑翔机飞往挪威

入厂区，虽然危险程度增加了，但是最后还是确定使用这个计划：让两架滑翔机由两架轰炸机拖曳着，然后将32名袭击人员分成了两个16人的小组。

在1942年11月19日，袭击组从苏格兰最北部的机场起飞了。天气有些阴沉，但是根据天气预报并不会有雨。按照计划，将会有一名特工人员在挪威的着陆场上进行接应，用一台小型的无线电信标机给飞机指示出具体的降落位置，并且还与挪威的秘密反抗组织协商好了，他们将会在着陆场上点燃篝火进行标示。

但是在起飞之后，天空却出人意料地下起了雨。着陆场上作为信号的篝火一下子就被雨水熄灭，负责接应的人手忙脚乱地想要通知英军，但是还没等联系上，搭载着特种队员的飞机已经到了挪威的上空。最终导致在前面的第一架飞机没有收到来自地面的信号，只能够靠着地图摸索着前行，很不巧的是当飞行到斯塔万格北部的时候，拖曳的绳子突然断了，滑翔机只能在黑暗中紧急迫降，最后有两名驾驶员和六名袭击队员丧生，还有四人也是伤势严重，滑翔机迫降时的巨大动静引来了附近巡逻的德军。另一架飞机虽然没有发生意外，在赫莱兰附近降落了，但是也被德军发现了，在一片混乱中三名袭击队员在着陆时就被击毙，另外的人全部被俘。

第一次行动惨败的消息在突击队从苏格兰机场起飞后的24小时后被英军得知，因为他们截获了一份德国的公告："昨天，两架英国轰炸机牵引载着破坏人员的滑翔机飞越挪威南部，被德国空军战斗机击落，敌方轰炸机飞行人员和滑翔机人员全部被歼灭。"

英国特种部队作战司令部的所有人在听到这一消息后目瞪口呆，整个司令部里一片死寂。更为严重的是德军在搜索英军飞机失事现场时发现了一张地图，这张地图一切都很正常，唯一引起德军注意的是图上在一个叫维莫克的小镇下面画了一个红色的记号，而这个地方正是重水工厂诺尔斯克的所在地。这不由得引起了德方的高度警惕。希特勒的党卫军开始在这个地带大肆搜索和逮捕一切可疑人员。

但是这一次惨败并没有动摇丘吉尔的决心。为了阻止希特勒的原子弹梦，英国总参谋部很快又制订了一项新的突击行动计划。

而且正在这个时候，英国和美国的原子弹研究也取得了巨大的突破。玻尔在实验室里实现了铀原子的分裂。盟军与德军在这场核竞赛中站到了同一起跑线上了，是否能取胜就取决于这次行动能否成功。

最佳人选：回到战斗过的地方

第一次行动中的全军覆灭让斯蒂文森格外难过，那些都是他曾经一起战斗过的战友，在经历了这一失败的突袭后，德军已经开始有所警惕了。诺尔斯克电气化工厂的防守更加严密了。第二次行动的难度又进一步加大。在经过了慎重的考虑后，他认为执行任务的人员至关重要。第一次任务的惨败在很大程度上是因为战前的准备工作不充分，队员们对任务地的情况了解不够，在意外情况出现后不知道如何应对。

吸取了这次的教训后，斯蒂文森决定从对挪威比较熟悉的队员中来挑选合适的人员。身为英国安全协调局首脑的斯蒂文森曾经在加拿大的荒原上开办过一所学校，在那里，被选送过去的队员们专门学习如何执行各种危险的任务，简单地说就是一所特种兵学校。

★一条小路通往诺尔斯克电气化工厂

斯蒂文森首先想到的就是斯培海姆。斯培海姆是地地道道的挪威人，在挪威遭到了德军的入侵后，他乘坐小船逃到了英国加入了盟军，后来又因为突出的表现被选入了"哥德曼"，然后进入了斯蒂文森的学校参加了特种兵的培训，之后又以新的身份返回挪威在挪威进行侦察任务。只不过最近他在挪威的行动被德军有所察觉，德军已经开始对他展开了搜捕。多亏了传递信息的人的通风报信，斯培海姆得以全身而退。既然他现在的身份已经暴露不能再在挪威进行地下工作，又加上他对挪威当地的环境和地形非常熟悉，所以十分适合去执行这个任务。

★ "哥德曼" 特种兵战士

另外还有一个人也被列入了斯蒂文森的考虑范围。他就是一直在化工厂附近区域进行战斗的游击队员艾因纳尔·史吉纳兰德。他曾经参加过挪威游击队，有着一手令人惊叹的好枪法，多次参与过伏击纳粹的战斗。

但是这些都不是最重要的，最令斯蒂文森看中的其实是他的资料后面写着他就住在诺尔斯克电气化工厂的旁边，而且他的家人和好几个好朋友也都在这个厂里工作，凭借着这些条件，艾因纳尔真的是执行这项任务的最佳人选。他可以利用他在挪威的关系网轻而易举地渗入到诺尔斯克电气化工厂中，还不会引起任何人的怀疑。在敲定了人选的几天后，斯蒂文森找到了艾因纳尔并与他见了面，他比斯蒂文森想象中的要年轻多了，身材高大魁梧，浓密眉毛下的一双眼睛时刻显示出一种专注的神情，一眼看上去就会让人觉得他真是一个头脑冷静十分可靠的年轻人。

在对他说明了情况和将要指派给他的任务后，艾因纳尔没有任何犹豫就答应了，作为挪威当地反抗组织游击队的成员之一，所有针对德军的破坏行动他都十分乐意去做，更何况是这样一个可以使希特勒美梦破灭的行动。在得到了肯定的答复后，斯蒂文森接着就给他安排了专门的训练，训练的内容除了一些基本的如何进行情报侦察外，还有一些关于重水生产的专业知识。

几天后在伦敦特种作战司令部里，斯蒂文森给艾因纳尔介绍了一个特别的人，他就是曾经在诺尔斯克电气化工厂研究重水生产的多伦斯达博士。多伦斯达也是挪威人，当德军入侵了挪威之后，他和许多科学家一起在纳粹的强迫下开始为德军研究原子弹。但是幸运的是在1941年的时候，在挪威地下组织的帮助下他逃了出来，最后来到了伦敦。

由于多伦斯达曾经接触过第一手的原子弹的研究，对于工厂内部的险要地形和复杂构造都十分了解，他为英军画出了工厂内部的详细地图。在看到了地图之后，斯蒂文森和艾因纳尔都陷入了沉默。

这个坚固的七层楼建筑被建在300米深的峡谷上，工厂周围都是悬崖峭壁，通往工厂的路上还有德军精锐部队的把守，想起第一次行动的惨败，这实在是让人有些丧气。

"没试过怎么知道会不会成功。"艾因纳尔首先打破了沉默。斯蒂文森看着艾因纳尔坚定的眼神突然也放下心来，自己果然没有选错人。

在完成了所有的训练之后艾因纳尔重新潜回了挪威，经过自己弟弟的接应混入了工厂，开始搜集有关诺尔斯克电气化工厂的一切情报，同时利用自己的老朋友在工厂内秘密部署，然后等待着突击部队的到来。

再次出击：希特勒的噩梦开始了

1943年2月14日深夜，英国的特种作战司令部里戒备森严。作战室里的气氛与平日里完全不同，英国首相丘吉尔正在亲自为日不落帝国的六位勇士送行，可以看出英军对此次任务的重视程度。"先生们，英国的命运和盟军的胜利都将取决于你们的行动。我和我的内阁成员们等着你们的好消息。"回答他的是队员们坚定有力的声音："是的，首相先生。"队员们说完行了一个军礼就退出了作战室，向早已经准备好的机场而去。

参与此次行动的六名队员全部都是来自"哥德曼"的特种队员。队长是威廉·卡里。此时他们已经搭乘着轰炸机飞离了英国本土向挪威的方向而去。在上飞机前他们都已经做好了一切准备工作，为了到达后不被发现，所有的人都进行了伪装。六人中有两人伪装成了德国士兵、两人伪装成了挪威的学生，另外的两个人则携带定时炸弹、消音手枪、攀岩器材等必要装备负责接应和支援。大家都没有说话，有的在闭目养神，有的在对自己的武器进行最后的检查，所有人的心里都十分清楚这次任务的重要性，加上上一次任务的失败让每个人都不得不十二分地小心。

在制订计划之前，从艾因纳尔传来的消息上看，狡诈的德军在所有的通道上都埋设了地雷，在跨越峡谷的吊桥上也有士兵把守，这样要想对工厂发动袭击

★雪山上的"哥德曼"特种兵

唯一的方法只有一个，队员们首先要穿过一片被冰雪覆盖的大森林，穿过森林后还要有一条300米深的峡谷，到了谷底后走过一个堤坝，然后攀岩而上，上去了之后就可以看见诺尔斯克电气化工厂了。大约又过了五分钟后飞机就到达了目的地，队员们在巴伦山附近的结了冰的斯库利凯湖湖面上降落了下来，判别清楚方向后就向着诺尔斯克电气化工厂的方向出发了。

进入森林后卡里才发现这片森林的地形比他想象中要复杂得多，坡度很大不能够滑雪前进只能够徒步行走，森林中厚重的积雪已经达到了队员们膝盖的高度，使得队员们迈出的每一步都异常艰难。松树枝上还挂满了尖锐的冰锥，两个队员手持工具在前面开路，后面的人紧随其后。挪威的有着漫长冬季的寒冷气候使得这些冰锥异常厚实，有的甚至比胳膊还要粗，当天快要亮的时候一行人才走了一半多的路程。

队员们一个个疲惫不堪，但是卡里意识到不能够停留在寒冷的森林里休息，这样只会让体力消失得更快。于是他果断地命令队员们加快行进的速度继续向前进。当终于走出冰封的森林到达了谷底峭壁下后，队员们经过短暂的休息补充了一下体力，拿出早已经准备好的攀岩工具攀上了山顶。在到达了山顶后大家才发现，从他们脚下所站的地方用望远镜看去正好可以看到十千米以外的诺尔斯克城，在天色就要暗下来的这个黄昏里，整个诺尔斯克城显得格外的平和，没有谁

★"哥德曼"特种兵战士在雪地中前行

能想到今夜以后这里将不再平静。

在夜幕降临前，所有人都顺利地潜入了城中。当天晚上一个伪装成了学生的队员悄悄进入了诺尔斯克城的剧院，舞台上漂亮的女演员正在展现她曼妙的歌喉，一位年轻的姑娘不知道什么时候坐到了这个"青年学生"的身边悄悄地塞给了他一块白色的手帕，此时一曲终了，所有的人都开始热烈地鼓掌，而那位姑娘已经静静地离开了，"青年学生"也跟着大家一起鼓起了掌，然后把手帕放进口袋中。

在一间秘密的地下室里，这是卡里和队员们暂时的藏身之所，卡里小心翼翼地把队员带回来的白色手帕放进了早已准备好的药水中，本来什么都没有的手帕上竟然慢慢显现出了一些线条，最后绘成了一幅清晰的平面图。这张图上标识的是最重要的重水提取车间的布局：供电的电缆管道从工厂地面沿着地道通向车间，最重要的大型重水提炼机位于车间的中央，左右两侧是水槽和各路水管，一旁是操作台，车间的四个角落里都有一名德军守卫着。

除此之外，在诺尔斯克电气化工厂中潜伏多日的艾因纳尔早就把工厂里德军的警卫位置、换岗时间甚至每一扇门的开启方法都告诉了英军，一切都看似准备好了，随时都可以开始行动了，但是卡里和他的队员们在收拾好一切后并没有任何准备行动的意思，因为他们还在等人。

双剑合一：玩的就是默契

原来在第一次行动之前，斯蒂文森已经派出了四名队员前往挪威执行破坏重水工厂的任务。在1942年10月时他们就已经潜入了挪威，当时他们在接到了出发的通知后就登上了飞机，被空投到了离诺尔斯克电气化工厂一百多千米外的一个盆地附近，为了减轻负担，跳伞前他们先把所有的装备都安装在降落伞上，然后扔了下去。最后他们足足花了四天的时间才将这些散落到四处的装备收集齐。之后将近半个月的时间里，为了等候行动命令，他们一直是在这座海拔1300米的雪山上度过的，每天每人还要将数十千克重的装备搬运到指定位置。夜里顶着零下的温度在山洞里度过，除此外最难熬的还是体力上的消耗，每人每天配备的一小片奶酪和几块饼干根本不够，可是就在他们忙着进行设备的安装等一系列准备行动的时候，他们却收到了任务暂停的命令。

因为英军收到了一个紧急情报，说德国人正准备将重水全部运走。看来现在德国已经生产出了满足需要的所有重水了。这不由得引起了英军的恐慌，所以为了抓紧时间就立即舍弃了这个计划，而有了上文的第一次行动。此后这四名队员因为德军的严密搜查不得不一直待在挪威，然后每隔几天都会前往山下的维莫克镇去与联络人员见面。在最近的一次见面中他们得知已经有了另一个小队进入了挪威，而现在他们要干的事情就是去与这个突击队会合然后一起行动。这对于这四名最早潜入挪威的队员来说无疑是一个好消息，因为当初行动时没有预料任务会被搁置，随身所带的粮食已经快要吃完，无线电的电池也所剩无几，早已经快要坚持不下去了。

★德军军用卡车，特战队员藏在车中进入了诺尔斯克电气化工厂。

于是他们立即前往约定好的地点与卡里带领的小队会合。在2月16号晚上大家终于聚齐了，一共十个人组成了最终的突袭小组。"不过如果再加上潜入工厂里的艾因纳尔那就一共是11人。"卡里看着大家难得地轻松打趣道。屋外皑皑的白雪在月光的照耀下泛起白色的光，秘密的地下室里所有的队员在今夜都早早休息了，现在大家聚到了一起，所有的一切就看明天早上了。

每天早上诺尔斯克电气化工厂的门前都很热闹，早早起床上班的工人们依次排着队站在工厂的大门前，他们要经过德军严格的检查之后才能够进入工厂，他们中的大多数只是为了生计来这里工作，其实根本不太清楚这座工厂到底有什么东西能让德军如此紧张，他们所需要的只是能有钱给妻子和孩子买面包就够了。

山路的另一边，一辆装满了锯末的德军汽车从远处开了过来，位于山路拐弯处的守卫士兵看着这辆汽车，开始挥手示意它停靠在一边接受检查，汽车在士兵的指示下停了下来。

开车的司机看了一眼，觉得有些奇怪，平时直接通过就可以了，再加上这个盘查的士兵十分面生，难道是有什么事情发生了吗？他不由得多看了一眼，然后那个示意停车的士兵就向驾驶室走了过来。"请问……"司机刚刚开口子弹就穿过了司机的胸口，坐在旁边的军官刚刚反应过来，还没来得及拔枪也被另一颗子弹结果了。这两名面生的德国士兵正是由卡里和他的队员假扮的。

致命一击：战争狂人的梦烟消云散

早在汽车来之前，突袭小队的队员们已经将守卫的士兵们干掉了，然后自己顶替了上去，将司机和那一名德军军官的尸体处理好，擦干净车上的血迹后，两名队员又顶替了死去司机和德国军官，其他的队员则全部都躲在了车上的锯末下。在工人都下班后，天快要黑的时候，这辆拉着锯末的车才缓缓地驶了过来。到了工厂门口的时候，汽车停在了大门的关卡前，守卫的士兵走了过来问道："发生了什么事情，怎么今天这么晚才来？"隔着玻璃，传出了司机不是太清楚的回答："因为汽车在路上出了毛病，修理了半天，要不然也不会这样晚了。"卫兵朝驾驶室里看了看，不是昨天的那个司机，不过这几天好像一直在换人也就没怎么注意，朝站在远处的另一个士兵比了个手势，放行。

驾驶着卡车的队员，紧握了一下自己的手，手心里全是汗，躲在车后锯末下的卡里和其队员刚刚听到士兵的询问，全都紧张地屏住了呼吸，一动不动。在过了关卡的一刹那大家才发觉都已一身冷汗。现在汽车加快了速度直向重水车间的地道口奔去，地道口的士兵看到了飞快驶过来的汽车，发觉不对劲儿，连忙大声问道："锯末不是在那边卸的吗，为什么开到了这里来？"可是车里的人并没有回答，回应他的是两声闷响，枪法又快又准，两名士兵立刻倒在了地上，躲在车后的队员们迅速地钻了出来冲向了地道里面，同时留下了两个人在地道的外面代替了刚才倒地的两个士兵在那里望风。

进入地道内的队员们根据艾因纳尔提供的情报，很快到了第二道门前，正在交谈的两个守卫士兵因为地道内光线昏暗，看不清走过来的人，以为是刚刚换班的人又回来了，随口问道："你们怎么又回来了。"然后那边的人回答说掉了点东西。待马上就要走近时，突然又是几声闷响，跟先前地道口的士兵一样，这两名士兵同样一声未吭地倒了下去，就这样，卡里和队员们出其不意地闯到了地道内的第三层大门，可惜在进入了重水提炼车间后，有一名守卫的士兵在被击毙的瞬间打开了警报系统的开关，顿时刺耳的警铃声响彻了整片厂区。卡里立即命令在敌人赶到之前，快把炸弹安装上。

工厂内守卫的德军此时从醋睡中被警铃惊醒，大家慌里慌张地穿上衣服带着枪往地道里面冲，一时间工厂里警报声、士兵们的警笛声，人们的咒骂声此起彼伏，整个工厂已经乱成了一团，卡里和他的队员们在重水提炼机、操作台和水槽上都安装了炸弹，然后趁着混乱伪装成了德军士兵跑了出来，和正往里冲的德军士兵们擦身而过，然后跳上了在地道口的卡车，向工厂的大门口飞快地驶了过去，在马上就要冲出去的时候，身后传来了一声巨响，有一个队员激动地大声喊了起来："成功了！我们成功了！"正在往地道跑去的德军则因为这一突变全都愣住了。趁此机会，汽车一下子就冲出了工厂。

就这样，卡里和他的队员们花费了几个月的时间才拉响的这一声爆炸让整个重水工厂陷入了瘫痪。希特勒耗费数

★特种兵战士要炸毁的重水提炼机

年花了巨大资金做的原子弹梦，在几秒钟的时间里就破灭了。

　　暴怒的德军随即调动了整个师的官兵开始了严密的搜索，所有通往诺尔斯克电气化工厂的路都被封锁了起来，盖世太保们也对诺尔斯克镇的居民们挨家挨户地进行了搜查，但是一无所获。经过几番周折之后，卡里和他的队员们也终于回到了英国，这件事情也被看成是二战以来英国特种部队所立下的最重要的功劳之一。

德国开发原子弹进程减缓

德国从1940年就已经开始对原子弹的开发研究，制订了"铀计划"，试图利用原子科学成果制造新式武器，但是同时拥有了核资源、人力、物力、财力的纳粹德国并没有最早制造出原子弹，在一定程度上，其直接原因就是由于英国的这次特种行动。另外，盟国的干扰和打击，也对纳粹德国的原子弹计划造成致命创伤。

德国重水的主要来源是被占领的挪威诺尔斯克电气化工厂，它是当时世界上最大的重水生产工厂。为了阻止德国的研究计划，英国决定实施破坏行动。

上文讲述的两次破坏行动之后，盟军为了阻止德国人继续研制原子弹，对诺尔斯克进行了连续的轰炸。1944年2月，德国人感到在此继续生产重水越来越困难，准备将重要的机器设备拆开，并和600多千克重水一起运回国内。英国特工人员在诺尔斯克重水厂工程师的秘密帮助下，将 "海德"号轮船炸沉。希特勒制造原子弹的最后希望破灭了。这对"第三帝国"来说，恐怕又是一个即将灭亡的征兆。

英国和美国因为十分清楚原子弹的可怕威力，所以在面对德国研究原子弹的事情上相较于其他的国家也更加关注，为了保证自身的安全和防止希特勒凭借原子弹获得东山再起的机会，英美两国达成了共识，一定不能让德国在他们之前造出原子弹。同时自己也在研究原子弹的路程上加大了马力，为此，美军还专门组建了一个叫做"阿尔索斯"的特别行动小组，专门用来在欧洲各地搜集德国研究原子弹的相关情报。甚至美军还下大力气对德国的科学家进行招揽，想尽一切办法阻挠和破坏德国的原子弹开发进程。

日本上空的蘑菇云

在经过了诺曼底登陆之后，也就是在1945年初的时候，欧洲战场上的状况已经出现了明显的反转，本来一直处于优势的德军在盟军的攻势下开始不断败退，到这一年5月8日的时候，德国已经承认了败局，正式投降，意大利早在这之前就已经投降了，这时，法西斯的三个国家中只有日本还在作最后的抵抗。

美国的原子弹原本是给德国准备的，但是现在德国投降了，就只好把它试用在了日本身上。美国这样做的原因除了想要试验一下原子弹的威力外，更重要的是，美国可以借对日本的轰炸起到对别国的威慑作用，可以建立起美国在亚太的新的势力范围，另外还可以尽快结束战争减少美军伤亡，何乐而不为呢？

在1945年8月6日，一枚叫做"小男孩"的原子弹被美军投在了日本的广岛，广岛的时间停止在了这一刻，威力巨大的原子弹开始爆炸，巨大的蘑菇云直冲云霄，滚滚浓烟和粉尘笼罩了整个广岛。在事情过去好几个月后，整个城市里还一直飘浮着爆炸所产生的粉尘。上万幢房屋被摧毁，死亡人数达14万左右。

紧接着在8月9日，看到日本没有任何投降的迹象，美军又在长崎市投下了第二颗原子弹，导致七万多人死亡。

美国的这一举动直接迫使日本在1945年8月15日正午，日本裕仁天皇通过广播发表《终战诏书》，宣布无条件投降。接下来9月2日上午9点的时候，在美国的一艘叫做"密苏里"号的军舰上，日本外相重光葵代表日本天皇和政府正式签署了投降书。至此法西斯轴心国中的最后一个国家日本正式投降，第二次世界大战最终以反法西斯联盟的胜利而结束。

★沙场点兵★

人物：卡里

威廉·卡里，上校军衔，因为表现突出被派往美国的特种部队作战学校训练过，参加过美国的"魔鬼旅"，出没于挪威、德国进行过偷袭、破坏活动。在1941年回国后又参加了"特空团"的训练，最后通过层层考验被挑选进入了"哥德曼"特种部队。他的绝招是会使飞刀，在为了破坏希特勒的原子弹梦而专门组建的特别行动小队"神鹰队"中，他是小队的队长，并带领小队成员成功出色地完成了任务，随后又先后参加过11次偷袭、追袭、破坏作战，成为"哥德曼"中有名的全能队员。

职责：破坏军事设施

为了阻止或者说阻碍德军的原子弹研究计划，最直接和简单的做法就是毁掉德军原子弹研究的重水来源，所以说这又是一次破坏军事设施的特种行动。按照当时的研究程度来说，一座反应堆大约需要5 000千克的重水，但是作为世界上唯一的重水生产中心的诺尔斯克电气化工厂，每月产量也只有十多千克。对于这样一种稀缺的而又必不可少的原料，可以想象德军对此军事设施的重视程度。在这次行动中，"哥德曼"的队员们也正是看中德军在原子弹研究过程中对这个工厂的重视，于是计划了这次风险虽大，但是要一击成功就会永无后患的行动，而在诺尔斯克的重水生产系统被炸毁后，也确实达到了盟军想要的效果。

特点：团队作战

虽然在特种部队执行任务的时候多采取的是单兵作战的方式，但是在这次作战中却充分地体现了团队作战的重要性。为了保证任务的完成和作战的需要，英军将执行任务的特种队员合理地分为了好几组，然后使用了联合作战的方式。这次任务中总共有三组人同时展开行动，一组是早已经渗入到诺尔斯克电气化工厂内部的游击队员艾因纳尔·史吉纳兰德，他利用自己在当地的人际网，在行动之前就进入工厂开始侦察情报，做好接应工作。另外两组则是"哥德曼"的特种队员，虽然他们潜入挪威的时间不一样，但是最后会合到了一起，这样一来在行动的过程中就可以做到里应外合。

灵活机动下的尖刀对决
THE CLASSIC WARS

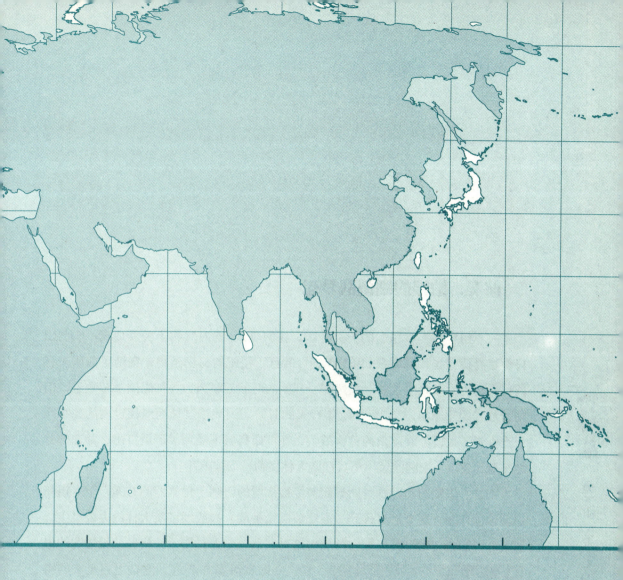

第六章

苏联特种兵
——捣毁德国生化武器基地

▲德国一心想要快速地解决掉苏联，但是没想到遭到了苏联军队的顽强反抗。德军与苏军之间一直处于胶着的状态。等到 1941 年的冬天开始战况发生了变化，苏军开始占了上风。再加上欧洲战场上的不顺，希特勒把最后的希望放到了生化武器的研究上，为了阻止德国对生化武器的研究，苏联决定派出特种兵破坏德国的细菌武器研制基地。

前奏：纳粹的细菌战梦想

　　一心想要将祸水东引的英美等国，在1941年的时候终于美梦成真。6月22日希特勒撕毁了和苏联在1939年签订的互不侵犯的秘密条约，集结了前所未有的巨大兵力大举入侵苏联。虽然在一开始的时候苏联因为各种原因节节败退，但随着战线的逐渐稳定，到1942年春天的时候，因战线过长而消耗过度的德军终于遭受到了入侵苏联以来的首次战败，在莫斯科城下受到了严重打击，并在部分地区遭到反攻，德国的装甲重兵在斯大林格勒城下被围歼。

　　不甘心失败的希特勒开始想起曾经被搁置的研制生化武器的方案，下令重新启动这项计划。这个消息传到了苏联最高统帅部，被放到了斯大林的办公桌上，斯大林得知希特勒打算近期内就使用这种武器，作为对斯大林格勒战役惨败的报复，立即觉得事态严重。他马上召见了的得力助手格里高利耶夫中校，要求他立刻调查清楚这件事情，从斯大林格勒战俘获的战俘中开打突破口。

★法西斯魔头希特勒

　　接到了命令的格里高利耶夫中校立即开始审查这些俘虏的档案。很快一个叫做阿依泽巴赫的上校引起了他的注意。作为一个上校军官竟然领导的是一个建筑工程队，这实在是有几分不对，说不清楚到底是哪里不对的格里高利耶夫马上叫人把阿依泽巴赫带过来审问。当问他所带领的建筑工程队进行的到底是什么工程时，阿依泽巴赫很坦白地告诉了格里高利耶夫，他也曾经问过总工程师这个工程到底是干什么的，以便可以更好地准备建筑材料，但是总工程师什么也没有说。后来再次问起时，总工程师告诉他不要再打听了。

不过阿依泽巴赫说在德国的重镇斯图加特附近的黑林山上，德军修建了一个能够容纳上千人的战俘集中营，同时还提到著名的德国化学家施密特。早在二战开始之前这位科学家就失踪了，人们一直怀疑他在被迫为希特勒工作，现在得到了证实。由此格里高利耶夫推断，在黑林山附近正在建造的工程就是一个准备用那些战俘做实验的大型生物实验室。

接着格里高利耶夫提审了阿依泽巴赫的上司，黑林山特别工程警卫队的队长法尔凯考斯上校，他可能知道得更多。与阿依泽巴赫不同，法尔凯考斯的态度十分强硬不愿意配合，不过在经过了几个回合的审问后，他终于承认了在黑林山上的就是德国的细菌研制中心。而且在黑林山东侧的一片森林处有一个禁区，施密特教授就住在那片禁区的附近。

意识到这件事情的重要性，当天晚上格里高利耶夫就把得到的所有情况汇报给了卡尔涅夫将军，然后交给了苏联最高统帅部。午夜的时候，格里高利耶夫被卡尔涅夫将军召回了办公室，神情严肃地说道，要不惜一切代价摧毁黑林山上的细菌武器研制基地。并把具体计划的拟订和总指挥的任务全部都交给了格里高利耶夫。

格里高利耶夫在军事院校学习的时候就曾经接触过生物武器这方面的知识。凭借着自己对这方面的了解，他将初步方案定为派遣一支特种部队渗透到细菌试验中心，然后再挑选出一些爆破能手和特种部队里应外合。等格里高利耶夫把行动计划汇报给了卡尔涅夫将军后，卡尔涅夫同意了这项计划，并把这次行动命名为"极点"行动。

紧急出动：进入黑林山

格里高利耶夫在审问中了解到施密特教授有一个弟弟，因为弟弟爱上了一个歌星而去了美国，施密特对此很不满意，所以从那以后就与弟弟没有了来往。他的弟弟有一个儿子现正好从美国一所大学的化学系毕业。于是格里高利耶夫决定利用一下这条消息，让同样刚从化学系毕业的萨夫罗诺夫冒充施密特教授的侄子，这个年轻人的父亲是一位曾经在柏林工作过的工程师，因此他也曾在柏林待过一段时间，对德国有着相当的了解。当听到格里高利耶夫的要求后他立即同意了，没有任何犹豫地说他愿意为祖国做任何事情包括献出自己的生命。

同时格里高利耶夫开始挑选合适的人选组建爆破小组。他看中了毕业于柏林大学建筑系的德国共产党员海因里希·齐默尔曼。他从30年代起就开始在苏联的冶金厂里工作，他的儿子加入了苏军，现在已经成为了一名中尉，他们一家人亲眼目睹了希特勒的残暴，希望能够早日结束战争，一家人过上幸福的生活。所以齐默尔曼也十分乐意参加这次行动。齐默尔曼和其他被挑选出来的人一起伪装成了被德军从白俄罗斯强行抓来送往德国的劳工。齐默尔曼因为自称自己是被流放到西伯利亚的德国人而获得了警备司令的好感。他决定让齐默尔曼押送这批劳工到柏林去。

为了赢得信任，齐默尔曼十分卖力地管理这批劳工，把所有的一切都管理得井井有条。但是警备司令为了保险起见，还安排了另一个党卫军的警卫看守这批劳工，齐默尔曼又开始讨好这位军士，看见他患有严重的脊椎神经炎，就给他找来了药膏，治好了他的病，为此这位军士十分感激齐默尔曼，还更加地信任他了。

劳工们住在黑林山森林的一个湖边，湖的两岸长满了灌木，不远处就是关押着战俘的集中营，一旁有高高的瞭望塔。那里警卫森严，他们可以向任何在此周围的可疑的人开枪。齐默尔曼每天带领着劳工按时来到工地上劳动，可是破坏细菌实验室的行动到现在为止没有一点进展。因为自己的手头没有最重要的炸药。按照计划格里高利耶夫应该会给他提供炸弹，但是从进入了黑林山到现在都没有任何动静，他想也许是因为黑林山的守卫实在太过森严，那么就只能靠自己来想办法了。

★曾是纳粹德国的生化武器研制基地的黑林山

正好这个时候负责工程的柳德尔中校向他抱怨劳工们的工作效率太低赶不上进度，于是齐默尔曼连忙提议为什么不用炸弹试一试。在得到了齐默尔曼的保证后，经过一番思考柳德尔同意了这个提议，但是提出要由齐默尔曼亲自监督爆破工作。这正好中了齐默尔曼的下怀，第二天就有卡车送来了几箱炸药，在搬运炸药的过程中，齐默尔曼专门派了混入劳工中的几名爆破队员去搬运，为了能够掩人耳目，爆破队员们给炸药上了伪装，他们把炸药压成了和砖块一样大小，而且由于炸药

★警备森严的纳粹集中营

本身的颜色就是和砖块一样的颜色，这样炸药就被当成砖块放到了工地上不起眼的地方。当齐默尔曼这里的一切都在按照计划顺利进行的时候，施密特教授的侄子，由萨夫罗诺夫冒充的"勒勃沃尔"也从美国回到了德国，出现在了施密特教授的面前。在弟弟去美国后，施密特就再也没有和他联系过，但是这么多年过去了，施密特还是十分想念自己的弟弟，所以当收到从未谋面的侄子的书信说要来看望他时，他真的十分高兴，当这个有着漂亮的蓝色眼睛，外表干净利落的年轻人出现在自己面前时，施密特抑制不住自己激动的心情，上前紧紧地拥抱住了他。

各就各位：进入实验室的办法

施密特对自己的侄子十分满意。当听到侄子说他的父亲去了美国后就一直过着漂泊不定的日子，然后在不久后就离婚了，最后因为生病而去世时心中更是满是愧疚之情。决定从此以后要代替自己的弟弟把这个侄子当做自己的亲生儿子一样来对待。每天晚上吃完饭之后，施密特都会和自己的侄子聊上一会儿，他们通常都会聊到深夜。谈话的内容包括文学、音乐、政治、经济还有施密特教授的工作。"勒勃沃尔"经常听到施密特抱怨战争，抱怨自己的工作。他从来没有赞成过研制什么生物武器，但是迫于希特勒的淫威，自己却不得不为他工作，现在他的学生施泰尼茨正投入了全部的精力在研究毒气武器，这让他不免有些失望。

在了解到了施密特的真实想法之后，"勒勃沃尔"开始时不时地在同施密特的谈话中透出了自己想要去东线的想法。在一天晚上的时候，"勒勃沃尔"更是

明确地说出了自己的想法："我觉得每个人都应该为自己的祖国贡献出自己的力量，我来这就是为了能够和同胞们一起共同作战，反对俄国的异教徒。"

他的话刚说完，施密特就惊讶地问道："难道你真的想要去东线吗？"在得到了自己侄子肯定的答复之后，施密特连忙站了起来激动地拒绝道："我绝对不会让你去那么危险的地方的，我已经失去了一个弟弟，再也不能够失去你了。"说完后他开始在房间里不停地走动着，当他再次站定到"勒勃沃尔"的面前时，已经从刚才激动的情绪中平静了下来，说道："勒勃沃尔，我理解你想要为国家作贡献的心情，但是我实在是不放心你，你不如就留在我的实验室给我做助手吧，这样和去东线是一样的。"

第二天一大早，吃早饭的时候，施密特教授就按照昨晚说的把"勒勃沃尔"带到了自己的实验室。因为不方便让"勒勃沃尔"直接参与实验室的研究工作，所以就让他先负责实验室业务方面的一些事情。还把实验室里的所有档案交给了"勒勃沃尔"，好让自己的这个侄子能够尽快熟悉实验室的环境。事情的发展比萨夫罗诺夫原想的要顺利多了，但是这离自己的任务目标还是差了太多。施密特教授的研究主要集中在有机化合物的研究上。因为一次偶然的实验，他发现了有一组化合物具有非常强的毒性，在实验过程中，当把这种化合物喷洒到植物上的时候，植物茎叶上的寄生虫都会被这组化合物给杀死，在得出了这一发现后，施密特又接着对这组化合物进行了进一步研究，最终发现了这些化合物对人体也能产生同样的破坏作用。

希特勒十分在意施密特有关生物方面的研究，所以在自己发起了侵略战争之后，为了防止施密特的研究被别国利用，他就立即将施密特和他的实验室转移到了秘密的黑林山地区，并且要求他为自己研制出更加厉害的生化武器。至此后希特勒就一直向外界炫耀他的这项秘密武器，但是除了施密特教授外希特勒不止有一个这样的生物实验室，施密特的学生施泰尼茨也同样在为希特勒工作。他的实验室负责的是专门用人作为实验对象的细菌武器。就在这个实验室中的一个保险柜里藏着萨夫罗诺夫和队员此时行动的最终目标，希特勒细菌武器研究的最重要的秘密，但是现在为止萨夫罗诺夫根本没有办法接近这里，不仅仅是他，所有特别行动小组的成员都还没有人能够接近这里。

在把这个情况传达给格里高利耶夫之后，格里高利耶夫考虑到前方战场的情况和时间问题，决定再派一个人前往黑林山专门负责进入施泰尼茨的实验室。

老友重逢：苏联来的畜牧师

为了找到这个合适的人选，格里高利耶夫再次审问了被俘的战俘。修建细菌研制中心的地方正好位于蒂费尔德施泰因男爵夫人的庄园内，格里高利耶夫从战俘的口中的得知男爵夫人的管家叫做奥托·费希纳，他曾经在苏联的一个拖拉机场里实习过，这个人性格开朗善良，在苏联的这段时间里结交了很多苏联朋友，其中最要好的就是锻工费多尔·拉杜什金。这个消息让格里高利耶夫想到了一个绝妙的计划。

为了打探到有关拉杜什金的情况，格里高利耶夫专门与斯大林格勒的拖拉机厂领导取得了联系，了解到拉杜什金出身于一个农民家庭，在国家号召青年参加建设拖拉机厂的时候来到了这个厂，成为了厂里最好的生产者之一。当战争开始的时候，拉杜什金就立即要求要到前线去却被厂里留了下来。了解完情况后格里高利耶夫立即通知了兵役局把他征召入伍了。从拉杜什金的资料来看他绝对是上天送来的好礼物，然后格里高利耶夫把他安排在了一个建筑部队里接受短期的训练，这个时候的拉杜什金还不知道到底是为什么自己就这样进入了部队，特别是当知道了自己还有畜牧课程的时候，心里的疑惑也更大了。

不过他还是十分认真地完成了所有的训练与课程的学习，终于有一天当他看见格里高利耶夫站在自己面前的时候才知道了自己身上的任务。格里高利耶夫命令拉杜什金以一名畜牧师的身份，利用自己和男爵管家费希纳的关系设法进入男爵的牧场。

在接到了命令之后拉杜什金迅速返回了自己已经被德军占领的家乡米哈利什金村。为了不惹人怀疑，他告诉大家他是为了躲避兵役从兵役站逃跑回来的，当德军招募劳工的人来到了这个小村庄的时候，拉杜什金主动地报了

★斯大林格勒拖拉机厂，在这里拉杜什金与费希纳结下了深厚的友谊。

名，不久就被送到了德国的劳动力羁押站，在给劳工分配工作时，有人问他最擅长的是什么，他回答道自己是一个畜牧师，工作人员想到正好男爵夫人的农场里缺人，就让拉杜什金去那工作。当听到这个消息后拉杜什金都快要不相信自己的好运了，竟然就这样轻而易举地进入了男爵夫人的农场。根据订下的计划，本来还准备通过费希纳的帮助才能完成的事情现在都解决了。

傍晚的时候拉杜什金坐着火车到达了庄园，然后看见了自己的老朋友费希纳。他明显老了许多，但是拉杜什金还是一眼就认出了他，不过杜拉什金没有做出任何举动，因为怕费希纳没有认出自己，鲁莽行动的话反而会将自己的意图暴露出来。为了很快地适应农场的环境，在这里站稳脚跟，拉杜什金除了做好自己的本职工作外还主动承担了很多分外事情。

很快他就获得了包括男爵夫人在内的所有人的好感，还成功地与齐默尔曼和萨夫罗诺夫取得了联系。一天晚上当自己忙碌了一天回到房间后，意外地发现自己房间的灯竟然是亮的，和里面坐着的人四目相望的一瞬间，拉杜什金清楚地听见费希纳叫出了自己的名字，原来费希纳早就认出了自己，但是因为不确定所以直到今天才来相认，两个久别的好朋友立刻紧紧地抱在了一起。在得知了拉杜什金的来意之后，一直对纳粹统治十分不满的费希纳也很快加入了拉杜什金的阵营。

同时能让拉杜什金接近施泰尼茨实验室的机会也终于来了，这段时间施泰尼茨的在动物饲养房里的实验进行得不是很顺利，因为工作人员怕被细菌感染，以致这些动物都没有得到很好的照顾，他急需一个会饲养动物的劳工。在得到消息后，尽管拉杜什金很清楚这意味着自己很可能会被细菌感染，但是他还是义无反顾主动要求照顾这些实验动物。

灰飞烟灭：只留给希特勒一声爆炸

现在"极点"行动中的所有人员都已经到位，并且随着细菌试验的不断进行，离细菌武器交付使用的日子也越来越近。队员们所承受的压力也越来越大。根据仔细地研究，爆破小组的成员发现要想把细菌研制中心彻底摧毁，就必须把炸弹安装到施泰尼茨的实验室里。现在唯一能做到这件事情的就是拉杜什金了。

从萨夫罗诺夫那里传来了消息，细菌武器的研制工作已经要接近尾声了，在第一次细菌人体实验成功完成之后，在今年9月份就要成批地生产用于战争的细菌武器了，照这样下去到10月份的时候德军就已经可以在军中普遍使用这种危险的武器了。但是现在唯一缺少的就是由施密特教授负责的瓦斯毒气，如果最终让希特勒把这两种东西使用在了战场上，那么后果将会不堪设想。

所幸的是施密特本来就不是心甘情愿地为希特勒工作，现在更是不愿意做他的帮凶。于是借口一些实验必需的仪器和药品现在还没有到，以此来作为拖延。在知道了这个消息后的拉杜什金开始不停地寻找安装炸弹的最佳位置，自从被带到实验室的动物饲养房里照顾动物后，他每天要做的事情其实很简单，就是给动物喂食，只不过这里的动物被分成了两个部分饲养。一个部分是健康的为实验作准备的动物，一部分是已经染上了病毒的动物。除了在给染上病毒的动物喂食的时候自己需要格外小心穿好隔离服外，平时就只需要把食物放在半自动的饲料槽里，然后让它们沿着流水线一样的装置自己送过去就可以了。

这天拉杜什金在给动物喂食的时候，突然想到为什么自己不把炸弹放在饲养房？能够接触饲养房的人现在只有自己，其他的士兵因为害怕感染基本上不会进来。如果把炸弹安置在这里的话肯定不会有人发现，随后他又对饲料槽进行了仔细的观察，发现在饲料槽的底部有一个类似于夹层的小空间正好可以用来放置炸药。

这个时候情况又有了新的变化，萨夫罗诺夫得知德国安全总部的首脑下令，要细菌研制中心包括施泰尼茨和施密特在内的几个重要实验人员赶紧前往帝国大厦，向元首希特勒报告实验的进展情况，于是总部立即决定要把行动的时间提前。

拉杜什金偷偷从齐默尔曼那里拿回了炸药，然后放进了饲料槽的下面。与此同时齐默尔曼也在细菌工厂里安置好了炸弹。然后在没有任何预兆的情况下，巨大的爆炸声响彻了黑林山，连带着整个地面都颤抖了起来，等驻守的党卫军反应过来时，这个承载了希特勒无限希望的细菌研制中心已经化为了一片废墟。为了防止细菌的扩散导致感染，党卫军立即封锁了这个地方，防止任何人从这里逃跑。而齐默尔曼等人已经趁着基地一片混乱的时候悄悄地离开了黑林山。在爆炸的前几分钟里大家就已经按照计划开始撤退了。

而正在帝国大厦里听取有关细菌试验即将成功的报告的希特勒，在听到这个消息后整个人都气得发狂，开始大骂安全部门的愚蠢无用，可是这一切连同着德军的败退都已经成为了无可挽回的事实。

希特勒失去了救命稻草

希特勒这样的气急败坏也实在是有他自己的原因。本来最开始入侵苏联的时候希特勒以为会跟攻占捷克斯洛伐克、波兰一样，自己的闪电战术同样会起到效果，但是他低估了斯大林的能力和苏联人民反抗法西斯的决心，再加上德军对苏联寒冷冬季的不适应和不能够及时稳定地提供给部队需要的物资，这场战争持续的时间大大超出了希特勒的最初估计。

等时间到1942年春天的时候，东线上的战事已经基本稳定了下来，同时由于日本对美国珍珠港的偷袭成功后，美国也终于放弃了中立国的身份，开始投入到二战中，德国开始面临着两面夹击的状况。为了避免出现最坏的情况，希特勒决定要对苏联发动更大规模的战役，以此来争夺在东线战场上的主动权，好尽快地结束同苏联的战争。在经过一番仔细研究之后，德军最后决定放弃莫斯科，把斯大林格勒作为进攻目标，斯大林格勒位于伏尔加河的下游，是伏尔加河上的一个重要港口，同时也是苏联南方的铁路交通枢纽和重要的工业城市。上文中提到的拉杜什金所工作的斯大林格勒拖拉机厂也是当时苏联最大的拖拉机厂。可是让希特勒没有想到的是这场战役让东线战场上的情况彻底颠覆了，这场战役成为了第二次世界大战中一个完完全全的转折点，从此以后希特勒就再也没有和好运碰上面。

在苏联战场上经过了一系列的挫败之后，希特勒只能把希望全部都放在研制生化武器上面了，希特勒相信只要实验一成功，胜利就会出现在眼前了，可笑的是苏联特别行动小组成员们的这一声巨响，把希特勒最后的救命稻草给毁掉了，使人类避免了一场浩劫，从这里可以也看出在战争中，如果可以正确地使用特种人员渗透到敌营作战的话，甚至可以起到改变战局的关键作用。

★ 沙场点兵 ★

人物：格里高利耶夫

格里高利耶夫中校一生成绩卓越显著，大部分时间都是在军队里度过的。在他服兵役期间，表现一直优秀，并且获得了许多的成绩，比如他获得了列宁勋章、红旗勋章、一级和二级卫国战争勋章、二级和三级在苏联武装力量中为祖国服务勋章。

格里高利耶夫生于奥尔洛夫州，在哈尔科夫炮校毕业之后就开始了他的军队生涯，曾任莫斯科18民兵师炮兵排长，在任排长期间，态度积极、热情好学、表现卓越，于是进入了炮兵指挥学校学习深造，在炮兵学校毕业后，他担任了炮兵团的参谋长，在担任参谋长的期间，他仍然积极好学，在捷尔任斯基炮兵工程学院进修，经过了更高层次刻的深造，获得了更多的专业知识，格里高利耶夫也变得越来越优秀。当他进修完后，由于丰富的知识和不凡的能力，他直接担任了军区的炮兵司令部参谋，后来又陆续担任过核炮兵群主任、"C"核炮兵群少将司令，在1967年的时候，还担任了苏联国防部12总局（核设施安全局）副局长，1985年退役，正式结束了他的军旅生涯。

职责：破坏军事设施

这支由苏联派往德国本土捣毁了希特勒最后的救命稻草的别动队，其职责是破坏德军的一个重要的军事设施。在当时希特勒为了研制自己梦想中的细菌武器，除了建造了专门的细菌实验室外，更为残忍的是他还在黑林山的附近建造了一个集中营，准备用活人来做细菌实验。破坏掉这个生物实验室就更加势在必行。但是这附近警戒十分森严，再在加上与外界半隔绝的环境，要想从中破坏实在是难上加难，但是为了粉碎希特勒妄想用细菌武器扭转战局的美梦，使人类避免一场可以预见的空前浩劫，破坏掉这个德军的秘密基地是唯一的选择，

特点：乔装

为了行动的万无一失，队员采取了潜伏渗透的作战方式，只不过这种作战方式不仅依赖于行动计划的合理和周密，更为重要的是，相当程度上它更依赖于行动人员随机应变的能力。为了顺利地渗透进德军的内部，队员们选择了乔装这一古老而又屡试不爽的方法。例如，齐默尔曼伪装成了被流放到西伯利亚的德国人，借此身份混入了德军的劳工办事处，并且利用了招募工人的工作之便，顺利使爆破小组的其他成员也都进入了建设德国细菌基地的工程队，同样，为了不暴露自己的行动，其他队员也都进行了必要的乔装，萨夫罗诺夫还成为了施密特教授的侄子。

灵活机动下的尖刀对决

THE CLASSIC WARS

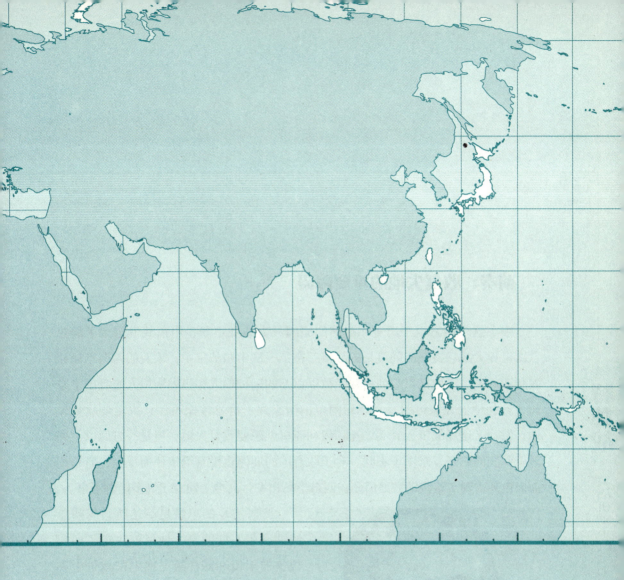

第七章

逾越巴列夫防线
——埃及"闪电"的速度

    ▲在第三次中东战争中失败的埃及和叙利亚被以色列占去了大片领土。深知埃及和叙利亚不会善罢甘休的以色列在第三次中东战争之后就专门修建了抵御阿拉伯军队的巴列夫防线。果不其然,为了收复被以色列占领的西奈半岛和戈兰高地,埃及和叙利亚最终挑起了针对以色列的战争。而这场战争胜负的关键正是那道最后沦为笑柄的巴列夫防线。

前奏：收复失地的重要障碍

中东这个地方由于历史和战略的原因一直战乱不断，中东战争也成了继第二次世界大战后持续时间最长的战争。在第三次中东战争中，埃及的西奈半岛和叙利亚的戈兰高地被以色列占领，数以百万的阿拉伯人和巴勒斯坦人被赶出了家园，致使他们无家可归。六年后阿拉伯国家终于再也按捺不住，决定要收复失地，发动了这场战争。其实埃及和叙利亚早就想要收复失地，但是一方面以色列对于两国的归还要求不理不睬，对于联合国的调停也没有给出任何反应；另一反面以色列占领了这些地方之后还在西奈半岛和戈兰高地上建立了许多防御工事。

★埃及总统安瓦尔·萨达特

此时埃及的总统是萨达特，与前总统纳赛尔不同的是，他早就决定了要用战争的手段夺回在第三次中东战争中失去的土地。因为此时的埃及国内经济十分不景气，战败的同时也导致了国内士气低迷，抗议活动不断。种种状况让他急需一次军事上的胜利来分散国内人民的注意力。此时同样在战争中失去了戈兰高地的叙利亚总统哈菲兹·阿萨德也对与以色列的和谈没有兴趣，自从战败后他便一直在进行军备扩张，等候着合适的时机。

这一次埃及不顾苏联的反对，执意要发动对以色列的战争并且在国际间大肆宣传，正好给哈菲兹提供了这样的一个机会。但是与埃及和叙利亚相比，阿拉伯的其他国家对于发动新的战争并不太感兴趣。约旦国王侯赛因怕因为战争失去更多的土地，在之前的战争中约旦已经失去了够多的土地了。并且约旦与埃及在西岸地区和加沙走廊上的领土纷争问题也一直没能得到解决，当萨达特以此为条件作为让约旦参战的筹码时，又进一步引起了双方的不快。阿拉伯国家中另一个重要的国家伊拉克与叙利亚的关系也同样十分紧张，所以伊拉克直接决定了不参与战争。黎巴嫩则由于没有什么实力还处于观望的状态。

但是要战胜以色列，收复失地也不是一件容易的事情，当时以色列得到了美国的支持，美国不仅向其提供了最先进的攻击性武器，甚至还有一些军事技术。虽然埃及同样也有苏联作为依靠，但是此时苏联正致力于缓和政策，因此不愿意看到中东出现不稳定的形势，所以并不赞成埃及的做法，只提供给了埃及一些防御性的武器装备。于是在开战前萨达特还一直想要在外交上寻求到别的国家的支持，在1973年的时候，埃及宣称自己已经得到了超过一百个国家的支持了，这些国家主要是来自一些非洲国家和第三世界。同时在欧洲，萨达特的外交政策也有了一些收获，英国和法国因为考虑到自己利益选择了支持他，而西德则成为了埃及在战争爆发前最大的军备来源国。但是这些都不足以让埃及在同以色列的战争中获得胜利。首先在作战计划的制订上埃军就面临着一个巨大的障碍。

胜负关键：怎样攻克"沙阵"

这个巨大的障碍来自于苏伊士运河上的一个庞大的堡垒系统。因为西奈半岛是亚非欧三大洲交汇的唯一陆地要津，战略位置非常重要。以色列政府早就知道埃及不会这样善罢甘休。于是在1971年时花费了巨资修建了这样一个防线，这个防线的名字来自于当时以色列的总参谋长的名字，它被叫做巴列夫防线。

这是一道令以军沾沾自喜、引以为傲的防线，他们认为这是一道牢不可破的防线。以军这样的自信来源于他们一道道坚不可摧的防线。

第一道防线就是苏伊士运河，这道天然的防线变成了他们的保护伞，就像护城河一样，包围着他们的领地，成为他们安全的屏障。为了防止敌军选择从水路进攻情况的发生，以军还在苏伊士运河里安装了油管，只要敌军一渡河，以军就可以点燃这些油管，敌军就会被一片火海困住，以军就可以不费一枪一弹，轻而易举地将敌军消灭在这第一道防线上。

★巴列夫防线内的沙阵

第二道防线是一个水泥墙，如果敌军使用水陆两栖车进攻的话，再高级的车也不可能爬上高高的水泥墙。

第三道防线就是最令以军骄傲的沙阵，它的平均高度约为25米，它的重点防御地段高约60米，沙阵与运河自成一体。这就是以军的最后一道防线——巴列夫防线，只有穿越了层层艰难阻碍才可以到达这最后一道防线，而在以军的眼中，敌军是不可能到达这里的，前面那些防线看起来都是如此牢不可破。巴列夫防线北起福阿德港，南到苏伊士湾，纵深约十千米，全长约160千米，这里有许多充满火力的据点，形成了一张巨大的火力网，似乎连蚊子这样的细小生灵都难以进入，更不用说敌军的部队了。在主阵地的主要交通要道上，以军部署了好几个装甲旅，在这里以军还一共部署了九个旅的重兵，可谓是部署得十分严密。

于是在巴列夫防线建好以后，当以色列的国防部长前来视察的时候，他信心满满地宣布，这是一条任何埃及军队都不可战胜、不可逾越的鸿沟，没有任何一支埃及部队能够平安越过这一组防线，任何妄想通过防线的埃及部队都会在24小时之内被消灭得一干二净。

先不论世界上是否有攻不破的防线，但是这也确实成为了埃及想要收复失地最重要的障碍。萨达特想要带领埃及人复仇，收复失去的土地一洗耻辱，首先就要找到攻克巴列夫防线的办法。而想要攻克巴列夫防线最关键的环节其实在于防线的第三条防线沙阵。这可以说是以色列整个防御系统中最引以为傲的发明了。

这条沙阵沿着整个东岸垒砌而成，与运河连为一体。在六年的时间里以军每天都会在这里不断地往上垒砌沙子。到此时这个沙阵的平均高度已经达到了25米，重点的防御地段更是高达60多米。面对如此庞大的阵式，埃及军官们实在是伤透了脑筋，为此想了很多的办法，但是没有一个是行得通的。因为沙子与水一样具有流动性，如果强攻的话恐怕士兵们还没有翻过沙阵就会被陷在沙中动弹不得，成为供人射击的活靶。又有人提出可以用爆破的方法，首先派工兵在沙坡上用铁锹挖出许多个大洞，然后把准备好的炸药填入这些洞里，在撤走的同时就引爆刚刚埋入的炸药，看能否用炸弹强大的爆破力在沙阵上打开一个缺口。

埃及军方满怀希望地让人去进行试验看这个办法是否行得通，但是结果一样令人失望，这个办法根本行不通。因为沙子的流动性让人很难在上面挖出洞来，就算勉强把炸药埋进了沙中爆炸成功，可被炸药炸出的缺口也会很快被流动的沙填补成先前完好无损的样子。更何况对于埃及来说，如此宽厚的沙阵要想从中开辟出一条道路，需要至少清走一千五百多立方米的沙土，而炸药每次可以炸飞的沙土量绝对不会超过三百立方米，这是远远不够的。

★巴列夫防线上的铁丝网

现在埃及军队所面临的最令人不愿看到情况是，如果真的想不出办法，那么就只有一个方法，就是人工或者借助推土机将这些沙子怎么堆上来的就怎么给弄回去，这样一来的话需要很多的人力，而推土机要连续工作好几个小时才能打通一条道路，在分秒必争的战争上这就成为埃及军队的致命伤，也许当他们好不容易穿过沙阵时，另一边的以军早已经将工事全都准备好了，埃军会就此失去了先机。

以水克沙：让防御阵地出现缺口

正在众多的埃军将军束手无策时，有一名年轻的埃及工程兵突然来到了指挥部，面对着正在苦苦思索着的长官们，他提出了一个所有人都没有想到的绝妙办法，那就是用水。早已经没有任何对策的指挥部马上从这个办法中看见了胜利的希望，立即进行了实验。

根据这个年轻工程兵的提议，埃军找来了一个高压水龙头对着沙堤模型开始喷射，不费吹灰之力，原先挡在面前的巨大的沙堤就被冲开了一条通道，看见这个场景所有的人都忍不住欢呼了起来。在已经不抱希望的时候，上天又给他们带来了好运，这场战争神灵也一定是站在他们这一边的。根据实验数据显示，高压水龙头每喷射一立方米的水就能够冲走一立方米的沙土，这样算来完全可以在最短的时间内在沙阵上冲出一个缺口来。

于是埃军立刻将此事进行了上报，上层很快通过了审查，采纳了这一方法。同时还从英国和德国进口了450台当时最先进的高压水泵以保证水压的充足。

在最为棘手的问题解决后，现在可以说是一切准备就绪了。在1973年10月6日，埃及终于发起了进攻，战争开始了。这是埃及军方精心挑选出来的日子，因为这一天正好是以色列赎罪日，作为犹太人一年之中最重要的节日，在这一天里以色列基本上处于全国放假的状态。犹太教徒们要实行一天的禁食，许多士兵在这一天也会离开岗位回家过年，其中对埃及军方最为有利的是，在这一天里以色列人还会尽量避免使用武器、电子器材、引擎和通讯设备等。整个以色列的战备防御状态达到了一年中最为脆弱的时候。

加上在正式发动进攻之前埃及一直在不停地制造各种假情报和消息，萨达特虽然一直高调宣称自己即将发动战争，接连在两国的边界上进行军事演习，让以色列军方多次处于虚惊的状态中，但是却一直没有什么实际的行动，这也令以色列方面的戒心大大减少，使得在发动战争前，埃及军方的一切行动都被以色列军事情报部当成了又是一次虚张声势的演习。而且以色列的军事情报部认为这此也同样不会构成威胁的最主要原因，是依据他们自己的假设，因为根据假设如果苏联允诺提供给埃及的武器没有到达，埃及就绝对不会发起战争。

★约旦国王侯赛因

但其实早在9月25日，约旦国王侯赛因在与以色列总理会面时就暗示过他，埃及很可能会在近期发动战争，但是让人出乎意料的是面对侯赛因如此明显的警告，这件事情仍然没有引起以色列军方的重视。直到埃及准备发起进攻的前一个小时，以色列才开始相信埃及将要发动战争。以色列最初制定的作战方针是在面对埃及的进攻时，以色列要先发制人，抢夺战机。但是因为要依赖美国的支持，如果首先发动战争的话，在国际上就会站不住脚而失去美国的支持，所以最后只能放弃了先发制人的方案。后来的事实证明，这是这么久以来以色列政府作的最明智的选择了，战争爆发了，美国开始对以色列实行了五分钱救援行动，给以色列提供了大量宝贵的物资与装备。

炮火准备：渡过苏伊士运河

1973年10月6日，整个以色列都洋溢着一种慵懒的氛围，今天是一年中最重要的节日，连在军队的士兵都可以离开自己的岗位回到家中。在苏伊士运河的东岸是以色列军队的营地。下午暖暖的阳光催人欲睡，运河的水面上波光粼粼，偶尔有一两只飞鸟从水面上掠过，然后飞过了树林消失得无影无踪。尽管局势紧张，但是预想中的战争却一直没有发生。驻守在防线上的许多士兵有的正在祈祷，有的在运河边沐浴、洗衣，还有的没精打采地坐在一旁等天黑。

按照计划，二百架埃及轰炸机呼啸着飞过了苏伊士运河，毫无预兆地开始对以军的阵地进行袭击。没有任何准备的以军在面对埃及的进攻时只能匆匆忙忙地赶过来，还有很多士兵根本就不在营地，正在从家里赶往战场的路上。

空袭持续了二十分钟以后就摧毁了以色列在西奈半岛上的包括指挥部、导弹营地、炮台、防空和雷达中心在内的几乎所有重要军事设施，目标命中率高达百分之九十多，使得以色列军队遭到了严重的损失，军事通讯系统全部被破坏，想要修好必须要等几天以后了。而埃军仅仅只损失了几架飞机。在看到这一情况后埃及士兵大受鼓舞，随后，埃及士兵开始一边口中大声呐喊着："真主万岁。"一边强渡运河。

早在进攻的前一晚上，趁着夜色埃军就派遣了一支特种部队悄无声息地潜入了苏伊士运河的附近，这些特种队员全都深谙水性，携带着必要的工具在没有被任何人发现的情况下，将以色列人埋在运河中的油管全部都封死了，这样一来就使得埃及的渡船在苏伊士运河上畅通无阻了。

当以色列想要点燃汽油，让运河燃起大火来阻止埃及的进攻时，才发现管道已经被人堵得死死的。许多以色列士兵匆匆忙忙地奔向战斗岗位，口中还喃喃地叨念经文，正在沐浴的士兵们连忙从河里爬了出来，连衣服都还没来得及穿上就拿起了自己的枪。在最开始大家都以为这不过又是一次普通的局部炮轰事件，让他们没有想到的是，第四次中东战争就这样开始了。

在这场空袭过后，以军还没有来得及喘口气休息一下，埃及人毁灭性的排炮攻击就开始了。苏伊士运河东岸以色列防御工事的沙垒中，埃及特种兵在将油管封死的同时还预先在水下悄悄埋入了两个炸药包。在此时爆炸的炸药包把这个防御沙垒炸开了两个缺口，接着一直隐蔽在河西沙丘后面的两千门大炮同时突然向东射击，炮弹铺天盖地飞往以色列阵地。这样猛烈的炮击攻势令以色列士兵全都被炸得晕头转向。

然后早已经作好了进攻准备的埃及士兵搭载着小型橡皮艇开始冒着猛烈的炮火向前冲去，苏伊士运河上一时间只见上千艘橡皮艇开足了马力从河的一边向另一边冲了过来，子弹从埃及士兵的身边擦身而过，他们在枪林弹雨的缝隙中前进，不停地有战友在身边倒下，但是他们却不能够停留。很快第一批进攻的士兵就登上了苏伊士运河的东岸，并迅速地占领了河岸边的以色列的工事，这使得后面登陆的埃及士兵没有了炮火的阻拦，进攻速度进一步加快。整个埃及第七旅最后在最短的时间内成功地横渡了苏伊士运河。

这个消息同样传到了埃及位于开罗的作战总指挥部里，所有参与了这个计划的的军官都情不自禁地露出了满意的笑容，这次的初战大捷给本来还心怀忐忑的埃军军官们打了一针强心剂，让他们对接下来的战事更加有信心。

集中射击：让"沙阵"变为"水阵"

在发起战争之前，埃及军队指挥部交给了由加麦尔·阿里少将指挥的埃及工程兵一个任务，那就是在以色列国防军反应过来之前突破其东岸巴列夫防线中的沙阵，给随即而来的坦克和其他重型车辆清出一条宽达七米的通道。在埃军的最坏打算中，以色列的坦克会在半个小时或更短的时间内发动大规模的反击，装甲旅则会在两个小时之内抵达。因此，沙阵的突破速度对整个战局产生了直接影响。同时为了推进战线，除了在沙阵上打开通道外，埃军总司令部还给工程兵分配了其他的任务，如为坦克和其他重装备架设十座重型桥梁，为步兵架设浮桥和建造和操作35个渡口等。

随着第一批突击队员的登陆，士兵们占领了各支撑点之间的沙垒。紧接着埃军突击组有很多已经抢在以军坦克之前占领了斜坡式射击阵地。埃军开始在斜坡式射击阵地上对下面的以色列军队进行扫射，以此来掩护工程兵把水泵运送到对岸，开始执行在沙阵上为坦克打开通道的任务。

早已经准备好的水泵，在埃军抢渡苏伊士运河成功后由工程兵运载了过来，当所有的人都在忙于在向前进攻的时候，工程兵则将所有的高压水泵都集中到一起，然后随着一声令下开始向以色列军引以为傲的沙阵猛烈地射击，随

★埃及攻克巴列夫防线的沙阵

★埃及军队攻克巴列夫防线

着哗啦啦的水流倾泻而出，二十几米高的沙阵顿时变成了一摊泥水瘫软到了地上，成了"水阵"，满地泥沙滚滚。

五个小时不到的时间里，埃军就顺利地清理出了七十条通道，这大大地超乎了以军的想象，他们怎么也不敢相信一直被认为固若金汤的防线就这样被轻而易举地摧毁了。接着，埃及军队的后续部队开始沿着开辟出来的通道长驱直入，发起猛烈的进攻，埃及的坦克一辆辆从工程兵早已经搭好的浮桥上顺利地通过了，从苏伊士运河的对岸驶过来后，直接通过刚刚打开的沙阵上的通道，开始向被以色列占领的西奈半岛挺进。

以军根本就没有力量进行反抗，节节败退，赶来支援的部队没有想到埃军这么快就通过了巴列夫防线，所以还在行军的路上。当夜幕降临的时候，埃军的五个装甲师已经完整地沿着170千米的河道成功地穿越过了运河，也到达了苏伊士运河的东岸，从10月6日埃及发起进攻开始到第二天的上午8时，整个渡河战役可以说已经以埃及的胜利而告终。根据从战场发来的电报，埃军的沙兹科将军，也就是此次埃军作战的总参谋长向指挥部传达了至今为止埃军的作战情况，在战斗中埃军有五架飞机坠毁，还损失了29辆坦克，埃军共有两百多人阵亡，但是埃军的这些损失与驻守巴列夫防线的以军相比只是极小的一部分，埃军以极小的代价歼灭了以军的三个装甲旅和一个步兵旅。同时还击毁了以军的三百多辆坦克，驻守的以军死伤高达上千人。在短短的一天不到的时间里，埃及就已经有九万多名士兵、八百多辆坦克和一万多部车辆渡过了运河，说实话，战况的大好形势远远超过了埃及人事先的预想。

沦为笑柄：世上没有绝对牢固的防御

10月6日，以军引以为豪的防线被首次突破，埃及武装部队杀出了一条血路，渡过了苏伊士运河，这个"不可攻破、不可逾越"的神话随即被打破，8日，这个被吹嘘的务必牢固的"巴列夫防线"被彻底摧毁。同时，科威特、利比亚、沙特阿拉伯、伊拉克、阿尔及利亚等一系列阿拉伯产油国家，都开始使用"石油武器"，战斗力空前上升，随着战斗力的增强，他们也成功地警示了美国以及其他支持以色列侵略的西方国家。

被以军吹嘘得无人能够通过的钢铁城墙般的巴列夫防线在埃军猛烈的炮火攻势下，一个接一个地被突破，到最后埃及军队几乎占领了巴列夫防线上的所有堡垒，原本以色列用于防守的堡垒现在成了埃军最佳的进攻点，不可一世的巴

★埃、以军队在巴列夫防线上激烈战斗（场景图）

★埃及创作的攻克巴列夫防线石雕

列夫神话被击破了。埃军初战的胜利让埃及士兵们的士气更加高涨起来。大家是为了自己的祖国，是为了夺回自己被抢走的土地，每一个人争着做冲在最前面的人。更是有士兵将炸药包绑在了自己的身上然后跳上了敌军的坦克，以牺牲自己的方式来与敌人同归于尽。还有的士兵为了能让自己的战友冲到前面去就用自己的身体作为掩护挡住了以军的炮火。

从10月8日开始，埃及军队的战斗越来越顺利，捷报频传，埃及军队先是收复了东坎塔拉，这是西奈半岛的第二大城市。接着，在第二天，又击退了以军装甲部队的三次强烈反扑，全歼了以色列第一九〇装甲旅，并且活捉了旅长，然后，埃及军队又顺利地攻占了福阿德港以南地区、伊斯梅利亚以东地区以及陶菲克港湾地区。

因为早就预料到以色列的装甲部队会进行反击，所以埃军中担任第一轮攻势的部队都装备上了反装甲武器，包括单兵携带的RPG火箭推进榴弹以及更为先进的AT-3反坦克飞弹。平均三名埃及士兵便有一人装备反装甲武器。数量空前也可以看出埃军对这次战役的重视程度。

到了13日的时候，埃及军队已经彻底打开了通往敌营的道路，以军的最后一个火力据点被埃及军队打垮，以军投降缴械，埃及的第二、第三军团五个师、一个旅全部通过了运河，使西奈半岛腹部三面受敌，西奈半岛北部、中部、南部都已被打通，成为埃及军队长驱直入的通道，埃及军队最后控制了西奈半岛纵深十到十五千米的地区，最后，仅仅以两个军的兵力直入西奈半岛沙漠。

埃及军队前后夹攻，同时作战，在埃及的大部队从正面攻击运河的同时，伞兵部队和特种部队乘直升机，到了敌军的后方，从破坏敌军的基础设施做起，重要的粮食来源、通讯设施、交通等都被埃及军队所破坏，致使以军处在崩溃的边缘，与此同时，沙姆沙伊赫受到了埃军的袭击，以军简直是腹背受敌，溃不成军，埃及军队封锁了曼德海峡。

后来，由于美国的政治干预，叙利亚军队在戈兰高地遭受打击，造成巨大的创伤，被迫宣布停火。至此，以军反咬一口，又开始对埃及的战线进行猛烈的攻击，在这种无奈的情况下，联合国安理会通过了338号议案，双方停火。虽然阿拉伯国家在美国的干预下没有达成目的，可是，在此次战争中，足以显现阿拉伯人民的勇敢、智慧、团结，他们向世界证明了他们的实力。其实他们胜利了，他们的行为昭示了一种不可摧毁的能量，国家拥有了这种能量就肯定不会被打败，民族有了这种能量就肯定不会灭亡。

战典回响

巴列夫防线沦为笑柄

被认为是坚不可摧的巴列夫防线被埃及军队攻破，至此，巴列夫防线成了众人纷说的笑柄，成了一个笑话。就是拿到今天看来，也是一个让人摇头的笑谈，更多的则是我们需要深思和需要铭记的教训。这个令人嘲笑和遗憾的防线对人们造成的深远的影响，令人们刻骨铭心。

"巴列夫防线"可谓是火力凶猛，固若金汤，可是它为何会被一举突破？这也就是我们需要在这件事情中得到的教训。以军认为自己的防线是坚固无比、不可战胜的，于是放松了警惕，处于安逸的环境中考虑不到危险的来临，大意地对待每一天，这种心态必然是失败的开始。一切都没有必然，信奉伊斯兰教的埃及人亦可以在斋月节里大开杀戒，所以无论做什么，首先要建构自我的思想防线，思想防线越牢固，军事防线才越牢不可破，反之，如果思想防线松懈，任何坚固的防线都将变得不堪一击。

★ 沙场点兵 ★

人物：巴列夫

巴列夫原任以色列伞兵的教官，后任以色列军队的总参谋长，在第三次中东战争之后为了防止阿拉伯国家的反攻，他命令以军根据其作战指导思想，修建了一条在他看来永远都不会被人攻破的防线，再加上苏伊士运河一起来阻挡敌军的进攻，并在防线修好之后用自己的名字给其命名。但是后来却不想，因为巴列夫防线的攻破，他和巴列夫防线一起沦为军事史上的一个笑柄。

职责：清除障碍

在这次战斗中，工程兵的主要任务就是作为前锋，为埃及军队扫清前方道路上的所有障碍，虽说这些防线在当时被称为坚不可摧，但是，在一个拥有现代化武器的现代化军队里，这些都是小菜一碟。

工程兵们首先派了水陆两栖坦克和装甲输送车作为前锋，两种车辆首先进发，在对岸建立阵地，并将设备拿出开始架设，几分钟之内，在预定的地点将设备架设完毕，为主力军队在苏伊士运河上搭建通过的浮桥。可是，令埃及军队心忧的不仅仅是运河的阻挠，更重要的是以军的沙阵和巴列夫防线，巴列夫防线花费了以军上亿美元，耗费了三年的时间以及不计其数的人力物力，是以军为了长期霸占这块土地，修建的纵深十千米、全长160千米的防线，在其中，以军还部署了九个旅的重兵，以及密密麻麻的火力据点，这才是障碍中的重头戏，以军获胜的砝码，埃及工程兵需要解决的最重要的难题、最艰难的障碍。

特点：穿越封锁

在一场战役中，只要能够穿越敌方的封锁防线，基本上就意味着已经掌握了战斗的主动权，在这次埃及与以色列的战斗中，埃及军队用实际行动说明了这一事实。虽然以色列把巴列夫防线看做是一条无法被攻破的防线，但是很显然，埃军最后还是成功地渡过了苏伊士运河，冲垮了沙阵，最后通过了以军层层的部署，穿越了封锁。这次战役的重点等于全部集中在了如何穿越以军封锁这一件事情上，因为对防御工事的绝对自信，使以色列军队盲目地过分地依靠了工事而忽略了最重要的警惕与防守。

灵活机动下的尖刀对决

THE CLASSIC WARS

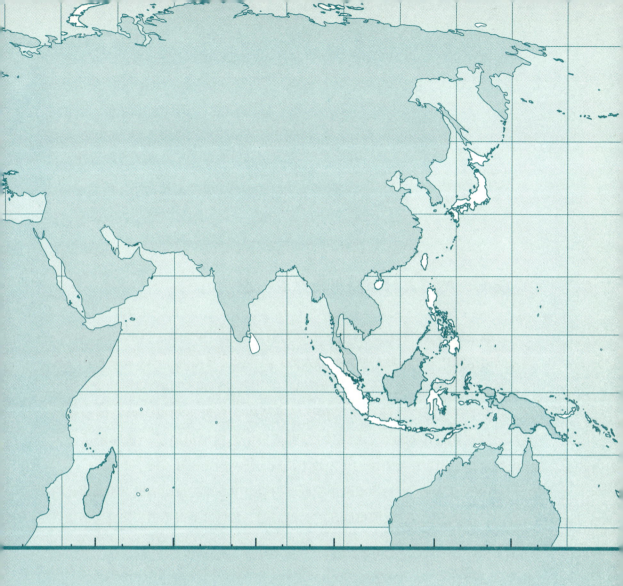

第八章

暗杀海德里希
——盟军特别行动队深入虎穴

▲继希特勒之后，盖世太保的头目海德里希成为纳粹党里的一颗新星，并很有可能会成为希特勒的接班人，与此同时他也在不断地扩充着自己的势力。在 1941 年的时候他达到了自己人生的高峰，成为驻捷克斯洛伐克德军占领区摩拉维亚与波希米亚的副行政首长。英国在当地的情报组织也因为海德里希受到了极大的破坏，于是英军最后决定派出特种部队将其暗杀，以绝后患。

前奏：英国人对海德里希忍无可忍

二战进展到了白热化的时候，不仅是战场上看得见的真刀实枪的交锋，各国之间更是展开了一场看不见的间谍大战。其中最主要的两个国家就是德国与英国，在最开始的时候德国依靠着"纳粹谍王"卡纳里斯给希特勒建造的庞大情报网，获得了许多秘密情报，德国在这场谍战中占领着主动权，但是随着希特勒对卡纳里斯信任的缺失，德军的军事情报中心内部出现了一系列矛盾，大大降低了德军军事情报系统的工作效率，从而使英国人逐渐占领了上风。

在1941年2月，面对效率越来越低下的情报中心和捷克斯洛伐克不断恶化的局势，同时对苏联的进攻即将展开的关键时刻，希特勒不得不把在捷克斯洛伐克领导间谍工作不力的牛赖特召回了柏林，让海德里希亲自去捷克斯洛伐克接手负责当地的间谍工作。

★纳粹情报机构负责人海德里希

作为保卫处头目的海德里希其实非常推崇英国的情报机构，因为与德国的情报机构不同，英国的情报机构除了职业特工外还雇用了大量的社会人士。从一般的知识分子到一些社会精英，他们遍布世界各地，基于信仰或者责任来从事间谍工作分文不取。于是海德里希在组织保卫队的时候到德国的各地招募情报人员，所选的都是有着一技之长的专业人士，很快就建立了一支由各行各业精英人士组成的庞大情报网络。

★海德里希在捷克斯洛伐克上任

　　最重要的是这些人全都是因为所谓的"伟大的纳粹理想"为海德里希义务工作的。在接到了希特勒的调令后，此时已经位高权重的海德里希又多了一个新的重量十足的头衔——驻捷克斯洛伐克德军占领区摩拉维亚与波希米亚的副行政首长。

　　几天后海德里希就到了捷克斯洛伐克的首都布拉格，很快就开始了情报机构的改革。海德里希设立了专门的空中信使和一条秘密电报线路，专门与柏林进行联络，海德里希拒绝了接管牛赖特的人马，同时将自己的人全都安插了进来。而且在到达的当天晚上就宣布了要在捷克斯洛伐克的主要城市实行戒严，开始对捷克斯洛伐克的地下组织进行打击。在他的铁腕手段之下很多人都掉了脑袋，三个月时间里就有四百多人被处死，另外还有五千多人被送往了集中营，海德里希的秘密警察效率高得惊人。捷克斯洛伐克的地下抵抗组织几乎都被清除干净，英国在捷克斯洛伐克的间谍组织也元气大伤。

　　同时狡诈的海德里希在实施了恐怖统治之后又在另一方面实行怀柔政策，他的这种手段被人称为"胡萝卜加大棒"。在捷克斯洛伐克，按照德国本土的福利标准改革社会福利，大幅度地提高了捷克斯洛伐克人的养老金和医疗保险，还在捷克斯洛伐克推行了史无前例的全民失业保险制度以此来收买人心，并且得到了很好的效果。短短几个月捷克斯洛伐克的政治气氛就得到了完全的改变，甚至有人开始不遗余力地称颂这个敌军的首领。

在看到这样的情况后，捷克斯洛伐克地下反抗组织非常担忧，开始向英国政府求助，听到这个消息后的英国人也大为震惊，加上先前海德里希对英国谍报网的破坏，使得英国人在震惊之余又十分愤怒，已经对海德里希忍无可忍的英国人在不久后就通过了一项叫"类人猿"的计划。

锁定目标：双手沾满鲜血的刽子手

海德里希在捷克斯洛伐克推行的一系列政策让所有人都快要被他所感动了。捷克社会各界开始发自内心地拥戴他，但是千万不要被这个假象所迷惑，实际上他是一个真正的不折不扣的双手沾满了鲜血的刽子手。

海德里希出生在一个艺术世家，他的父亲是一名歌唱家，他的母亲是一名演员。年轻的海德里希继承了父母出色的外表，英俊潇洒。少年时的海德里希在亲眼目睹了左翼激进分子造成的社会动荡后，开始受右翼极权思想的影响决定要加入海军，虽然父母对于拥有极高音乐天赋的海德里希作出这样的决定很失望，但是最后还是允许了。凭借着自己的努力与聪明，海德里希很快就被晋升为中尉。就在没有人怀疑他今后的事业会一帆风顺的时候，他却因为私生活问题被海军扫地出门，这件事成了他人生最大的转折点。随后他加入了希特勒的党卫军，然后凭借着自己的突出表现受到了党卫军首领希姆莱的赏识，海德里希逐渐尝到了权力所带来的甜头，开始对权力渴望起来。

为了自己的野心，他极力地劝说希姆莱组建一支德国秘密警察部队，这支警察部队拥有无限的权力，任务只有一个，就是保护希特勒的安全，为了完成这个任务，这支部队可以不择手段，这就是后来臭名昭著的盖世太保。正好此时希特勒发出了一道命令，将海德里希所主管的党卫军安全部改为了情报局，德军中的其他情报组织也一并归了进来，这使得整个警察和党卫军有可能合

★担任盖世太保魔头后的海德里希

并成了一支国家保卫队，为了达成这个目的，海德里希把目光放到了德国的第一州普鲁士州，经过一番明争暗斗之后他接任了普鲁士州的行政长官，随后又成为了德国国家安全部门的首脑，将全国的警察组织和情报组织都牢牢握到了自己的手中，如果光看到他对权力的热衷似乎不能说明什么，重要的是在他不断扩张权力的过程中，由他签字的文件将数以万计无辜的人送进了集中营，更是在由他所主持的万西会议上，制订了惨无人道的对犹太人进行种族灭绝的计划。

他是种族理念的推崇者，不仅从思想上更是从行为上，是一个绝对的行动派。可以说海德里希就是德国秘密警察盖世太保的灵魂与中心，盖世太保在他的管理下从一个小组织发展成为了德军中组织最严谨、效率最高速的组织。

"年轻、自信、不为传统所束缚，却凶残无比、使世人战栗……"当他在捷克斯洛伐克进行管理的时候，一系列果断利落的屠杀行动更为他赢来了"纳粹屠夫"这个称号。到1941年的时候海德里希的权力之大，除了希特勒基本无人能及，人们甚至开始把他看做是希特勒的接班人。

由于海德里希一系列的行动，英国安全协调局早已经把他列入了刺杀行动名单内，但是首先向英军发出求助要求除掉海德里希的是一个从捷克斯洛伐克来的教授。他是捷克斯洛伐克地下抵抗组织的一员。在听完这位教授对海德里希种种恶行的控诉之后，作为英国安全协调局首脑的斯蒂文森直接问道："教授，请把你们最直接的原因告诉我，否则我们是不会采取行动的。"

"我们是迫不得已，海德里希正在拿我们开刀。"看到斯蒂文森还是没有任何表示，教授突然强调道："要消灭恶魔，我们就得变成恶魔。"

计划启动：锁定海德里希

在"类人猿"计划确定下来之后，斯蒂文森把这项任务交给了英国特种行动训练学校的校长莫拉维克奇中校，他亲自挑选了九名优秀的捷克斯洛伐克籍特种人员，然后明白地告诉他们所要执行的任务，他们将要刺杀的是一个杀人不眨眼的屠夫，不管任务是否完成，此次行动的生还可能性都很渺茫，但是没有一个人退缩。接着这些挑选出来的队员在学校的训练基地进行了包括跳伞、侦察、爆破、射击等在内的一系列秘密训练。

1941年12月29日的晚上，天气异常寒冷，外面不停地刮着寒风，在英国伦敦的坦普斯特机场上，一架被遮去了标识的轰炸机悄悄向着捷克斯洛伐克的方向飞去，为了给这次飞行作掩护，英国空军还发动了一次小规模的空袭，用来转移德军的注意力。在几个小时之后飞机到达了离布拉格不远的一片森林。特种队员们携带着无线电收发报机以及一些便携的装备开始跳伞降落，同时还携带了准备与海德里希同归于尽的英国最新研制的生物武器——"X"毒剂弹。

漆黑的夜空只看见几个白色的东西从天空中缓缓地飘落，然后落入了森林中不见踪迹，等队员全部降落之后大家迅速地藏好了降落伞，然后装扮成了德国士兵的样子。

詹恩·库比斯和约瑟夫·加比希克是这次特别行动小组的具体负责人，这次行动的所有具体事宜都是由他们两个人来商定。在行动之前英国政府已经跟捷克斯洛伐克流亡政府作好了沟通，按照计划詹恩·库比斯和约瑟夫·加比希克带领着队员去与接应人接头，在成功地与一个叫鲍曼的人接上头后，一行人来到了准备好的隐藏地点，然后开始研究具体的行动方案。

此时英军情报处破译出了一条刚刚截获的由海德里希发出的命令："经过长时间的思考，元首已经决定对那些反对第三帝国或者在被占领地区反对占领军的罪犯从严处理。元首认为，对这样的放任，判处徒刑或劳役过于宽宏大量，只有死刑才是最有效和有威慑性的办法。"同时被破译的还有希特勒的回复，这两个魔鬼间的对话实在是让人不寒而栗。希特勒给海德里希回复道："我同意你关于毁灭捷克民族的计划。但这个计划必须保证以下三点：一、尽可能让更多的捷克人日耳曼化。二、驱逐或消灭那些不可能归从的捷克人和敌视帝国的知识分子。三、采取这些措施后，腾出地方来安置有着世界上最优良血统的德国人。在这些基础上，我命令，对那些从种族观念看，可疑的捷克人或者对帝国采取对抗态度的人必须排除在同化范围之外，务必赶尽杀绝。"

什么叫做赶尽杀绝，在海德里希和希特勒的眼里，所有种族低劣的人等都没有活着的必要和生存的权力，屠杀他们简单得就像是宰杀今晚将要成为晚餐的一只猪。英方立即用无线电的方式与詹恩·库比斯和约瑟夫·加比希克进行了联系，告知他们要赶快行动。

可是让特别行动小组的队员们感觉到头疼的是，性格狡诈多疑的海德里希不论在什么地方，周围总是守卫严密，他的住所和总督府更是戒备森严，外人很难靠近。因此一连几个月来都没有找到下手的机会，只能一直在一旁的隐秘之处进行观察、跟踪他，然后试图摸清他的生活规律，看能不能从中找到什么突破点。

等待时机：魔鬼打瞌睡的时候

在等待机会的这段时间里，特别行动小组的队员们隐藏在事前联系好的捷克斯洛伐克老百姓的家里，詹恩·库比斯和约瑟夫·加比希克则每天往返于布拉格和乡村地区，对海德里希的行程进行跟踪。他们发现其实这个恶魔比他们想的有生活情调。他拉得一手好小提琴，闲暇的时候他很乐意拉上一曲，并且爱好各种体育锻炼，特别是击剑。

但是无论在什么时候他都是警惕的、戒备的，好像唯一稍微放松的时候就在外出时，这个狂妄自大的纳粹头目只会在身边带上几个武装护卫。时间一天一天地过去，很快离他们被空投到捷克斯洛伐克已经过去五个月的时间了，除了知道了海德里希每天的既定行程外，就没有其他太多的发现了。可是这还不足够让他们发起行动。就在他们都快要失望的时候，一个意外的发现让所有人都兴奋了起来。

一天，海德里希最喜欢的古董钟表坏了，他立即让自己的秘书找人来修。这个消息很快就被潜伏在捷克斯洛伐克总部的属于捷克斯洛伐克流亡政府的秘密情报工作人员传给了特别行动小组。觉得有机会可以利用的小组队员马上找到了全城最有名的钟表师傅约瑟夫。这位外表老实忠厚的手艺人除了有一手让所有人都称赞的修表手艺外，最让人意外的是他竟然也是捷克斯洛伐克秘密抵抗组织的一员。在特别行动小组向他说明了情况之后，库比斯明确地告诉他希望他能够想办法弄到一些有用的情报。

于是在1942年5月23号的上午，一辆菲亚特500A型小汽车把约瑟夫接到了海德里希的住处。此时的海德里希并不在，而是在总督府处理日常事务，他最心爱的古董钟被放在他的办公室里，秘书把约瑟夫领到了海德里希的办公室里，吩咐他要小心，赶快修好然后离开，不要乱碰房间里的东西。说完之后就走到了房间的隔壁，也不知道去干什么了。

★海德里希在业余时间酷爱击剑

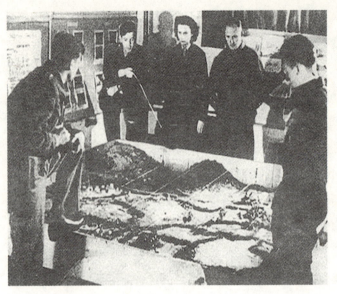
★在行动之前研究地形的英国特工

对于约瑟夫来说这实在是一个难得的好机会，他刚刚进入房间的时候就把整个房间的环境快速地看了一眼，这是一间十分普通的办公室，约瑟夫把那座精致的古董钟小心翼翼地放在了窗下的写字台上，借着明亮的阳光仔细检查了起来。其实这个钟并没有出什么大问题，很快就可以修好了。

但是为了拖延时间，约瑟夫把这个钟的零件一件件地全都卸了下来，然后再一件件地装起来。在旁边的秘书中途进来过几次，但是每次开门都只看到约瑟夫满手是油地在认真地摆弄着各种钟表零件没有任何异样，渐渐地也放了心。看见海德里希的秘书关门退了出去后，约瑟夫悄悄地扫了一眼桌旁的垃圾桶，那个桶里的一张纸吸引了他的目光，从他现在坐的位置隐隐地可以看见上面有几行字，现在办公室里只有他一个人，约瑟夫定了定神后自言自语道："手上怎么这么多油。"说完就顺手从垃圾桶里拿出了那张纸，然后用这张纸擦了擦手后又放进了自己的口袋。

几个小时之后这张纸出现在了特别行动小组的桌子上，上面是海德里希5月27号的具体行程。经过一番紧张的策划之后，特别行动小组的成员很快根据海德里希当天的行程选好了伏击地点，就在位于布拉格郊区特罗雅桥附近的一个U形急转弯处，这条路是通向赫拉德卡尼城堡的海德里希司令部的必经之路，所有的车辆在经过这里的时候都会减速通行，是最佳的伏击地点。

破釜沉舟："类人猿"的疯狂行动

27日的早上，海德里希跟平常一样，吃完早饭之后携带着装有执行希特勒大规模屠杀命令的文件动身前往柏林，与希特勒就此事的一些细节方面的商讨。但是在此之前他还要先去一下司令部，去取一些其他的文件。他的专车是一辆醒目的绿色梅赛德斯敞篷车，爱车前面还插着党卫军和捷克斯洛伐克总督的旗帜。虽然柏林方面提醒过他，要注意自己的安全，但是这些海德里希都没有放在心上，因为他相信在他的铁腕手段之下没有人敢向他动手，他不知道正是他的骄傲与自负把他往死神的面前更推近了一步。

在这个早上，特别行动队的队员们骑着自行车，按照预定的方案全都进入了各自的位置，按照预先分工，加比希克站在布拉格城外的U形公路的转弯处，是第一个杀手，他穿得像一个普通的路人，只在胳膊上随意地搭着一件雨衣。就在这件雨衣的下面藏着一支斯登式轻机枪。在离加比希克不远的地方站的是库比斯，他是第二杀手。在他的大衣口袋里正放着一枚反坦克手榴弹，它巨大的威力能摧毁一辆装甲坦克，并且里面还带着英国生物学家最新研究出来的毒剂，瓦尔锡克是第三杀手，他隐藏在通往特罗雅桥方向路旁的草丛中，再往前走大约两百米的位置，马路的对面，杰米利克站在这，一旦他看见海德里希乘坐的那辆绿色梅赛德斯，就会提前吹响口哨发出信号。

他们在这里静静地站了好久，就在大家等候了多时心中焦急的时候，一阵尖利的哨声突然传来了，然后队员们就看见了一辆绿色的车迅速地从远处向下坡驶来，在汽车接近转弯处的时候汽车开始减速，可以清楚地看见坐在车内的海德里希穿着镶着银边的党卫军制服，肩上挂着绶带正在低头翻阅着什么。汽车的减速使得海德里希习惯性的向前探了探，他看见不远处几个工人模样的人正推着自行车站在道路的两边，就在此时事情突变，路边的那个人举枪向了朝自己。

加比希克在看到了目标之后，赶快扔下了雨衣举起了斯登枪，扣动了扳机，但是没想到意想之中的枪声并没有响起，枪竟然卡壳了，已经反应过来的海德里希也急忙掏出了手枪并大声叫着让司机赶快加速冲过去，可是慌乱中司机错踩成刹车。在不远处的库比斯看到加比希克失手，连忙迅速从怀中

★刺杀海德里希的地点

★被炸毁的海德里希乘坐的汽车

掏出了手榴弹向汽车扔过去。坐在车内的海德里希正试图打开车门追出去，但是那枚特制的手榴弹刚好滚到了汽车底下并且爆炸了，在一声巨响之后，浑身是血的海德里希从车里滚了出来，倒在了血泊中一动不动了。

海德里希的伤势极为严重，一个小时之后他被送到了医院。库比斯的手榴弹爆炸时，皮坐垫和钢丝弹簧的碎片嵌进了他的胯骨和横膈膜，而坐垫的毛料填充物的纤维甚至侵入了他的脾脏，必须立即接受手术。但是海德里希因为信不过当地医生的技术，坚持把布拉格的德国外科医生赫尔鲍姆教授请了来。手术做得还算成功，但是让人惊讶的是六天后海德里希还是死了，这个恶魔终于结束了他罪恶的一生。最后的死因报告上面写道海德里希是死于败血症，由于弹片把病菌和毒物带入了体内，并沉积在了胸膜、膈膜以及脾脏周围的组织中，使细胞发生变异，生命中枢器官受损导致死亡。

恼羞成怒：希特勒的报复

在听到了海德里希的死讯之后希特勒十分愤怒，海德里希一直是他最为器重的手下爱将。希特勒为他举行了隆重的葬礼，海德里希的灵柩被放在了黑纱遮盖的火车上，在党卫军警卫的护送下被运到了柏林，葬礼上希特勒穿着浅灰色军装，戴着黑纱，和数百名德国官员一起向这位刽子手表达了最后的敬意，希特勒更是高度地评价海德里希是大日耳曼观念的最伟大的捍卫者之一。

被海德里希的死极大地刺痛了的希特勒，他立即展开了疯狂的报复。他歇斯底里地命令道："给我把这个保护国心脏地区的脓疮统统剜掉。"布拉格开始全面戒严，六万名德国警察从柏林被调集了过来实行大搜捕。纳粹警察部的首领卡尔·弗兰克封锁了所有通往城市的道路，停止了一切公共交通，只有从柏林和东欧其他地区运载着增援部队的火车和车辆才能够通过。整个布拉格笼罩在了一片恐怖的气氛中，所有公共场所都被关闭，一辆辆军车从城市的各个干道上缓缓开过，上面的高音喇叭不停地播放着缉捕凶手的通告，悬赏100万马克来缉捕杀害海德里希的凶手。

经过几天几夜的搜查，弗兰克得到了消息，在离布拉格32千米处的利迪策村有情况，有人曾经看见那里在几个月前有可疑东西降落。于是在6月8号的晚上，这座小村庄被盖世太保包围了，然后全村所有的人都被赶到了村中的广场上，男人、女人、老人和孩子被分隔开了。然后德国人开始了残忍的大屠杀，男人们被命令排着队站好，一枪子弹一次可以枪毙十人，最后当所有的枪声结束之后，全村的男子基本都被杀害，只有几个被认为值得接受德国同化教育的男孩活了下来。

然后他们用一场大火结束了这次屠杀，整个村庄被付之一炬，熊熊的大火照亮了夜空，一直烧到了天亮。这个有着数百年历史的小村庄就从布拉格的地图上被抹掉了名字，一个一天前还有着几百人的热闹的小村从此荡然无存。

归来的弗兰克没有从这个小村里得到任何有用的信息，看来刺杀海德里希的人已经离开了这个地方，此时又有一个秘密的情报传来，英国的突击队员很可能就藏在伏尔塔瓦河附近的一座教堂里。在刺杀行动完成后，特别行动小组的队员已经与当地的地下组织制订好了脱身计划。他们换上了已经准备好的衣服，带着相关的证件，打扮成了河上的驳船工，打算在风头过去之后就坐船顺

★纳粹德国为海德里希举办葬礼

流而下离开捷克斯洛伐克。因为宗教的一些关系，在全城戒严搜查的最初几天里，这座教堂并没有遭到搜查，里面的神甫偷偷把队员们藏到了教堂的地下室里。但是这次，队员们没有了先前的好运，弗兰克亲自带领着盖世太保来教堂进行搜查，队员们展开了激烈的反抗，但是最终难逃魔掌，弗兰克捣毁了他们藏身的教堂，然后开始向地下室里疯狂扫射，还用汽油点起了一场大火，最后躲在里面的特别行动队员没有一个幸存。

超于常人的耐心和细致

这次刺杀海德里希的行动是一次典型的"斩首"袭击。最先提出"斩首"理论的是英国的军事理论家富勒，在第一次世界大战的时候他就提出了"瘫痪攻击"和"斩首攻击"的作战思想，"射人先射马，擒贼先擒王"就是这个意思。虽然这种刺杀斩首行动现在已经成为特种作战最重要的方式之一，但是1942年的这一行动是特种作战史上第一次使用这种方式，它开创了斩首袭击的先河。

这样的行动最突出的特点是行动目标十分明确，一般都是某组织军队的首脑核心人物，海德里希是纳粹的盖世太保头目，是希特勒最器重的助手，这样选择目标的好处是除了能使敌方群龙无首，还可以大大地减少附带损伤，但这样的目标选择无疑也是加大了特种部队行动的难度。像海德里希这样的对象通常防范都非常严密，行踪更是神出鬼没让人难以追查，所以必须要有超于常人的耐心和细致，在面对这样的任务时，机会往往都是通过等待而来的。

从1941年12月被空投到捷克斯洛伐克开始行动，到1942年5月任务完成，特别行动小组的成员们整整用了五个月的时间去等待一个刺杀的最好时机，每天往返于布拉格和隐身之所，同时还要时刻警惕被纳粹的鹰爪发现，特别行动小组的成员们对海德里希实行了超长时间的秘密跟踪，这项任务在此时不光是危险，更多的是枯燥，极其耗费耐心。但最终他们还是达到了目的，尽可能详细地掌握了海德里希的活动规律。

其次，这次行动最为细致的安排是在刺杀时的人员安排上，因为这样的行动必须一击得手，要不然就很有可能功亏一篑，再也没有机会了。于是在这么一段短短的公路弯道上，特别行动小组安排了多个袭击点，使用了冲锋枪和手榴弹等多种武器，就算一击不中还有后招可以补救。当第一个杀手失手后，后面的人很快就发动了下一轮进攻，使得海德里希彻底失去了逃生的可能。为了保证任务顺利完成，在这次行动中特别行动小组的成员们基本上都是使用的自杀式的近身袭击。随着科技的发展，众多作战平台和精确制导炸弹的发明，已经不需要特种队员冒着如此大的危险进行自杀式袭击了，例如美国在伊拉克战争中为了刺杀萨达姆，就动用了各种精确制导炸弹和导弹。

这次"类人猿"行动颠覆了以往人们对特种部队以速度、行动力取胜的观念，在很多时候，最后的蓄势而发是需要经过漫长的准备与超乎常人的细致耐心来换取的。行动的成功使得德国情报机关从此开始一蹶不振，严重地削弱了德国的高层指挥力量，同时也大大加强了各国人民战胜法西斯的信心。

★ 沙场点兵 ★

👤 人物：詹恩·库比斯，约瑟夫·加比希克

詹恩·库比斯和约瑟夫·加比希克都是捷克斯洛伐克人。两人的经历相同，都是在第二次世界大战爆发之后为了逃避战乱才几经波折来到英国。只不过库比斯比加比希克更早加入了由流亡在英国的捷克斯洛伐克政府组织的特务小组。他们两个人会认识是因为在参加了这个组织后都同被分到了暗杀小组，之后两人在行动中配合无间，表现出众。还曾经出色地完成了暗杀捷克斯洛伐克汉奸卡吉姆上将的任务。所以在这次暗杀海德里希的决议出来后，库比斯和加比希克立即成为任务的第一人选。

☀ 职责：暗杀

作为特种部队战斗的主要形式之一，与其他的行动不一样，暗杀和明刀明枪的刺杀最大的不同就在于一个"暗"字，是要在不被别人发现的情况下暗下杀手，因为这样的刺杀行动一旦不成功的话就会把英国推上一个极为尴尬的位置，疯狂的希特勒很可能很快就对英国展开疯狂的报复行动。在海德里希的身边一直都有重兵保护，加上他自己一直以来小心谨慎的生活习惯，这项任务的难度可想而知。于是为了避免不必要的损失，小队的成员们花了整整五个月的时间来摸清海德里希的生活作息时间，然后寻找了一个最好的时间实行了这次暗杀行动。

🧭 特点：缜密

这次暗杀行动是一次十分缜密的行动。从目标上看，袭击目标明确突出，针对的是纳粹至关重要的核心人物海德里希。从计划上来看，花费了长达数个月的时间用来获取可靠可信的情报。同时在发起行动的时机选择上也是经过了长期的细心观察，最后得出来的最佳选择，从行动的前期准备到具体行动的实施，整个过程细致到了每一个细节。与一些其他的特种部队的行动不同，时间与速度在这次行动中为了提高任务的成功率而退到了其后。并且在暗杀手段的运用上也是进行了多手准备，缜密至极。

灵活机动下的尖刀对决
THE CLASSIC WARS

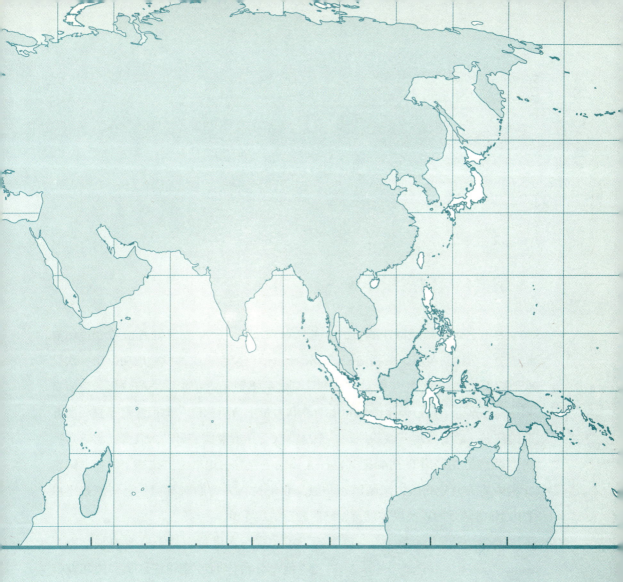

第九章

只有靶心
——"阿尔法"攻入阿富汗总统官邸

　　▲自从阿富汗独立以来，苏联一直不断地干涉阿富汗的内政，虽然阿富汗也一直想要摆脱苏联的控制，但是随着 20 世纪 70 年代苏联与美国之间的冷战，为了加强本国实力，控制南下印度洋的海上通道，推进自己的战略空间，苏联更是进一步加强了对阿富汗的控制。为了达到这一目的，苏联一次次在阿富汗策划着政变，甚至直接派出部队插手阿富汗内政。

前奏：与阿富汗开战

为了达到控制阿富汗的目的，苏联在阿富汗一连策划了好几次政变，想要扶植一个听话的政府，变相地控制阿富汗，但是接连三次都没有成功。第一次是在1973年时，苏联特工经过一系列计划之后推翻了查希尔国王的政权，将前首相达乌德推上了台。但是没想到借助苏联力量上台后的达乌德很快就不甘心做苏联的傀儡，想要脱离苏联的控制。于是苏联又开始策划了第二次政变。将达乌德击毙后，在1978年的时候把阿富汗人民民主党总书记塔拉吉扶植上了台。阿富汗国内的势力分离成为了两派，一派是以塔拉吉为首的亲苏派，另一派则是以1965年才成立的人民民主党首领阿明为首的民主派。

这一次塔拉吉让苏联政府很满意。他十分合作地与苏联签订了"睦邻友好合作条约"，成为苏联的傀儡政府，但是就在塔拉吉和苏联打得火热的时候，阿富汗的政局却发生了变化，国内政局开始变得动荡不安。作为美苏两个超级大国激烈竞争对抗的场所，美国也同样为了阿富汗煞费苦心，而苏联的势力则要求阿富汗走社会主义的道路。

美国的情报机关秘密地培植以希克马蒂亚尔和拉巴尼为首的伊斯兰原教旨主义者，帮助他们在邻国建立了一系列的"圣战者"培训基地，反政府武装十

★1973年政变上台的阿富汗总统达乌德

分猖獗。政府内部的阿富汗总理哈菲佐拉·阿明和塔拉吉的势力互相钩心斗角，隐约间塔拉吉已经有落于下风的迹象。迫于这种情况，苏联不得不开始计划发起第三次亲苏政变，想暗中除掉阿明的力量使得自己听话的傀儡塔拉吉的政权更加稳固一些。可是让苏联人没有想到的是阿明却比他们先下手了。

塔拉吉上台之后，按照苏联的方式生搬硬套地在阿富汗实行与苏联一样的土地改革和社会主义改革，结果导致国内的难民越来越多，以阿明为首的民主党地位加强，同时受到美国帮助的"圣战者"们也从邻国开始入侵，阿富汗内战爆发。到1979年3月15日的时候，阿富汗的第三大城市赫拉特也发生了大规模反政府叛乱，达到了内战的高潮。无力控制局面的塔拉吉只好向苏联求助请求出兵。苏联政府经过考虑决定，只向阿富汗提供军事技术和经济方面的援助，不出兵。面对自己盟友这样的态度，塔拉吉后来又多次请求苏联出兵，但是都没有成功。

苏联小心翼翼的态度在另一边给了民主党阿明一个绝佳的机会。于是在1979年9月的时候，阿明利用西方特工部门的帮助秘密控制了阿富汗，推翻了塔拉吉的政权。在他的指挥下，塔拉吉在政变中被乱枪打死，同时有超过五万名亲苏人士遇害。对于这次政变，苏联在事前没有得到一点儿消息，最后是勃列日涅夫从报上得知的。

此时苏联又不得不面临着一个令人头痛的抉择，要么从此舍弃阿富汗，就这样把它拱手让给美国，要么就出兵干涉，与阿富汗开战。

苏联震怒：傲慢的阿明

在阿明取得了政权之后，苏联还是摆出了老大哥的身份向这个新总统发了热情洋溢的贺电："谨向您，苏联的忠实朋友表示最诚挚最热烈的祝贺！祝贺您就任阿富汗——苏联永远的友好邻邦的总统、总理和总书记。"在看完了这份电报后阿明发出了一声冷笑，随即就把它撕得粉碎扔在了地上。他十分清楚要不是自己选择先下手为强，自己的后果肯定会因为苏联的鼓动而变成像塔拉吉一样。这次勃列日涅夫的贺电很明显只是为了让自己放松警惕。

对苏联政府十分戒备的阿明早就下定决心绝对不会上苏联的当，同时也将这个想法付诸了行动。阿明在上台之后就立刻召见了苏联的驻阿大使，要求苏联撤回驻扎在阿富汗的三千名军事顾问和技术人员，不仅如此，阿明还亲自前往莫斯

★对苏联态度傲慢的阿明（左一）

科当面要求苏联撤回在阿的军队。一直做主惯了的苏联在听到了阿明的要求后十分震怒，虽然对阿明想要摆脱苏联控制的意图早有察觉，但是没有想到他会如此肆无忌惮。

苏联人花费了多年的心血就是为了要控制住阿富汗这个重要的战略要地，遏制美国在中东地区的势力，怎么可能就因为区区的阿明而放弃自己的利益。本来还一直犹豫不决的苏联在与阿明会面后决定要向阿富汗出兵。

为了推翻阿明政府，苏联利用与阿富汗签订的军事援助条例，开始在阿富汗和阿富汗的边界地带集结兵力。同时在这段时间里，苏联情报部门也得到了消息，阿富汗的穆贾西德自由战士也准备发动叛乱推翻阿明政府，如果让这些自由战士成功了，苏联早已制订好的计划就会被破坏掉，不知道会做出什么的自由战士还很有可能会切断苏联与阿富汗的联系。于是为了防止出现这样的状况，苏联决定加快对阿富汗的行动。

在1979年12月10日，苏共中央就出兵阿富汗的问题召开第二次会议，会议决定增加派往阿富汗的士兵，两天后就正式建立了前线指挥部，同时任命国防部第一副部长索科洛夫出任总指挥，负责实施占领计划。16日，苏联的部队就已经开始在边界上悄悄地展开了战前动员。18日，苏联更是以帮助阿明政府消灭反政府武装为借口从边界正式出兵进入了阿富汗，所有的一切都部署好了，现在差的就是临门一脚，可以派特种部队出击了。

因为现在阿明已经对苏联充满了戒心，如果就这样出兵进攻肯定会被阿明察觉然后采取措施，所以苏联决定先派遣一支特种部队去阿富汗作为苏联发兵的先锋队。这个任务最后落到了苏联安全局下属战斗力最强和最精锐的突击队"阿尔法"别动队身上。

苏联的特种部队可以称得上是世界上最庞大的特种部队组织，它大致分为了三类：一是格鲁乌特种部队，主要负责对敌人后方进行侦察和破坏敌人后方的任务，他们受苏军总参谋部军事情报部管辖。第二类则是由苏联内务部管辖的内务部特种作战部队。剩下的第三部分就是著名的"阿尔法"别动队和信号旗特种部队，他们的行动直接听命于克里姆林宫，专门负责各种暗杀活动。

特殊任务：击中他们的心脏

作为这样一支部队的成员，"阿尔法"的每一个队员都是严格甄选出来的精英，专门从国家安全局、空降兵、边防部队和每年的军校优秀毕业生中考核筛选出来。除此之外"阿尔法"最大的特点是会专门地对队员进行心理训练，他们需要的不仅是一个只会行动的机器，更看重队员能否在面对巨大的压力和严峻的环境时依然保持冷静的判断力，相信自己。12日，莫斯科正处于一年中最寒冷的阶段，但是要求极为严格的"阿尔法"别动队的队员们还是和往常一样，在冰天雪地下不停地重复着枯燥的各种训练和演习。他们必须随时保持最好的状态，这样才能够在发生紧急状况时不浪费一分一地的立即出动去执行任务。对于一支特种部队来说这是最为基础的素质。就在这个时候，"阿尔法"别动队的指挥官接到了一个命令，让他立即前往第一总局报到。然后"阿尔法"别动队的指挥官就立即带了包括戈·列昂尼德上校在内的几名军官一起前往了第一总局。

★全副武装的阿尔法别动队

苏军总参侦察局长把他们叫到了他的办公室，告诉了他们即将执行的任务到底是什么。原来虽然确定了会派特种部队参战作为前锋，但是却一直没有定下来让"阿尔法"别动队去执行什么任务。最后在苏军高层进一步的谋划之后，苏军作出了一个大胆的决定：苏军要一举击中阿富汗的心脏，攻占阿富汗民主党首领、阿富汗政府总理、阿富汗民主共和国总统哈菲佐拉·阿明的宫殿，作为给傲慢的阿明最强的反击。

根据情报阿明出身于普什图族的贵族家庭，曾经两次在美国留学。从他能够干净利落地推翻塔拉吉政权这件事情上可以看出，此人的城府极深，同时心狠手辣。从阿明一上台他就开始极力地打压阿富汗的亲苏势力，然后独揽了大权，而最让苏联政府担心的、下定决心要干掉他的原因是他在上台之后不仅要求苏联撤兵，还扬言要恢复与美国的正常关系，在这一点上他触及了苏联的底线。与其继续与阿明这样试探下去，不如就直接一点，采取特殊行动然后永绝后患，然后重新再培植一个傀儡政府，彻底断绝了美国想要与自己争夺中东势力的念头。

在知道了自己的任务之后，12月14日，"阿尔法"别动队就派遣了一批队员乘坐飞机抵达了阿富汗侦察探路。在到达了阿富汗后，苏联驻阿富汗的情报机构负责人向队员们传达了上级的命令，在这次行动中他们将用"霹雳"作为部队的行动代号。

焦虑不安：阿明不祥的预感

喀布尔是阿富汗的首都、第一大城市，地处于阿富汗的东北部。这里的地势极高，海拔高达1 800米。喀布尔气候宜人，山清水秀。作为伊斯兰文化的发源地之一，这里一直以来都被浓郁的伊斯兰文化气息所笼罩着，肃穆漂亮的伊斯兰建筑密布在整个城市中，错落有致，宽广的街道两旁有潺潺的溪水流过。在城市的中央，金碧辉煌的古老宫殿在夕阳下闪耀着奇异的光芒，虽然这座城市在经历了1978年"四月革命"的动乱之后再也不复从前的繁华热闹，政局的动荡使得街上的行人都形色匆匆，但是这里依旧是阿富汗最繁华美丽的地方。

此刻，在不远处喀布尔西南部的达鲁拉曼宫内，阿明正在自己的办公室里不停地走来走去，显得非常烦躁。自从他掌握了政权，成功地成为了阿富汗民主共和国的总统之后，一切看起来都非常的顺利。国内的情况也比最开始的时候好了许多，就连自己最为担心的苏联方面也没有做出什么过激的举动，甚至自己亲自前往莫斯

★阿富汗首都喀布尔街头

科要求苏军撤兵也没有引起对方什么反应，只是摆出了一切维持现状的样子。可是这样过分的平静却让自己越发地不安起来，阿明仔细地回想着这一个月所发生的所有事情，想要整理一下头绪。

就在11月中旬，苏联提出要协助阿富汗军队进行冬训，要求向阿富汗增派一千多名军事顾问和专家，在此之前苏联在阿富汗就已经派遣了三千人左右的军事顾问，这样一来在阿富汗军队中的苏联顾问一下就增长到了四千人，虽然这在整个阿军中并占不了多少比重，可是阿明发现不知不觉中这些苏联的军事顾问已经发展到军队中营一级的规模。接着在12月5日，苏联的苏共中央候补委员、苏联内务部第一部长维克多·帕普京中将突然来到了喀布尔，这件事情让阿明十分警觉，因为在阿富汗的前几次政变中这位部长都有参加。因为他同时也是苏联国家安全委员会的成员之一，先后为苏联在很多国家都组织了间谍网，对于这样的一个人物实在是不得不小心。可是自从他来到喀布尔，每天除了进行正常的访问活动外就没有任何可疑的行为了。

另外一点让自己十分在意的是苏联驻阿富汗的大使竟然在前不久跟自己说为了安全的保障，建议自己搬到达鲁拉曼宫居住。然后就是一个星期前苏军的军事顾问帮助阿富汗军队清查弹药和检查武器，喀布尔地区所有驻军的坦克和火炮等重型武器都进行了集中拆卸。24日前后，苏联又以帮助自己镇压反政府武装为理由连续出动了二百多架大型运输机，连带着一个空降师一起降落在了喀布尔的国际机场和空军基地。虽然阿明自己也知道应该拒绝苏联的这项要求，但是却找不出来回绝的理由。

这些事情错综复杂，看起来好像全都没有头绪，联系不到一块儿去，可是不知道为什么阿明心中就是充满了强烈的 不安，觉得会有事情发生。就在他为此仔细思索的时候，桌上的电话铃突然响了起来。拿起了听筒之后里面传来了苏联驻阿富汗大使塔别耶夫的声音，前不久就是他建议自己搬到达鲁拉曼宫的。阿明仔细地听着他在电话里讲什么，听到最后的时候阿明的脸色已经变得一片惨白，他强打起精神向塔别耶夫问道："这就是你们的最后通牒吗？"然后电话那边传来了塔别耶夫平静却没任何余地的回答："当然，尊敬的总统阁下，你可以这样理解。"

进入山国：没有人发现的刀锋

原来，在电话中苏联驻阿富汗的大使塔别耶夫告诉了阿明，苏联认为他没有控制阿富汗失控局势和领导人民同帝国主义势力展开斗争的能力。所以为了双方的利益，苏联希望哈菲佐拉·阿明辞去现在的职务，这样才能保证他和家人的安全。这是来自苏联的赤裸裸的威胁，现在看来苏联早已经开始就此事进行谋划了，可是自己直到现在才知道。阿明绝望地意识到不知不觉中自己已经走入了苏联的陷阱。什么军事演习、帮助打击反动组织，最后的目的只有一个那就是让自己下台。

在苏联政府步步为营地小心部署的同时，早就到了阿富汗的第一批"阿尔法"别动队的队员在列昂尼德上校的带领下对阿明住的地方进行了详细的侦察。阿明的住所达鲁拉曼宫位于喀布尔南郊的五角山上，之所以叫做五角山是因为这座山的形状正好形成了一个天然的五角形。达鲁拉曼宫就在山的中央，而在其五角上，每个角都修建了一座警卫楼环卫着达鲁拉曼宫。

这座宫殿全部都是钢筋水泥结构，墙壁的厚度厚达一百公分。每座楼与楼之间都修建有地下通道和地堡，将中央的达鲁拉曼宫和周围的警卫楼连成了一整个系统，形成了一个密不透风的警戒网。另外达鲁拉曼宫下的地下通道还一直可以通到五角山外，里面还有各种警报装置和暗道机关，对于擅自进入的闯入者来说，这可以称得上是自杀式的行为。

在把资料传给了苏军指挥部后，为了攻破这个有着"铜墙铁壁"的达鲁拉曼宫，苏联指挥部决定从陆上和空中同时发起进攻，派遣了一支三百人的空降突击队，让他们乘坐军用运输机从空中进攻喀布尔。同时在陆上早已经在阿富汗边界处以演习为名在那里等候多时的装甲兵也开始迅速地向喀布尔进攻。这样阿明早已经插翅难飞了。

放下了电话的阿明决定放手最后一搏，他连忙拿起身边的电话想要下令让阿军剿灭在阿富汗的所有苏军，但是他很快发现，达鲁拉曼宫里的电话线除了保留了与苏联大使馆的专线外，其他的全部都被切断了。就在今天晚上，1979年12月27日这天，"阿尔法"开始行动了。由于刚过完圣诞节，全城还都沉浸在一片欢乐的气氛中。但是随着一声爆炸声响起，喀布尔与外界的联系全部都被切断了，与此同时喀布尔的街头不知从哪里冒出来许多苏联士兵，本来热闹的城市突然枪声大作，火光冲天，隆隆的炮声响彻了整个城市，苏联对阿富汗的战争就这样开始了。

另一边"阿尔法"的队员们开始向达鲁拉曼宫发起了进攻。在行动之前，所有的队员都吃了一些东西来补充体力，然后最后一次检查了自己的装备，穿上了阿富汗士兵的制服用来混淆视听，头戴普通的钢盔，唯一能够让队员们彼此识别的是队员们袖子上都缝制了一块毛巾作为标志，以免在行动中误伤到自己人，在执行任务之前，指挥官已经向他们说明白了，因为他们伪装成了阿富汗士兵，等到战争正式开始的时候，没有人会认出他们，负责在外面进攻达鲁拉曼宫的苏

★经历战火后的喀布尔达鲁拉曼宫

联士兵是会向他们真的射击的。不过他们早已经将生死放在了一边，按照计划，万一行动失败，幸存的人就要步行通过萨朗山口回到苏联的边界。

直捣黄龙：攻入阿明官邸

当"阿尔法"到达了达鲁拉曼宫后，首先用手榴弹炸毁了一座警卫楼，这个时候苏联的装甲兵也开始向达鲁拉曼宫发起了进攻，借着装甲坦克的火力掩护，"阿尔法"分为两个小队分头发起了进攻。在外面的装甲部队遭到了阿富汗士兵的顽强抵抗，密集的炮火铺天盖地地向他们射了过来。现在唯一能够希望的就是"阿尔法"快点解决掉里面的阿明。

特种队员们冒着枪林弹雨不停地向达鲁拉曼宫的入口处前进着，在达鲁拉曼宫的入口处有许多装饰用的巨大圆型柱子，当队员冲进去后发现里面竟然空无一人。看来所有的人都到外面防守去了。接着队员们冲到了城堡内的值班室，这里也同样一个人也没有。于是大家开始向二楼冲去，就在此时一声巨大的爆炸声响了起来，冲在最前面的一个队员立即倒了下去，原来楼上还有人。在发现有人闯入后向他们扔了手榴弹，随后密集的子弹开始不断向他们所在的方向射了过来。这时候更多的苏军从后面已经打开的大门拥了进来，激烈的战斗立刻在整个达鲁拉曼宫中展开了，大家完全不能够分清楚子弹到底是从什么方向射来的，只能够先在柱子或其他隐蔽的地方后面寻找机会还击。

"阿尔法"的队员们冒着子弹继续强攻，这个过程中很多队员都倒下了，但是根据命令，没有受伤的队员不能够去救助他们的战友，在行动结束之前如果你中了子弹，但是还没有死，你就只能够躺下，然后咬紧牙关，不要出声。当队员们好不容易冲到了二楼之后很快打开了各个房间的门，然后就往里面扔手榴弹，就这样，很快队员就扫清了障碍，还活捉了一个阿富汗的国民卫队队长。

接着大家又开始向楼上发起进攻，结果发现通往四楼的通道竟然已经被人用水泥封死了，而从进攻开始到现在就没有看见过阿明的影子。这样看来阿明说不定就躲在这一层，于是队员们冒着被炸伤的危险将火箭筒对准了被封死的水泥通道。只听见轰的一声，被堵死的通道被炸开了一个大洞，阿明和他的护卫果然就在这一层。当他看见冲进来的"阿尔法"队员后就忙向一旁的暗道奔去，想要逃走。幸好有一个队员眼疾手快又往里面扔了一颗手榴弹，暗道门被炸毁了。看见从暗道逃跑已经不可能之后，阿明的护卫开始扑向最前面的一个"阿尔法"队员想要同归于尽，但是他马上就被一颗子弹结果了性命，然后队员们把阿明围了起来用枪指着他。

"你们不能够杀我，现在我还是总统。"见逃生无望的阿明绝望地大叫起来。但是"阿尔法"的队员们没有理会他，直接扣动了扳机，然后任务完成了。

经过一夜的战斗，第二天的时候苏军已经完全占领了阿富汗，从行动开始到结束总共才用了四个多小时，就宣告了一个国家政权的结束。先不论这场战争的正义与否，"阿尔法"别动队通过这次行动赢得了巨大的声誉，一战成名，在苏联解体后这支部队更是不断地发展壮大，成为了让所有恐怖组织闻风丧胆的催命符。

每一步都不容有失

这场攻占达鲁拉曼宫的激烈战斗虽然只进行了四个多小时，但是苏联为此投入的各项准备不亚于任何一场战斗。数十人的特种部队对抗守卫阿明官邸的数百官兵，现在回想一下这其实是一场不允许有任何失误的战争。虽然作为一名特种兵战士你就必须有献身的勇气，但这个前提也必须是你的献身是值得的，能够换取胜利机会的。苏军为了不让阿明发现自己想要发动战争的意图，每一次调兵遣将都是小心翼翼的，利用与阿富汗签订的条约，用帮助的名义把部队慢慢地渗透到了阿富汗国内。

对于"阿尔法"别动队来说，在陌生的异国他乡执行任务最重要的就是侦察工作，要摸清楚敌人的情况，在行动的一开始没有直接采取行动，而先派遣了部队进行侦察，这可以说是这次行动成功最为关键的原因之一。其次就是在行动的过程中"阿尔法"的队员们所体现出来的一种战斗精神，严格地要求自己随时随地把任务放在首位，对于制订好的计划坚决地执行，才使整个行动没有出现任何偏差。

在最后抓捕阿明的过程中，如果队员的动作稍晚一步就很有可能让阿明从暗道中逃走，所有的一切将付诸东流。所幸的是队员们凭借着长期训练培养的超强反应切断了阿明的退路。人的勇气一般分为两种，一种是敢于冒险的勇气，另一种是在面对外来压力和内心压力时敢于负责的勇气，在面对这样责任重大的任务时，特种队员们最需要的就是第二种勇气，只有这样才能够让他们在行动的同时也不忘记思考，勇猛的时候也记得要谨慎，这样才能够保证行动的有效。

★ 沙场点兵 ★

人物：戈·列昂尼德

在20世纪70年代，为了打击恐怖主义，应对苏联国内越来越猖狂的恐怖分子，苏联国家安全委员会主席尤里·安德罗波夫下达了组建一支新的反恐部队的命令。这支部队最初被称为了A小组，后来才更名为现在大名鼎鼎的"阿尔法"特种部队。在组建之初挑选队员的时候要求就已经非常严格了，他们全部都是克格勃中年轻的精英，每个人都有自己不可替代的专长，更是坚定的共产主义信仰者，而且最后还要通过一系列的严格的选拔考试。

戈·列昂尼德上校正是A小组的第一批队员，在加入了A小组之后，列昂尼德上校就参与了这次以推翻阿富汗阿明政府为主要目的的暗杀行动。这次战役对于戈·列昂尼德上校来说应该是最为难忘的一次战役，因为这是A小组建立以来第一次在行动中有队员牺牲。

职责：斩首行动

斩首行动顾名思义就是斩掉对方的首级。而对于一支军队或一个国家来说，最为重要的就是这支军队的领导人或是这个国家的统治者。所以说斩首行动一直都是目标十分明确的，就如此次"阿尔法"的行动目标从一开始就直指阿明，从头到尾都没有改变过。为了快速地将逐渐失控的阿富汗重新控制到自己手中，"阿尔法"的队员们所执行的任务就是暗杀掉阿富汗的现任总统阿明，进行一次干净利落的斩首行动，等阿富汗失去控制陷入一片混乱后，苏联又能够重新从中东这个地方分到一杯羹。

特点：快速

苏联暗杀阿明的整个行动从开始到结束总共只用了四个多小时。令世界震惊的同时也让我们看到了苏联特种部队在执行这次任务时的惊人速度，这绝对是一次以快速而让人称道的特种行动。被称为"堡垒"的达鲁拉曼宫虽有两百多名训练有素的阿富汗国民卫队士兵顽强地守卫着，但是在面对"阿尔法"队员迅速猛烈的攻击时还是退败了。快速的进攻断绝了阿明最后逃生的可能，倒在苏联特种队员的枪口之下。兵贵神速这个道理在大规模的正式战场上适用，在这样的突袭暗杀行动中也是一样适用的。

灵活机动下的尖刀对决
THE CLASSIC WARS

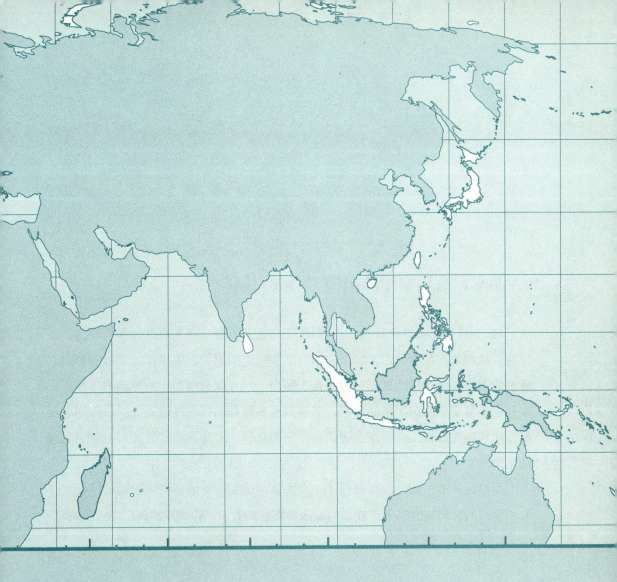

第十章

夺回"马亚克斯"号
——美国特种部队的"偷天换日"

▲成立于 1950 年的红色高棉在 1975 年，趁着美越两国交战这个时机，占领了金边，推翻了柬埔寨当时的政权，建立起一个由红色高棉政府领导的全新政权。基于对美国的不满，红色高棉政府借故扣押了美国的商船"马亚克斯"号，于是美国为了营救"马亚克斯"号派出了自己的特种部队。

前奏：柬埔寨军队扣押"马亚克斯"号

从1961年越南战争开始一直到1975年，随着与越南政府进行和平谈判，美国终于从越战的泥潭中走了出来，越南战争终于结束了。但是此时越南的邻国柬埔寨的国内局势却开始变得日益紧张了起来，一方面是因为作为越战的延伸，柬埔寨也多多少少受到了越战影响，另一方面柬埔寨国内的红色高棉组织掀翻了西欧在柬埔寨的政权，同时在金边建立了新的政权，因此柬埔寨总统为了避难而逃往了美国。

虽然这件事在此时也暂时有了一个终结，但是在柬埔寨境内和附近还是不时有小规模的武装冲突发生。红色高棉政府宣布拥有90海里的领海权，从柬埔寨附

★风景优美的柬埔寨

近过往的船只先后有数十艘遭到了红色高棉海军的攻击或者强行扣押。这里已经成为了一片危机四伏的海域，很少有船还会选择从此经过。

但是刚刚才调到东南亚航线的"马亚克斯"号对这里的情况毫不知情。"马亚克斯"号是隶属于美国希兰德海运公司的一艘集装箱运输船，在此之前一直都是在加勒比海航线上工作。这一次航海路线是从香港出发，然后经过泰国，给驻泰的美国基地和大使馆输送食物和生活用品，最后到达最终的目的地新加坡。

这是一个晴朗的下午，蔚蓝的大海一望无际，海风中也带着阳光的暖意徐徐轻拂。船长查尔斯·米勒正在驾驶室里看着手中的航海图查看航海路线，此时他们正行驶在泰国湾离柬埔寨的红色高棉政府所划定范围有一定距离的海域，一名水手突然大叫了起来，查尔斯抬起头来发现竟然有两艘炮艇不知道从什么地方驶了出来，还没有等"马亚克斯"号反应过来发生了什么事，就听见有子弹的声音传了过来，接着还有火箭弹不断地发射过来，其中的一艘炮艇开始向"马亚克斯"号的船首发起了进攻，庆幸的是这些攻击都没有造成什么实际的伤害，其主要目的是让"马亚克斯"号停下来。

按照国际法的规定，向商船开炮，军舰必须要有正当的理由才行，命令其停船时，如果商船不服从命令停船的话，军舰就可以将其扣留。于是为了全体船员的安全，查尔斯按照红色高棉军炮艇的命令停了下来，同时叫一个水手立即去发求救电报。

当船停下来后，立即有好几名荷枪实弹并携带者无线电收发报机的红色高棉士兵登上了船，但是他们并不会讲英语，查尔斯与他们之间的交流只能够靠一些简单的手势。一个红色高棉士兵对着查尔斯招了招手，意思是要他跟着他们的船走。没有办法的查尔斯只能让"马亚克斯"号跟随在红色高棉的军舰后面，"马亚克斯"号的所有人面对着突如其来的变故都面露担忧，不知道接下来将会发生什么事情。到晚上八点多的时候天色已经暗了下来，他们被带到了威岛以北的海域。

红色高棉士兵要求继续把船开到位于柬埔寨本土的磅逊港，但是查尔斯想着下午发的求救电报，如果他们真的把船开到了柬埔寨的本土，肯定会增加援救的困难。于是借口船上的航海雷达出现故障，不能在夜间航行，拒绝了红色高棉士兵的要求。红色高棉士兵虽然没有继续要求，但是这一夜他们的军舰就一直守在"马亚克斯"号旁，防止他们逃跑。难熬的一夜终于过去了，查尔斯同样一夜未眠，因为他知道只要天一亮他就再也没有借口了，果然，凌晨时红色高棉士兵就立即让查尔斯把船开到了位于柬埔寨和威岛中间的通岛，当船到达时，查尔斯惊讶地发现，除了自己以外这里还有好几艘船。看样子同样是被红色高棉军扣留的外国船只。

接着他们就被带下了船，被领到了一个小海湾里。这里到处都是茂密的热带植被，遮天盖日形成了一个完美的天然屏障，查尔斯心中更加焦急了起来，这意味着就算天空中不时地有美军的飞机出现，但是他们也不会发现这个海湾中被扣留的船只。

总统犯难：白宫的对策

希兰德海运公司在印度尼西亚的办事处于5月12日的下午收到了一份紧急的求救电报，工作人员看到后立即向上面报告了"马亚克斯"号被柬埔寨红色高棉军扣押的事情，很快这份报告就转到了美国的国务院。

此时的美国国务卿是基辛格，在美国当地时间5月12日的凌晨他接到消息，得知出现了紧急状况，但是因为报告内容并不是十分详细，他也没有办法知道太多的具体细节。除他以外同样得到消息的还有总统安全事务助理斯考克罗夫特中将，因为总统马上就要来上班，所以他并没有专门地就此事通知福特总统。当福特总统知道这件事情时，"马亚克斯"号已经被红色高棉扣押了四个多小时了。基辛格也因为这件事匆匆忙忙地赶到了总统办公室。

"你认为我们应该怎么办？"面对总统的询问，基辛格立刻告诉了他自己的想法：对于现在的美国来说，刚刚才从越战的泥潭中退出，越战的失败给国内的发展带来了很多不良的影响，士兵士气低落，人民对政府不信任等，如今在旧伤未好的情况下又发生了这样的事情，如果处理不好，肯定会在国内造成很大的不良反应，所以对待此事一定要

★时任美国国务卿的基辛格

慎重。因为一旦能够很好地解决这件事就能够成为给民众的一颗定心丸，所以首先一定要向国民展现出我们营救船员的决心和信心。说完后，在等待福特作出回应的基辛格却发现福特迟迟没有作出回应。在一阵静默后，福特突然抬起了头对基辛格说，赶快召开国家安全委员会议，让他们都过来。

会议室中所有的人在听说了此事后都开始议论纷纷，因为实在是猜不透红色高棉海军为什么要这样做。到底是一次偶然，还是故意冲着美国来的呢？国防部长施莱格认为为了避免过多地介入，应投入尽可能少的兵力，根据形势采取行动。

面对两边的争论，福特此时不禁想起了在原来也曾经发生过这类事情。1968年，朝鲜的海军也在公海袭击扣留过美国的海军电子侦察船。而如今在自己的任期内这类事情又再次发生，这不仅是对美国的侮辱，更是公然违反国际法的嚣张行为。为了防止这类事情的再次发生，必须要采取强硬的手段。于是他立即发表了自己的意见，同意了基辛格的想法，在了解了所有的情况包括"马亚克斯"号现在所在的大体位置后，他要求国防部长立即作营救准备，必须要采取军事行动。于是驻扎在太平洋的美军立刻收到了来自于五角大楼的戒备命令，还有驻扎在冲绳、菲律宾等地的美军和正在太平洋上的第七舰队也接到了命令前往增援。

因为根据现订的作战计划，最重要的就是要找到"马亚克斯"号的具体位置，这样才能决定下一步该如何行动。同时在另一方面，福特还命令通过外交手段与红色高棉政府进行了一系列的交涉。但是交涉的结果是红色高棉政府并没有给出任何实际的回应和解释，还在国内通过电台向国际宣称"马亚克斯"号在为美国中央情报局进行特务活动。

在一切都部署好了之后，当天下午白宫的发言人召开了一次了新闻发布会，把"马亚克斯"号遭到红色高棉海军扣押的事情作了通告，同时告知了美国政府的态度。这是一次完全的海盗行为，严重违反了国际法公约，如果红色高棉政府不立即释放扣留的船只和船员的话，那么美国将会采取军事行动。

快速出动：在船只还未到达柬埔寨之前

负责侦察的美军在次日，也就是5月13日凌晨把侦察情况传到了白宫。一天都在为了"马亚克斯"号的事情忙碌的福特总统好不容易休息一会儿，刚闭上

★时任美国总统杰拉尔德·鲁道夫·福特

了眼睛就被助理叫了起来，向他汇报了"马亚克斯"号的情况。此时他们正在向柬埔寨本土航行。听到消息后一直心存担忧的福特变得更加忧心忡忡。从昨天晚上到现在他最担心的事情就是"马亚克斯"号会被红色高棉海军带到柬埔寨的本土。因为一旦离开了公海范围到了柬埔寨的海域后，无论是从政治还是军事上都会进一步增加营救的难度，就算命令在附近的美军舰艇强行进攻救人，如果没有作好充足的准备也是不敢贸然进攻的。就在福特还没有决定好如何行动时，助理又匆匆忙忙地走了过来："总统，情况有变，又有了一份新的侦察报告，事情总算没有向最困难的方向发展。"报告上说明本来向柬埔寨行驶的"马亚克斯"号不知道什么原因在离柬埔寨本土还有四十多千米的通岛停了下来，这实在是一个难得的时机，福特觉得必须要马上采取行动，在船只还未柬埔寨到本土之前。

上午十点多，在白宫内又召开了第二次国家安全委员会会议，这次会议持续了一个小时，因为时间紧迫必须要趁现在决定所有实施军事行动的具体问题。另外在外交方面，美国也一直没有放弃努力。虽然早在昨天的时候，美方的任何有关此事件的要求都被红色高棉政府拒绝了，但是美国政府还是与中国政府进行了沟通，希望中国政府能够说服红色高棉政府不要把"马亚克斯"号的船员带回到本土。

此时，收到了美国白宫备战命令而在泰国湾上进行侦察和巡逻的美军也发现了一些不一样的情况，他们看见正有几艘炮艇和渔船从通岛行驶了出来，根据他们行驶的方向来看，他们将要向柬埔寨本土驶去，在先前向白宫报告了"马亚克斯"号的具体位置后，泰国湾上的美国就被要求要密切注意通岛的一切动向，尽可能地阻止通岛上船只的转移，所以当看到了这一情况后，美军飞机开始向这些船只发起了攻击。所有的火力都集中在这些船只的附近，没有进行实际的进攻，只为了使这些船只能够因火力而返回通岛，可这些船只并没有如美军所愿而改变方向，继续向着本土前行。于是美军的火力也继续增大，可是仍然没有使那些船有任何转向的意思。这样继续下去只能够不断地加大火力了。

但是突然间，一个飞行员突然发现了那些船上除了亚洲人外竟然还有一些白人正在不停地挥动着什么，看样子好像是在向他们发信号。于是他想到在这些人很有可能就有"马亚克斯"号上的船员。于是立即向总统发出了请示，最后得到的命令是为了防止误伤到船上可能是"马亚克斯"号的船员，美机立刻停止进攻。

在下午3点53分，福特总统召开了第四次也可以说是战前的最后一次安全委员会会议。在这一系列事情发生之后，他下定决心要在"马亚克斯"号还没有被转移时立即实行作战计划。具体计划如下，让海军陆战队于凌晨的时候在通岛登陆作战，夺回"马亚克斯"号。此时，最早知道"马亚克斯"号事件的另一重要人物基辛格因为要去密苏里州进行演说，早就离开了白宫，所以意味着现在福特总统必须全部靠自己来想办法解决问题。所幸是最后当他把最终决议告诉给内阁的所有议员时，议会中的绝大多数人都对福特总统的这一决定给予了支持和理解的态度。

全面备战：营救部队在集结

现在离"马亚克斯"号被扣留的时间已经过去了一天左右，美军除了部署多架侦察机对"马亚克斯"号的具体位置和情况不断进行侦察外，原本驻守在太平洋的第七舰队也及时进入了戒备状态。同时在附近的一艘护航舰、一艘军舰和在台湾南部附近海域的一艘导弹驱逐舰也都向通岛海域逼近。连原本奉命前往澳大利亚方向的航空母舰"珊瑚"号都因为接到了命令而临时改变了方向，向柬埔寨快速驶去。

根据制订好的计划，为了以最少的损失完成登陆，然后成功地解救出"马亚克斯"号和船上的船员，必须要依靠对两栖登陆作战和营救任务十分擅长的海军陆战队。在经过多番考虑后，国防部下令让离柬埔寨最近的驻扎在菲律宾的120名海军陆战队员，连同驻扎在冲绳的第三陆战师下的一个一千多人的水陆两栖部队，一起前往地处泰国的乌塔堡基地。这一切的一切全都意味着美军已经全部进入了备战状态，只待福特总统的一声令下，就可以有条不紊地发起猛烈的进攻。

但是在开始研究详细的作战计划时，美军却发现自己竟然犯了一个如此低级又致命的错误，在战争即将开始前，他们手上竟没有一张通岛的详细地

★位于泰国的美军乌塔堡空军基地

图。原先的旧地图早就因为各种原因而变得不再适用。现在能做的就是把希望寄托于正在前方进行侦察的侦察机所带来的空中地图。作为此次战斗指挥官的海军陆战队中校沃斯琴还亲自乘坐飞机详细地勘察了相关地形。通岛的表面全被低矮的原始森林植被覆盖，是一个三角形的小岛，北半部分的地势比较高，通岛的防空阵地也都集中在北部。

为了能让海军陆战队员尽快登陆，国防部早就安排了轰炸机驻扎在了关岛上，一接到命令就可以随时发动轰炸为登陆的队员们作好掩护，所以现在就必须要为这些轰炸机找一个着陆的地点。经过侦察和空中地图显示，最后发现在通岛上有三个地方可以作为飞机的着陆点。因为早就知道了现在通岛上的"马亚克斯"号上的船员大多数已经被转移到了别处，岛上多是红色高棉的士兵，但是为了避免误伤到留在岛上的船员，沃斯琴中校命令装载着海军陆战队员的直升机在登陆之前不要对通岛进行空中攻击。

根据先遣队员的情报，在通岛上的守卫人员其实并不多，只有二十个人左右，而根据作战计划，美军第一拨登陆作战人员就有一百多人，大大超过了守卫的人数。但是红色高棉政府可能也看出了情况有变，在后来得到的情报中，岛上的守卫人数突然就增加到了百人。同时还多配备了82毫米的迫击炮、75毫米无后坐力炮、7.62毫米和12.7毫米机枪等武器。于是在5月14号的时候，国防部根据白宫的指示，通过太平洋舰队总部向驻地司令部传达了最新的指令。

指令的具体内容是：预定于柬埔寨时间15日凌晨，实施通岛登陆和夺回

"马亚克斯"号作战，并决定用驻关岛的B-52战略轰炸机和"珊瑚海"号航空母舰的舰载机，对磅逊港附近的柬埔寨空军基地及军事设施进行轰炸。

神兵天降：喋血暹罗湾

暹罗湾是泰国湾的旧称，位于南海西部海湾，中南半岛和马来半岛之间，是南中国海最大的海湾，泰国、柬埔寨、越南位于其北，马来西亚位于其西。美军的作战目标通岛也正是位于此。五月份的暹罗湾气温温暖舒适，天空是一片洗净的蔚蓝，海面平静得没有一点波涛。平静的假象后面是福特总统已经下达了夺回"马亚克斯"号的作战命令。装载着海军陆战队队员的直升机在沃斯琴中校的带领下，于凌晨的时候就从乌塔堡基地起飞了，作为第一批部队共有八架飞机，同时还有F-4战斗轰炸机、A-6攻击机、A-7攻击机作为支援和掩护，不一会儿就达到了通岛的上空。根据事先定好的降落点，飞机开始悄悄地降落。

通岛上的守卫力量在这几天里也加强了警备，当守卫的士兵发现了这些天降奇兵后立刻敲响了警报，开始了不断的炮火攻击。沃斯琴中校看着红色高棉军的炮火攻势，比当初预计的要猛烈许多，最先抵达的准备降落的一架飞机因为中弹而坠毁在了海岸附近的海面上，顿时掀起漫天火光，因为所有的飞机在降落时都是两架为一个组降落。另一架飞机所幸没有被炮火击中，但是也迫于火力在离岸

★美军F-4战斗机

边还有160米处的海面降落了。前线的射击指挥官佟肯中尉所乘的飞机也不幸被击落了。落入海中之后他一边向海岸边游去，一边用随身携带的便携式无线电话机向空中支援的攻击机发出信号，指示出对方据点所在的位置。最后在事先选定的ABC三个降落点上，除了A降落点上沃斯琴中校和59名队员成功登陆，B点和C点上最后只有二十多人成功登陆了。

觉得情况不妙的沃斯琴中校立即命令向还在上空中盘旋的攻击机发出支援的请求，但是由于没有详细的坐标网地图，攻击机也没有办法发动准确的进攻。于是沃斯琴中校不得不把最后的期望放在了计划中在自己离开四个小时候才会起飞进行增援的第二批部队身上。根据现在的登陆情况，只能够先把分散的兵力集中起来，穿过了茂密的树林和纵横的岩石后，沃斯琴中校终于和基斯中尉带领的在B点降落的小队会合了，此时基斯中尉的小队正与一支红色高棉部队作战，由于敌众我寡，这支小队支撑得十分辛苦，但是随着沃斯琴中校的支援，猛烈的战斗又得以支撑下去。

在沃斯琴中校带领着一部分队员登陆的同时，还有48名海军陆战队员和12名爆破队员在乌德上尉的带领下，搭坐着六架直升机顺着绳索降落到了美军的"霍尔特"号护航舰上，然后"霍尔特"号趁着红色高棉军被前方战况吸引时开始慢慢地把船靠上了被扣押的"马亚克斯"号。海军陆战队员小心翼翼地开始了行动，怕惊动了守卫的士兵后会对扣押的船员造成伤害。

但是当他们登上了"马亚克斯"号后，竟然发现这是一艘空船，不仅船上的船员不在上面，连守卫的士兵也一个人都没有。负责的乌德上尉在确定了情况后发出夺回了"马亚克斯"号的电报。之后重新挂上了美国星条国旗的"马亚克斯"号由一艘护卫驱逐舰牵引着踏上了回家的路。

但是在通岛上的战斗却没有停止，仍然在激烈地进行着，在沃斯琴中校带领着海军陆战队员与红色高棉军激战了几个小时之后，增援部队终于到达了。在开战的时候为了威慑红色高棉政府，美军对柬埔寨的本土也进行了不断的空袭轰炸，红色高棉政府没有料到美军会如此强硬，本土上并没有部署什么防御力量。于是在几次连番的轰炸后，柬埔寨本土上的一系列军备设施都已经基本被炸毁。

既然营救的目的已经达到，为了尽快结束战斗，熄灭战火，最后美军决定在通岛的南岸投下了一枚BLU-82炸弹，这是现存普通炸弹中最大的一枚。刹那间强烈的爆炸形成了一股巨大的烟柱直冲云霄，在这一声轰隆巨响中，红色高棉政府已经再没有能力继续作战了。

在华盛顿时间5月14日下午19点07分的时候，柬埔寨的金边电台报道了红色高棉政府已经释放了"马亚克斯"号船员的消息，此时返回乌塔堡基地的陆战队员也在泰国政府规定的期限之内离开了泰国，返回了各自的基地。

福特总统在看到了这个消息后因为不清楚"马亚克斯"号上船员的具体情况，所以并没有下令停止军事打击，而是向红色高棉政府作出了通告，只要红色高棉政府立即将"马亚克斯"号上的船员释放，那么美军就会立即停止军事打击。然后在当天晚上的十一点多钟，白宫才终于收到了船员们已经被平安解救的消息，等到陆战队员们全部从通岛上撤离，已经是第二天了。

当乌德上尉命令队员搜查"马亚克斯"号时，早被转移到了磅逊港的"马亚克斯"号上的船员也乘机偷偷坐上了一条渔船朝着"马亚克斯"号的方向驶了过去。在空中盘旋侦察的P-3C飞机发现了在离"马亚克斯"号不远处有一艘小渔船，降低了高度后发现了上面坐的正在朝着飞机挥舞着双手大喊的人竟然就是"马亚克斯"号上的船员。于是在不远处的"威尔逊"号在收到了飞机发来的找到了船员的信号后立即赶了过来，然后停了下来把船员们接上了舰艇。

在被扣留了70个小时后船员们终于得救了，上船之后，船上的医生给所有的船员都作了身体检查，没有一个人受伤或生病。"威尔逊"号上的军官还向船员询问了整个被扣押事件的具体情况，作了详细的记录，好报告给上级部门。

但是米勒船长因为担心"马亚克斯"号上面要运送的货物，所以向"威尔逊"号提出了想要回到"马亚克斯"号上的想法。"威尔逊"号想到现在已经没有任何危险后，就与正在牵引"马亚克斯"号的"霍尔特"号发了信息，然后把米勒船长和他的队员们送回了"马亚克斯"号。接着自己又向通岛方向驶去，处理一些战后事宜。

经过了这次被扣押的事件后，劫后余生的船员们再次回到"马亚克斯"号上时都欣喜异常，连忙把整个船里里外外都检查了一遍，看船有没有损坏，货物有没有丢失，幸好柬埔寨人还没有来得及对这艘船做出什么。然后在与"霍尔特"号告别之后，"马亚克斯"号又继续踏上了自己的航线，向目的地驶去。因为最开始红色高棉政府对为何扣押"马亚克斯"号作出的回应是 "马亚克斯"号在为美国中央情报局进行特务活动。为了表明"马亚克斯"号的清白，当船到达了新加坡的时候，米勒船长还专门打开了船舱接受了检查。

就这样，美国政府凭借其强大的军事力量，采取其惯用的强硬、快速反应手段，顺利解决了这一事件。

战典回响

速度是特种部队的基础

特种部队在经过一系列的特别训练后，各方面的能力都有所提高，其中速度作为特种部队的基础，显得尤为重要，在美军特种兵营救"马亚克斯"号的过程中，速度的重要性尤为凸显。

从"马亚克斯"号被柬埔寨红色高棉军扣押之际，"马亚克斯"号船长成功地找了借口，拖延了一晚上的时间，为的就是给美军提供营救时间，毕竟跟随红色高棉军进入柬埔寨本土后营救就更困难了，如果美军能在这一晚上就及时地开展营救，不管对柬埔寨还是美国都能减少损失，避免大规模地冲突、交火发生，可是美军并没来得及及时营救。到了第二天，不能再拖延了，美军必须要在"马亚克斯"号进入柬埔寨本土之前，完成营救行动，幸运的是"马亚克斯"号并没有被直接带入柬埔寨本土，美军最终还是成功地营救了"马亚克斯"号及其全体船员，试想如果"马亚克斯"号被带入柬埔寨本土，美军的营救行动就难上加难了，很有可能即使营救成功也付出了巨大的代价，可见速度的重要性。对美国特种兵来说，为了保证在关键时刻能够积极地发挥作用，及时地赶到营救现场，及时地展开营救，速度的确很重要，如何在规定的时间内完成任务，困难重重，甚至是不可能完成的任务。这些特种兵队员们就如同草原上追逐着猎物的豹子，速度是基础，若没有了速度，特种兵队员们也就完成不了任务，如同捕不到食的豹子，同样失去了其自身存在的价值。

★沙场点兵★

人物：沃斯琴

沃斯琴中校出生于美国的宾夕法尼亚州，从军校毕业后就直接进入了美国的海军陆战队，他行事大胆，作风坚定果断，很快就在军中获得了上级的看中和士兵的尊敬。特别是在1975年5月15日通岛美军部队营救"马亚克斯"号的行动中，他担任了袭击部队的指挥官，正是由于他英勇无畏的指挥给营救行动赢得了胜利的先机。

职责：救援

在整个事件中，美军特种部队的职责就是援救。当属于美国的运输船被红色高棉政府扣押的时候，美国政府立即作出了最迅速的反应，要把"马亚克斯"号和船上的船员一起营救回来。救援行动和以往特种部队所执行的任务最主要的不同在于，在特种部队执行任务的过程中，"马亚克斯"号和船员们的安全问题被摆到第一位，一切行动也都是在他们人身安全得到保障的前提下实施的，所以当美国白宫收到了"马亚克斯"号及船员们安全的消息之后，国防部立即下达了停止战斗的指令，所以，这不是一次以战斗胜利与否为衡量标准的行动。

特点：快速

美军特种部队的快速反应是这次救援行动得以成功的最主要原因之一。在救援的过程中，美军不仅攻击快速，在撤退的时候也十分迅速，没有给敌军一丝反击的机会。以小群分散的作战方式分头出击，然后再给予敌人出其不意的有力合击。同时在这次通岛登陆行动中，美军还采取了海陆空共同作战的方式，从不同的高度、路线集中一个火力点进行攻击，大大缩短了进攻的时间，不给敌人任何喘息时间，防止和红色高棉政府陷入一种无休止的纠缠状态中。这一切的行动都使得美军的这次救援超乎寻常地迅速有效，为营救赢得了最宝贵的时间。

灵活机动下的尖刀对决

THE CLASSIC WARS

特种战

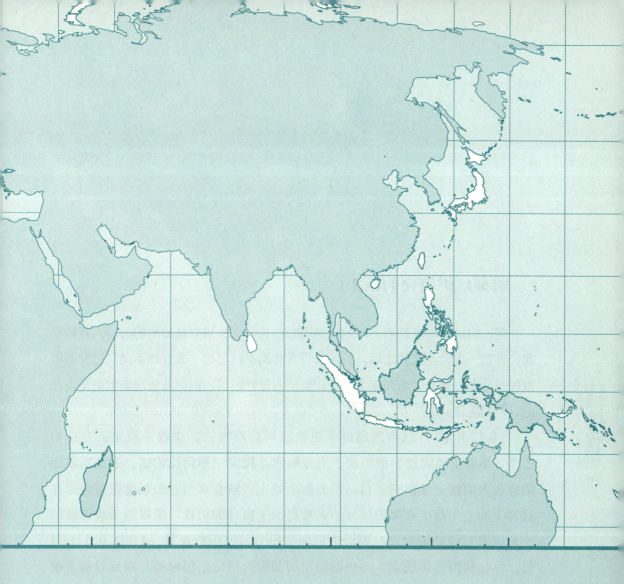

第十一章

巴比伦行动
——"摩萨德"扬威

▲为了谋求更多的政治利益和从与以色列的战争中取得胜利，从20世纪80年代起，伊拉克就开始秘密地进行有关于核武器的研究。得到了这一消息的以色列从自身的安全考虑，深感不安，为了防止伊拉克在研制出了核武器后对自己实行报复行动，以色列决定先下手为强，破坏掉伊拉克的核工厂。

前奏：伊拉克的核工厂

阿拉伯国家与以色列之间的纠纷由来已久，这一切要从狡猾的英国人开始说起。在第一次世界大战之后，英国人将当时属于自己的"委任统治地"巴勒斯坦以约旦河为界分为了东西两个部分，东部的是外约旦，西部的巴勒斯坦就是现在的以色列地带。

1947年11月联合国通过了巴勒斯坦分治决议，决议中规定，在这约2.7万平方千米的巴勒斯坦领土上分别建立犹太国和阿拉伯国，被长期驱逐的犹太人因终于又回到了自己祖先的土地上而满心欢喜，但是这就意味着在这片土地上生活了百年的阿拉伯人被赶出了自己的地盘。所以这项决议被阿拉伯国家看做是偏袒以色列而遭到阿拉伯方面的强烈反对。1948年5月14日，以色列国宣告成立，而巴勒斯坦国却因为阿拉伯国家的一致反对而未能诞生。

随后阿拉伯国家与以色列之间因为领土问题发生了多次大规模的武装战争，以色列通过战争占领了包括耶路撒冷在内的大量的巴勒斯坦领土，数百万的阿拉伯人被迫离开了家园沦为难民。这更加引起了阿拉伯国家对以色列的愤怒与不满。其中，伊拉克在经历了第四次中东战争的惨败后，终于萌发了一个大胆的计划，寄望于能够一举将以色列从地图上抹掉。

尽管伊拉克早在1968年就签署过国际《禁止核扩散条约》，但其实自从20世纪80年代起伊拉克就利用国际原子能机构对一些秘密计划检查存在的严重缺陷，获取了大量的有着双重用途的禁用材料。秘密地开始了自己的核武器计划。从1956年开始，美国带领国际社会在全世界范围建立原子能研究计划的"和平利用核能"计划开始，这给了伊拉克的核计划一个极好的开始，然后1962年，在苏联的援助下伊拉克开始建立了第一个核反应堆。

与此同时，西方国家对此全然不知，后来伊拉克甚至还成功地躲过了海湾战争之后，联合国特委会对核试验史无前例地进行的一次大规模检查。

但是以色列却从中闻到了危险的味道。伊拉克的总统萨达姆已经多次公开表示了对以色列的不满，同时对于核武器这种大规模的杀伤性武器，以色列无论如何都不希望伊拉克进行此方面的任何实验与计划。处于中东地区敌对中心的以色列凭着历史的经验知道，伊拉克一旦拥有了自己的核武器，就会对以色列的生存环境造成极大的威胁，因为自从1948年以色列建国以来，在所有与以色列作战的阿拉伯国家中，只有伊拉克一国从来没有和自己签署过和平条约或者停战协定。

从第二次世界大战中核武器开始出现到现在，美国在日本的广岛上验证了核武器的巨大杀伤力后，核武器已经不光单纯地成为了一种军事力量，更因其强大的威慑力成为了一个国家国力的重要砝码。它直接地影响到了谁可以在国际上或者国与国之间享有更多的话语权和发言权，谁可以在国际间占有更有分量的国际地位的问题。

伊拉克的核试验进行得十分顺利，很快由法国帮助援建的奥西拉克核反应堆就要竣工了，作为生产核武器的第一步，这让以色列更加不安起来。因为萨达姆已经发表了言论："阿拉伯民族不会永远软弱，他们将在适当的时机，一劳永逸地回击犹太侵略者。"这是伊拉克对以色列赤裸裸的威胁。在听懂了伊政府的弦外之音后，以色列立即在之后的一次内阁会议上就是否对伊拉克的核武器计划作出反应而进行了一系列的讨论，最终以色列总理贝京用十分明确的态度作出了最后的决议：必须要对伊拉克的核反应堆进行一次外科手术，但是行动的对象仅限于其核设施本身，这个手术既要摘除毒瘤，但是又要避免大出血。

绝技亮相："摩萨德"磨刀霍霍

伊拉克的核能源到底是从什么地方得来的呢？这要从1973年的能源危机开始说起。因为西方国家对以色列的支持，作为石油主要输出国的阿拉伯国家开始对西方国家采取了石油禁运。这让西方国家后怕不已。于是法国为了保障自己的石油供应安全，就和伊拉克签署了一份核技术的合作协议。协议的内容有法国要帮助伊拉克在巴格达附近的塔穆兹研究中心建立一个核反应堆，最重要的是法国除了提供给伊拉克技术设备、专业知识和一些技术人员外，还同时提供了4.5千克的浓缩铀。

既然最重要的浓缩铀是从法国来的，那么想要找到对付伊拉克核工厂的办法完全可以从法国身上找突破。为了完成贝京总理的指示，这项针对于伊拉克核设施的任务专门指派给了"摩萨德"来执行。"摩萨德"即为以色列的"情报和特殊使命局"，被称为是世界上最有效率的情报机构之一。

包括贝京总理在内的以色列高级官员如此相信"摩萨德"，不仅是因为它曾经立下的功绩，更是因为相信伊扎克·胡菲少将，"摩萨德"的现任首脑。这位将军虽然其貌不扬，为人冷淡，但是这并不妨碍他在以色列所获得的良好声誉。在接到了任务之后，伊扎克立即开始拟订行动计划。

虽然在一开始的时候提出了很多方案，但是最后考虑到实际情况，一项项都被否决了，终于在讨论了三天后得出了一个可行的计划。以色列因为美国的军事援助拥有着当时世界上最先进的美制F-4"鬼怪"式喷气机，它的飞行速度惊人，若是选择用空袭的方式对伊拉克的核反应堆进行轰炸，完全有可能在伊拉克人还没有反应过来的时候就顺利地完成任务。

★时任以色列总理的贝京

但是这种喷气机有一个极大的缺陷，就是油箱太小导致飞行距离太短。而以色列与伊拉克之间的距离早已经超过了它的飞行里程。所以这个空袭的计划虽好却没有办法实现。

也有人提出可以对给伊拉克核反应堆提供援助的法国核专家进行暗杀或进行威胁，但是很快这项提议也被否决了，因为这样行动的目标就不仅仅是针对伊拉克了，还会得罪了法国。所以最后伊扎克决定要尽快地弄到伊拉克核工厂的相关信息，然后趁着法国协议提供给伊拉克的核反应堆主要部件还没有运到伊拉克之前将其一举损毁。

★以色列空军装备的F-4"鬼怪"式喷气机

很快，效率极高的"摩萨德"就弄到了一份伊拉克加工核燃料和核反应堆部件伊拉克人员的名单，以及其他的一些相关资料。经过"摩萨德"情报分析专家的仔细研究，最后从这些掌握着伊拉克核计划核心机密的人中选出了一个最佳人选作为行动的突破口。这个可怜的目标叫哈利姆。自从将目标锁定之后，"摩萨德"就专门派出了两个小组分别开始了行动，一个小组主要负责监视，以查实哈利姆在法国的行动是否还受到伊拉克或者法国的监视，另一个小组则负责对他本人进行接触和试探，看看他是否真的有被"招募"的价值。

耐心等待：只为那条大鱼的出现

如果说有什么计谋是从古至今屡试不爽的话，那就是美人计了，这一次"摩萨德"在对哈利姆展开行动时也采用了这个计谋。经过好几天的观察，"摩萨德"发现哈利姆每天的行程都十分固定。每天都会从自己所居住的公寓走到附近的地铁站，然后搭乘地铁到巴黎的郊外萨塞勒去，虽然不清楚他去那的具体

★ "摩萨德"的徽标

目的，但是肯定是与伊拉克的原子反应堆相关，于是哈利姆发现不知道从什么开始每次自己出门等车的时候都可以在车站处看见一个漂亮迷人的美丽女郎。自己与她的相遇总是那么的恰到好处。自己等车的时候就会看见她也在那里，然后就会有一个男子驾驶着红色的跑车把她接走。

美丽的东西人人都喜欢多看几眼，这个女郎的出现让这个普通得不能再普通的小车站多了几分吸引人的景致。哈利姆已经把每天见到她当成了生活中必不可少的一部分。

一天，不知道什么原因，来接女郎的轿车因为晚了点而与女郎错过了，当看见了对方焦急寻找的身影后，哈利姆忍不住上前告诉了他女郎早已经走了。在得到了司机由衷的感谢后，哈利姆还顺便坐了一趟顺风车。事情进展得非常顺利，哈利姆就这样与轿车司机杜诺万认识了，几天后那个美丽的女郎雅克琳也成了哈利姆家里的常客。

要想钓上大鱼就必须学会等待，耐心对于任何事情都是极为重要的。在与哈利姆直接接触到后，"摩萨德"并没有急于展开行动，只是做了一些小动作，通过几次到哈利姆的家中做客，他们已经在他的家里偷偷安置上了窃听器，甚至于配好了哈利姆家中的钥匙，另一边的杜诺万也慢慢地展开了行动。杜诺万此时的身份是一位富有的犹太商人，一晚上哈利姆与杜诺万一起吃饭时发现杜诺万明显的情绪不高，眉头紧蹙像有什么烦心的事情。于是便开口询问，随后杜诺万没有作任何隐瞒，直接把自己的苦恼说了出来，原来他刚刚接了一单大买卖，但是涉及到的是他不了解的医疗设施，虽然对方给他推荐了一个相关的科学家给这批货作鉴定，但是先不考虑这其中的费用，最重要的是自己还不知道能不能信任对方推荐的人。

在听完了杜诺万的话后，哈利姆立即表明了自己的身份，这些日子虽然已经跟杜诺万很熟了，但是却一直没有跟他说过自己的具体职业。"其实我也可以算是个科学家，正好可以帮你。"杜诺万听完后，一边在脸上做出了早已准备好的惊讶，一边在心里响起一个声音：鱼好像终于要上钩了。

接下来的几天，哈利姆在帮助杜诺万的时候还认识了一个以色列的核物理学家，两个人有着共同的兴趣与爱好，很快就开始无话不谈。对方十分好奇为什么哈利姆对核工业如此熟悉，哈利姆没有经过什么思考就告诉了他自己所从事的工作。

在知道了哈利姆的工作后，这个科学家开始对他说现在他们公司正准备卖给第三世界国家一座核电站。当然这一切都是基于利益与和平，如果哈利姆可以帮忙提供一个核工厂的话，那么大家一定能够大发一笔的。虽然哈利姆担心风险，但是经不过对方的软磨硬泡和优厚报酬的诱惑，最后哈利姆还是答应了。随后哈利姆开始断断续续地向他提供一些经过处理的核资料。

但是时间一长，哈利姆的不安感也就越来越强，他极力地想要断掉这种关系，但是却没有办法。无奈之下他只好求助于当初把他卷进这件事情的杜诺万，虽然自己与那些人所作的交易杜诺万并不知道，但是他应该还是认识他们，能够帮他的。于是他给杜诺万打了一个电话，告诉他事情的所有，然后只听见杜诺万在电话那头一言不发的沉默。几天后杜诺万给自己带来消息，那些人很有可能是美国中情局的人，要和他们断绝关系只需要再给他们提供一条消息就好。

原来虽然法国答应了给伊拉克提供核原料，但是现在法国却突然变卦了，想要用另一种浓度较低的核燃料代替浓缩铀，面对这种情况伊拉克当然不答应，所以那些人向哈利姆要的情报就是伊拉克面对这种情况究竟会作何反应。

先声夺人：炸毁反应堆部件

以上的一切当然都是"摩萨德"搞的鬼，根本就没有什么美国中情局，那个所谓的以色列的科学家，当然也是"摩萨德"的人。根据哈利姆最后提供的情报，"摩萨德"把最后行动实施的地点定在了法国土伦市南部七千米外的塞恩小镇，这里的军事工厂里存放着法国准备提供给伊拉克的核反应堆的关键部件。

传说古希腊人为了夺回希腊最美的女人海伦，与特洛伊人进行了十年的战斗，双方战况胶着，不分上下。终于第十年的时候因为一条计策，希腊人打败特洛伊人，这就是著名的特洛伊木马计。希腊人送给了特洛伊人一个巨大的木马，说是神的礼物，然后将自己的战士藏于木马的肚子中，特洛伊人欣然接受了这个礼物，然后把它拉回了自己的城内，待到夜幕降临，整个特洛伊城都进入了睡梦中后，藏在木马肚子中的希腊战士们全部都悄悄地跳了出来，然后打开了特洛伊人的城门，让早已潜伏在城外的希腊战士们冲了进来，最后特洛伊大败。希腊人带着特洛伊人的财宝和最美丽的女人胜利而归。

这一次，以色列人也采取了和希腊人一样的办法。在1979年的4月5号，塞恩小镇上来了三个来此游玩的观光客，他们在这里四处闲逛，没有什么特别的，所以也没有人注意到他们。塞恩虽然位于海边，但其实并没有什么旅游资源。沙滩古堡、阳光酒店这里全都沾不上边。唯一有的就是一个地中海海军造船厂，因为这里是法国的一个工业重镇，这里制造的军舰和机器多是用来出口。再加上此处十分偏僻，基本上都没有什么人来。所以这个军工厂内的安全保障并不十分严格，这三名"误入"的游客慢悠悠地参观完工厂的各个车间，却没有受到任何人的盘问。这三名游客就是"摩萨德"的特工，他们得到消息，这家地中海造船厂的老板从一家私人保安服务机构订购了几辆卡车，用于运货。但是到底运什么货物就不知道了，其实这是一个烟雾弹。厂方决定利用这个机会在4月8号的晚上，将给伊拉克的核反应堆部件从车间运到港口，然后再将这些部件运往伊拉克。于是"摩萨德"决定好好地的利用这次机会，很可能这也是唯一的机会。

按照计划，当工厂预定的两辆卡车向船厂的仓库开去的时候，另一辆跟这两辆卡车一模一样的卡车不知什么时候在途中跟上了这个车队，原本只有两辆车的车队变成了三辆车，这条路上刚刚发生的一切都仿佛太过自然，在前面的司机竟然都没有发现有什么不对。这辆卡车上面装载着一个大的货箱，"摩萨德"的几个特种人员就藏在里面。很快就到了造船厂的门口，因为这是预定好的事情，当这个车队行驶进船厂的时候，门口的士兵没有作任何盘查只随便看了看就直接放这个车队进去了。

在那天假装观光的时候，"摩萨德"早就看清楚了造船厂各个车间的布局。于是当车在造船厂内停稳了之后，藏在车上的特种人员忙灵巧隐秘地从车上跳了下来，然后拿着早就从潜伏在内的特种人员手中得来的仓库钥匙钻进了厂棚内，接着就熟练地破坏了厂内的报警装置，然后跑到了那堆准备提供给伊拉克的核反应堆的部件旁边。

这次随行的还有一名以色列的核专家，他的任务就是专门指导"摩萨德"如何拆卸下这些部件中最重要的"蜂房"，既然要将它摧毁，不如在此之前将一些有用的东西带回去进行研究。这套设备十分复杂，但是他们必须要在短时间内将它拆卸下来。眼看规定的时间就要到了，可是还没有将"蜂房"拆下来，看来只能够按照计划将它炸毁了。趁守卫还没有反应过来时，根据专家的指示，"摩萨德"将炸药放置在了最恰当的位置，这样破坏效果会达到最大。就这样，在门口的守卫还没有等到运载货物的卡车出来，就听见了一声巨大的爆炸声，他们连忙冲了过去，但是一切已经太晚了，"摩萨德"已经开着卡车趁着混乱时走远了。

开始运转：绝密的"巴比伦行动"

对于这起爆炸事件法国方面十分重视，因为这次的爆炸炸毁了百分之六十的核反应堆核心部件，同时造成了两千多万的损失，不论是法国还是伊拉克，都因为这件事感到十分的头疼。事后还有一个法国神秘组织专门打电话来说这次行动时他们干的，但是经过盘查，这个线索很快被排除了。因为这样精密准确的行动绝非一般的组织能够做得来的。

正当法国这边为这次行动的主使者是谁而困扰的时候，在以色列的"摩萨德"总部内，伊扎克已经在接到成功的消息后露出了难得的微笑。与此同时，因为这次事件，法国综合了多方面的考虑，向萨达姆表明了以后的几年都不会再向伊拉克提供核燃料了。到现在为止以色列想要阻止伊拉克核试验的目的看来已经完全达到了。但是让人出乎意料的是法国政府竟然在1980年又开始宣布要改变对伊的政策，重新给伊拉克建造一个七十兆瓦的核反应堆用于核研究。同时有了上次的教训，为了保险，伊拉克还与巴西和意大利签订了提供核燃料等的协定。这样一来事情就不像上次那么简单了。

在以色列得到了消息之后，伊扎克就立即被贝京召见了，他得到的命令是要不择手段地阻止伊拉克的核计划。于是"摩萨德"制订了一系列阻止伊拉克核计划的行动。在暗杀了伊拉克核计划的直接负责人叶海亚·迈什哈德教授后，伊拉克和伊朗的开战给了以色列一个绝佳的机会。为此贝京定下了一个撒手锏——"巴比伦行动"，决定趁着伊拉克战乱对其偷袭。在1980年10月，贝京总理专门召见了以色列的空军司令艾弗里、以军的总参谋部情报部长萨古伊以及伊扎克，就此事作了专门的讨论。

其实以色列方面也是顶着很大的压力，因为对于这次行动没有得到一直以来全力支持他们的美国的支持，面对伊拉克所拥有的巨大的石油资源，美国希望以色列方面能够更加温和地解决这件事情，不要再刺激正处于敏感期的伊拉克的神经，毕竟上一次的能源危机给了美国极深刻的印像，美国绝对不希望这种事情再发生一次。于是这次以色列只好孤军作战。不过作为以色列人的好朋友，美国还是十分够意思地送给了以色列几架最新式的F-16战斗轰炸机。

相比于之前的F-4"鬼怪"式喷气机，这架飞机的航程大大加长了，这就意味着在上一次被否定了的空袭这一次完全可以实现了。剩下要考虑的就是如何加强飞机的伪装和飞行员的飞行技巧了。因为这一路上还要经过一些阿拉伯其他国家，再加上伊拉克本国的雷达，这都是问题。最后行动的具体计划定了下来，以色列会为此次偷袭行动专门成立一个行动小组，然后他们将会驾驶着飞机从以色列起飞，越过约旦、沙特，最后直达伊拉克的心脏巴格达。

经过层层选拔，有20名优秀的飞行队员被挑选了出来，然后立即投入到了行动准备中。他们被送往位于西奈半岛的一个叫埃齐翁空军基地的地方进行训练。为了隐蔽和增加对敌方的迷惑，这些飞行员进行了专门的队形训练，因为以色列对外宣称这些飞行员的调集以及组建这支飞行小队，完全是为了组成一支特技飞行小组。最后一项受训项目就是轰炸训练，这才是最终的目的，伊扎克专门在训练基地制作了一个与伊核反应堆一样的模型，然后让队员们对照着此目标反复进行轰炸演练，以此来寻求最高的精准度。

幽灵出现：空袭核工厂

随着"巴比伦行动"的准备，以色列的大选也开始了。贝京总理最近为了此事也很为烦恼，因为近来他在国内的声望有所下降，很有可能会在这次选举上落败。但是如果这次的"巴比伦行动"能够成功，那么就可以为他多捞一些选票。

为了这个目的，再加上伊扎克的劝说，终于在1981年6月7日，这个由六架F-15型"鹰"式战斗机和八架F-16"战隼"式战斗机的突击小队在突击队长驾驶的飞机的带领下从埃齐翁空军基地出发了。选择今天是因为正好是星期天，工厂放假，修建核反应堆的法国技术人员都不在厂内。离开了以色列后，这14架飞机就开始紧贴着近千千米长的约旦和伊拉克的边界线的南侧低空飞行。在训练的过程中，飞行员们就练习长时间的在这条路线上飞行。一是为了培养飞行员在没有任何指示的情况下能够保持飞行路线，另一方面就是为了试探出这些途经国家的雷达盲点，找到一条最佳的路线。

虽然计划早就订好了，但是直到飞机离开以色列近两个小时之后贝京才下达了指示，召开了内阁会议，通知了所有的部长，然后在所有人的目瞪口呆中告诉大家，我们的飞机此时正在飞往巴格达的路上。事已至此，内阁部长们除了同意和希望这次行动成功外再无其他办法了。从下午两点多钟飞机升空，到傍晚六点多钟的时候飞机终于到达了巴格达的上空，为了隐秘，飞机比先前飞得更加低了，仿若幽灵一般神不知鬼不觉地潜入了目标区的上空。

此时正是日落西垂，漫天红霞，飞机已经飞到了最恰当的投弹高度。落日的亮度也正好足够让空袭小队的队员们看清楚轰炸目标了，然后他们列好了队形，6架F-15负责在一旁掩护，F-16进行轰炸，很幸运的是，负责守卫的导弹和高射炮不知道是没有发现还是因为其他的原因，一直都是按兵不动，就算到了最后

★被以色列炸毁的伊拉克核设施

★以军偷袭伊拉克奥希拉克核反应堆使用的F-16战斗机

★F-15"鹰"式战斗机

开始向他们进行了射击，也因为高度和精准度而没有对以色列的空袭小队执行任务造成什么影响。

飞行员的手开始按上了投弹按钮，然后像跟先前上百次的演习一样，第一枚炸弹从百米的高空径直地向核反应堆顶落去，精准地穿透了厚达数米的反应堆防护罩，引起了核反应堆内部一阵猛烈的爆炸。紧接着跟在后面的飞机又接连精准地投下早已准备好的炸弹，所有的炸弹都按照计划精准地落在了反应堆的主建筑物上。

主房全部被炸毁，然后建于地下深达四米的存放着核燃料的地下研究所也被完全炸毁。就这样在短短两分钟内随着轰隆隆的爆炸声，伊方花费了巨大资金和时间建造的核反应堆就被摧毁殆尽，一切心血都付诸东流了。后来根据美国专家的估计，即使对这座核反应堆全力进行修复也要花个三年多的时间，而此时偷袭小队的成员们已经踏上了归程，他们将整个轰炸过程都记录了下来，然后将任务已经成功完成的消息告诉给了正在苦苦等候的贝京和全体内阁成员，当听到消息的一瞬间，贝京抑制不住心头的激动开始连声说道："上帝保佑！"

事后阿拉伯国家对以色列的这次偷袭行动表达了极大的不满和愤怒，同时对一直以来在背后支持以色列的美国也表达了极大的谴责，以色列的大胆妄为离不开美国的支持，中东的局势也因为此事再度陷入了紧张状态，但是这些都挽回不了伊拉克的核工厂已经被炸毁了的事实。

特种部队与空军的配合

以色列人的"巴比伦行动"能够获得如此大的成功，让伊拉克人的核武器梦再也做不起来，很大程度上靠的不仅是以色列特种部队超强的行动能力，更为重要的是和空军的配合。随着愈加信息化的作战方式，使得我们可以对敌军的重点防御地带了如指掌，但是光看得到却摸不到还是不可能对敌人作出什么实际伤害，更何况敌人也有着和你相差无几的信息资源，在这种情况下远程地精准打击敌人，一击命中敌人死穴成为了最优的作战方式。只要能够将敌人整个作战系统中最为核心的一点破坏掉，就可以实现最大的杀伤力。

但也正因为这是重心，任何一方的重心都是防卫最为严密的地方，也就是最难打击最难得手的地方，如果准备不充分或实力有些不济的话，就会"偷鸡不成蚀把米"。所以在战术的运用上也是极为有讲究的，经常要通过一系列战术的综合运用才能够获得决定性的战略优势。

以色列为了偷袭轰炸的行动成功，在动用了特种部队的同时还总共出动了14架的美制新式飞机，按照早已经安排好的用以迷惑敌人的密集队形，在途经国的警戒范围的空隙处飞行，然后在没有任何导航和联系的情况下，飞行员完全凭借着自己的操作经验准确地完成了这长达一千多千米的里程，然后精准地投弹安全地返航。这就是所谓的远程精确打击，是动用了特种兵和空军多个兵种在多层的保障下精确的一体化行动，堪称是特种作战史上的一次经典之战。

★ 沙场点兵 ★

人物：伊扎克·胡菲

伊扎克·胡菲是"摩萨德"首脑。在他17岁的时候，巴勒斯坦地区还处于英国人的管制下，那时他就加入了在巴勒斯坦进行地下活动的犹太人的秘密军队组织"哈加纳"特工部队。后来在以色列建国之后，凭借着出色的表现他成为了一支专门应对阿拉伯人的特工队的指挥官。随后这支队伍被直接并入了以色列的军队，而伊扎克则在军中从营长到军校教官，最后直接晋升为了伞兵旅的副旅长。

在去美国参加了美国陆军指挥和参谋学院的培训回来后，1968年伊扎克又被晋升为少将。他组织才能突出、记忆力惊人，特别是1973年第四次中东战争中，在战争发生的前几天，伊扎克就凭借着自己的敏锐看出了阿拉伯人准备进攻的端倪，向以政府提出了警告。在此之后埃及军队攻破苏伊士运河时，他更是因为出众的表现在以军中赢得了极高的赞誉。

职责：破坏军事设施

为了能够一举消灭以色列的军事力量，提高自己在中东甚至在国际间的地位，萨达姆把核武器作为自己的撒手锏。自然就对研究和建筑核反应堆的实验室格外看重。但是伊拉克对核武器的热衷让以色列产生了极大的不安全感，对于以色列来说如果伊拉克真的有一天拥有了核武器，那么自己将会成为伊拉克第一个对付的人，只要想象一下当年美国在日本投下的原子弹的巨大威力，以色列就不可能看着伊拉克的核试验如此进行下去，于是派出了撒手锏"摩萨德"给伊拉克动一下手术，摘除掉这个随时都有可能变异的毒瘤，将伊拉克的核试验基地给破坏掉。

特点：潜入

不论是最开始时"摩萨德"在法国实施的计划还是后来的"巴比伦行动"，采取的所有作战方式都是"潜入"，以色列先是派出自己的特种队员秘密地潜入进入任务目标处，然后在趁着伊拉克的守军没有察觉的时候一击得手。如"摩萨德"的特种队员们混入了法国船厂运货的车队，然后藏身于大型金属货箱中以此躲避开工厂门口的守卫，成功地被法国船厂自己给"迎"入了门内。

与这次行动相比，随后的"巴比伦行动"显然在难度上又有所增加，但是这次行动也一样秉承了潜入的特点。为了不让伊拉克发现执行任务的飞机，在训练的时候，以军就摸索出了一条最佳的不会被伊拉克雷达和空军发现的飞行路线。

灵活机动下的尖刀对决
THE CLASSIC WARS

特种战

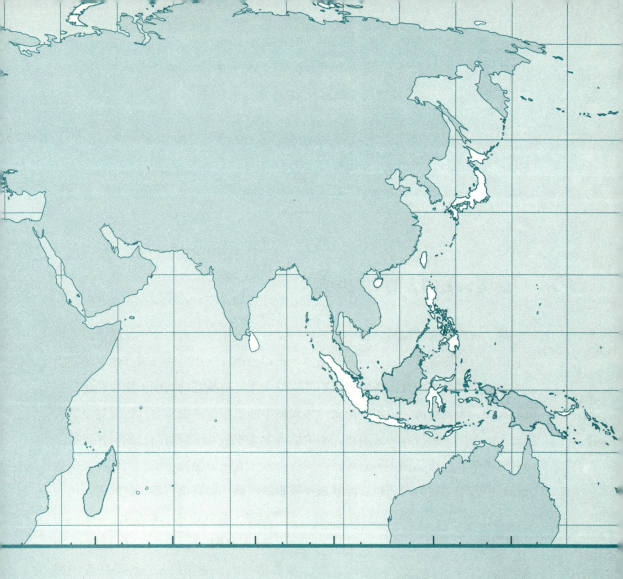

第十二章

黄金峡谷
——美军空袭卡扎菲

▲卡扎菲在推翻了伊德里斯王朝之后带领着利比亚走上了一条反美之路。不仅如此，卡扎菲还大胆地不停地用各种手段，如支持恐怖分子对美国的袭击等行为来挑战和试探美国的极限，最终使得美国决定用"黄金峡谷"计划好好地教训一下卡扎菲。

前奏：美国人的"肉中刺"

第二次世界大战过后，整个世界格局又一次发生了巨大的变化，随着原本称霸的欧洲各国的没落，美国和苏联这两个意识形态完全不同的国家开始了争霸世界的竞赛。但是本土直接受到打击的苏联与本土远离战场的美国相比显然还是损失巨大的，于是美国凭借着在两次世界大战中所累积起来的实力开始凌驾于联合国之上，按照一种特有的美国意识和价值观念来积极地推行着自己的对外政策。面对这种情况，虽然很多国家对于美国的霸权主义政策极为不满，但是在美国强大的经济、军事实力面前也只能够选择乖乖地闭嘴，可是也有不买账的人。比如说欧麦尔·穆阿迈尔·卡扎菲。

★利比亚领导人卡扎菲

如果你愿意，完全可以称呼他为反美第一人，他不仅是单纯地将美国视为无物，而且完全地将反美付诸行动，为此他十分"光荣"地被美国前总统里根称为"狂人"，被美国列为"流氓政权"领导人之一。

卡扎菲，1942年出生于利比亚南部费赞沙漠地区的一个游牧家族中，属柏柏尔人部落，他们全家都是虔诚的伊斯兰教徒。当时的利比亚还没有独立，位于北回归线上的利比亚北临地中海，南接苏丹和乍得，西面是阿尔及利亚，东面是埃及。虽然国土面积不小，但是全境有百分之九十四的地区都是沙漠或者半沙漠地区，自然条件十分恶劣，所以利比亚人民一直生活得十分贫苦。再加上殖民国家的的暴虐和剥削，使得利比亚人的生活更加不好过。这种情况直到1951年12月才好了一些，因为人们竟然在利比亚贫瘠的土地上发现了石油。

1969年，27岁的卡扎菲已经是一位上尉军官了，他秘密成立了一个"自由军官组织"，然后在9月1号发动了武装政变，推翻了亲美的伊德里斯国王的统治，建立了阿拉伯利比亚共和国，成为利比亚的最高领导人，从此开始了他的反美之路。他宣布要建立一个革命的、社会主义的、进步的、致力于同殖民主义和种族主义进行斗争的新国家，所以为了尽快巩固自己的政权，同时恢复利比亚的独立自主，他采取了非常强硬果断的手段，一边肃清旧权贵铲除豪强重建军队，一边在人事上对于政府里的亲美派作了全面的清洗。

在伊德里斯执政时期，亲美的他向美方提供了空军基地以此作为帮助利比亚建立空军的条件，所以作为卡扎菲反美的第一步，在1970年6月，他开始宣布收回利比亚租借给美军的空军基地，并且要求驻扎的美军立即离开。

1972年，卡扎菲又废除了被认为是"卖国条约"的与美国签订的九项军事经济技术合作协议。1973年，为了限制美国舰船的行动，卡扎菲又宣布整个锡德拉湾也是利比亚的领海。以上的这一系列行动极大地影响了美军在中东的军事部署，使利比亚和美国的关系急剧下降。

美国虽然恼火，但是也没有采取什么行动。直到1979年伊朗爆发了伊斯兰革命后，卡扎菲立即宣布承认伊朗的革命政府，然后号召利比亚的民众以游行来声援"伊斯兰革命"，还在伊朗扣留美国人质的时候表示支持，再加上卡扎菲开始积极地向苏联靠拢，这时候卡扎菲已经成为了美国了"肉中刺"，终于触及了美国的底线。

拔刀出鞘：美军挑衅卡扎菲

双方关系恶化至此，1981年，里根宣布与利比亚断绝外交关系，并紧接着在第二年对利比亚进行了政治和经济的双向制裁，同时停止了对利比亚的武器提供。但是这些行动都没让卡扎菲像美国人预想的那样开始向美国屈服，相反地，这更加激发了他反美的决心，利比亚国内的反美情绪越来越高。

到了这个时候，习惯了强势姿态的美国终于失去了所有的耐心，决定要好好地教训一下这个不听话的卡扎菲。当初卡扎菲将锡德拉湾划为利比亚领海的这一举动遭到了美国和一些西方国家的强烈反对，但是这也没有改变卡扎菲的决定，利比亚一直都没有让美国的舰船靠近过这片海域，可是令里根十分不爽的是，实际上苏联的舰船却是可以在这一所谓的利比亚领海里自由出入。所以里根决定首先就从这里下手。

锡德拉湾位于地中海的南部，它的西海岸和东海岸分别是利比亚的两个最重要的城市的黎波里和班加西。在1981年8月18日，这个看似风平浪静阳光明媚的美丽日子里却暗藏着不安，美军今天要在这里进行军事演习，但这其实上是一次美国人赤裸裸的挑衅。美国第六舰队的16支由各种舰船组成的舰队在没有任何声明的情况下就驶入了地中海的锡德拉湾。

按照利比亚自己所说北纬32度纬线即为"死亡线"，所有越过这条线到达锡德拉湾南的舰船都会受到利比亚坚决的打击。所以在美军的演习过程中，美军的舰船故意闯入了这条死亡线，目的就是要引诱利比亚的飞机出击对美军舰船进行进攻，这样一来美军就可以以正当防卫的理由来光明正大地教训卡扎菲了。

利比亚空军在接到了卡扎菲下达的立即拦截的命令后，迅速派出了两架SU-22歼击轰炸机对美军的航母进行拦截，但是其中的一架飞机刚刚起飞就被美军航母的E-2C预警机发现了，这样早就在航母上作好了准备等候多时的两架F-14也开始起飞，与利比亚的歼击轰炸机交上了火。利军的SU-22首先发动了进攻，发射了一枚导弹，但是因为发射位置的问题并没有命中。可就在这个时候美军的F-14开始了反击。在利军的战机还没有反应过来的时候接连发射了两枚"响尾蛇"导弹，准确地命中了利军的飞机。

整场空战总共只持续了一分钟左右就以美军的大获全胜而告终。这使得利美之间的敌对关系上升到了军事打击的程度。但是卡扎菲面对美国这样的军事压力没有作出任何妥协，反倒是在空战不久后就从利比亚传出了消息，利比亚已经有一组特别行动小组潜入了美国，将会对包括里根总统在内的美国高层官员进行暗杀。消息被传得沸沸扬扬，虽然还没有得到证实，但是这件事情已经让整个白宫都人心惶惶了。

为了报复卡扎菲的暗杀行动，美军开始打着反恐的旗帜对利比亚实行了一系列报复行动。如美军战机在希腊的上空拦截了利比亚的民用飞机等。利比亚也在不断地准备着只要抓住了机会就会狠狠地咬上美军一口。同时聪明的卡扎菲也意识到在双方实力悬殊如此之大的情况下，如果光靠这样的强硬抵抗自己占不到半点好处。于是他开始进一步加强了与苏联的联系以求得苏联的支持，这个办法很管用。在卡扎菲访问了苏联回国之后，苏联马上提供给了利比亚一百枚防空导弹，还派出了两千名军事技术人员前往利比亚进行支援。

蠢蠢欲动：不安的锡德拉湾

1986年利美双方经历了一系列不愉快事件之后，两国之间的关系恶化到了极点，里根宣布彻底终止与利比亚的一切贸易往来，冻结其在美国的所有资产。同时声称利比亚是恐怖活动的中心。里根总统意识到只要卡扎菲一天不下台，美国在中东就无一天宁日，所以美国精心地策划了一场名为"草原烈火"的空袭活动。

对于这次行动，美国以打击国际恐怖主义为名，事情的起因是1985年7月，美国环球航空公司847航班被黎巴嫩什叶派穆斯林劫持，在这次事件中飞机上的39名美国人被作为人质关押了17天，最后还有一名美国人被杀害，在全世界引起了极大的震惊，虽然并没有找到幕后主使，但是美国中情局一直认为卡扎菲就是这个幕后主使，于是便有了这次行动。

其实很早以前美国就已经想对利比亚发动军事进攻了，但是一直因为苏联方面的原因不敢轻地做出举动。不过在经过了几次试探之后，里根发现苏联人并不是太想介入这场干戈之中，这一次在锡德拉湾的军事演习中，美国并没有通知苏联，但是苏联不仅没有派出舰船进行干预，反而一反常态地将地中海的舰队撤离了演习区，美国一下子就安心了。

3月14日，由里根总统亲自主持召开了国家安全委员会会议。在会议上就对利比亚的打击行动作了专门的讨论，最后总统安全事务助理波因德克斯特提出了一条计策，跟上一次空袭一样，这次同样可以让美国的舰船故意越过北纬32度"死亡线"，诱使利比亚开火，然后

★时任美国总统——里根

以此为借口挑起冲突，以海军、空军高技术武器为主，在不动用陆军，不进行地面作战的情况下，直接袭击利比亚的首脑目标。

鉴于上一次的成功，对于这个提案，里根当场就任命第六舰队司令凯尔索中将为此次行动的总指挥官。随后整个"草原烈火"的行动方案也制订好了。整个行动共有三个预定方案：方案一，如果利比亚的攻击有限并没有给美方造成损失，那么美国就只对利比亚的舰艇和"萨姆-5"防空导弹基地进行攻击。方案二，如果在交战中美军受到了损伤，那么美军就会开始轰炸利比亚包括导弹基地在内的重要军事基地。最后的方案三是如果利比亚对美军发起了大规模进攻的话，那么美军也会毫不留情地轰炸利比亚的工业设施。

同时为了确保行动的成功，在战前美军就对锡德拉湾作了多方面的详细侦察，对所有将要进行精确打击的目标都作了反复的核实。还专门从各地向地中海调集了三十多艘舰船和二百多架飞机，这其中还包括了许多专门为了此次行动挑选出来的特种队员，他们的任务就是要驾驶着飞机与其他的轰炸机一起进行一次联合的空袭和反空袭的特种作战。一切准备就绪，美军终于在3月22日行动开始了。

3月22日美国又一次宣布会在3月23日到4月1日在锡德拉湾附近进行例行的军事演习，紧接着第二天下午美军"演习"所用的航母就全部大摇大摆地驶入了锡德拉湾的北部，距离那条"死亡线"只有200千米的海域，然后按照事先计划好的，随着凯尔索乘坐的飞机的起飞，军舰开始列队向前一点点平铺过去了。防守的利军惊讶地看着这一幕却不敢有什么举动，因为不知道美军到底想要干什么，等到美军的F-14和F-18战斗机率先突破了"死亡线"后，他们才终于知道美国人又要故伎重演了。

★利比亚装备的"萨姆-5"防空导弹

对于这样的挑衅卡扎菲从来都不会妥协，在得到了消息后，卡扎菲立刻下令攻击，利军发射了"萨姆-5"导弹试图拦截美机，但由于受美军的电子干扰，"萨姆-5"导弹没有击中目标最终掉进了锡德拉湾，随后歼击机也发起了进攻，但是同样被美机拦截。美军等待的就是这个时刻，于是马上宣称遭到利比亚的"侵袭"，对利比亚进行"自卫反击"，开始对该阵地进行了轰炸。同时两架A-6攻击机也在电子干扰的掩护下，发射"哈姆"反辐射导弹，摧毁了锡德拉湾防空导弹发射基地。这场所谓的自卫反击战到了将近凌晨才结束。美军战绩斐然，在顺利地摧毁了利比亚的导弹基地后，还顺带重创了利比亚三艘炮艇，同时还击沉了一艘巡逻舰，美军却毫发无伤。

确定计划：凯西和他的"黄金峡谷"

美国人以为这次痛击已经足以让卡扎菲学乖了，但是他们根本就没有想到在利比亚首都的卡扎菲反而为此举办了一场"庆祝大会"。在大会上卡扎菲没有一丝气馁和后悔，反而情绪高昂地告诉利比亚人民："美国佬说他们还要在这里进行演习，但是我们不会妥协，我们将会用鲜血和生命来保卫锡德拉湾，美国佬什么时候来我们就什么时候血战到底。"

但是卡扎菲不知道这一次的打击行动只是美军"草原烈火"行动中的一部分，更猛烈的打击还在后面。这次事件不久之后的4月2日，美国航空公司从意大利首都罗马飞往希腊首都雅典的804次航班在机场降落时发生了爆炸，造成了四人死亡九人重伤。仅在三天后，西柏林的一个夜总会又发生了令人震惊的爆炸事件，其中一名美国士兵和土耳其妇女被当场炸死。除此之外共有230人受伤，其中有44人都是美国人。这次事件被美国直接认定为是卡扎菲的杰作，尽管卡扎菲一再声明自己与这些恐怖事件无关。

为了对利比亚采取进一步的打击报复行动，4月6日，里根在白宫的椭圆形会议室里主持召开了国家安全委员会紧急会议，制订了对利比亚的下一步行动计划。这已经不再是个新问题了，但是最近针对美国的恐怖行动实在让美国头疼，于是这个问题又被重新提了上来，不管恐怖行动到底是不是卡扎菲做的，里根相信只要对利比亚的大规模打击成功，就会起到杀鸡吓猴的效果。

与前几次的挑衅示威不同，这一次是美国明确地向利比亚发动军事行动，这样一来所涉及的各方面因素就复杂了，弄不好就会演变成一场大规模的地区战争。根据里根的要求，此次行动袭击与恐怖组织有关的一切目标，惩罚卡扎菲，同时最大限度地减少美军的伤亡和目标周边的平民及建筑，最终确定由参谋长联席会议和中央情报局一起制订最终的行动方案，并且将物色一个出色的卡扎菲替代人的任务交给了中央情报局局长威廉·凯西。行动名字叫做"黄金峡谷"，用以作比的是传说中的古代西班牙冒险家在深山峡谷中寻找黄金城堡的故事。行动的时间被定在了晚上，因为此时利比亚的人民都在家中休息可以减少伤亡，还可以增加美军自身的隐秘性，再有就是考虑到利比亚的空军实际情况，根据资料显示虽然利比亚现在已经有了一支实力雄厚的空军，使用的全是苏联提供的战斗机，但是，相比于美军而言他们的飞行员缺少夜间作战的训练，这可以让美军得到不少便宜。

根据情报美军计划要对利比亚实施重点轰炸的地方一共有五个，它们分别是位于利比亚首都的阿齐齐耶兵营、一个军用机场和西迪比拉勒港口，另外还有位于班加西的民众国兵营，最后再加上贝尼纳军用机场，这些地方都是利比亚十分重要的军事重地，但也正因为如此，这些地方的防御严密，要想直接对这些地方精确地实施远程打击实在是难度太大，所以经过一系列的讨论研究之后，决定采用直接轰炸的办法。让轰炸机携带着重磅的精确制导炸弹直接飞到轰炸目标的上空，可是这样一来事情就复杂多了。

虽然美军的飞机够先进，特种队员们的驾驶水平又十分高超，但是面对又要携带导弹又要完成护航这样的重任，还是让特种兵们有些难以担当，相对于突击能力有限的美式战斗机，英国的F-111战斗轰炸机显然更适合此次任务。只是不知道素有铁娘子之称的英国首相撒切尔夫人会不会买里根的账呢？跟美国一样，英国也早就在1984年断绝了与利比亚的外交关系，但是英国显然不太愿意让两国之间的关系变得如同美国那样糟糕，这样不会有什么好处。

里根派特使与夫人长谈了一个多小时后终于让铁娘子答应了让美国使用英国的空军基地。至此"黄金峡谷"计划的准备工作已经算完成大半了，还有一小半就在于去说服法国、意大利和西班牙，让他们给美军的空军借个道，这样一来就能使空袭的航程缩短一半，但是里根的想法虽好，难度却比说服英国要高得多，因为都害怕引火上身，美国人想要借道的想法终究没有实现，美军只好选择让F-111战斗轰炸机绕过大西洋，再经直布罗陀海峡进入地中海了。

从天而降：卡扎菲枕边的火光

"黄金峡谷"行动的前期所有阶段内的准备都已经基本完毕，连行动预演都不知道进行过了多少次，凯西面带微笑成竹在胸。其实早在最初的"草原烈火"

行动中，美军就已经开始为这一次行动进行侦察准备工作了，他们派遣了特种队员到锡德拉湾的附近去搜集资料，得到了很多有价值的信息。现在对于美国来说，利比亚的防空系统已经毫无什么秘密可言了，包括利比亚防空兵器的战术技术性能，利比亚防空部队雷达侦察系统的构成和特点，防区内防空导弹火力以及指挥系统构成和特点，这一切都了解得清清楚楚。

锡德拉湾是典型的地中海气候，4月份正好是夏季，整个夏季里锡德拉湾的天气都是炎热干燥高温少雨。4月14日的傍晚，海面上没有风，闷得让人有些心慌，远在千里之外的英国拉肯希恩和米尔登霍尔等机场上，携带着激光制导炸弹的F-111战斗轰炸机早已经准备好了，随着"黄金峡谷"行动的总指挥第六舰队司令凯尔索中将的一声令下，整个跑道都被灯光照亮了，F-111战斗轰炸机在跑道上划出了一条漂亮的直线后顺利地起飞了。跟在它后面的还有担任警戒任务的E-2C"鹰眼"预警机和大型的空中加油机KC-10A。因为飞行路程太长，有五千多千米，这样飞机至少要在空中加四次油才能够顺利到达。

实行无线电静默和灯火管制的"美国"号与"珊瑚海"号航空母舰也开始悄悄地向南面移动，它们将在袭击行动开始前分别从海上控制利比亚的两个最大的城

★游弋于锡德拉湾的美国海军"珊瑚海"号航母

★ "珊瑚海"号航母上的舰载歼击机

市——的黎波里和班加西。航空母舰甲板上已整齐地排满了即将起飞的飞机。在行动之前美军为了迷惑利比亚，不让利比亚人发现自己想要对锡德拉湾发起进攻的意图，专门故意向利比亚的情报机构和相关部门泄露出了一个假的作战计划。根据这个假的作战计划，利比亚军方得知美军将会对利比亚发起一个长达一小时的进攻，在这一个小时之内美军将会发起三次进攻，对利比亚境内的三十多个目标实行轰炸。这些轰炸目标的范围囊括了一些重要的军事设施，还有利比亚的油田、炼油厂和输油管道等经济设施，甚至还有包括广播电视台在内的通信设施。

将攻击目标定得如此广泛其实是为了防止利比亚作出针对性的部署，要让利比亚的军备力量分散开来。除此之外美军计划了一系列的佯攻行动，把原本在地中海巡逻的"萨拉托加"号航空母舰从该地区内撤了回来，同时又把"美国"号和"珊瑚海"号这两艘一直在锡德拉湾附近海域训练的航空母舰全部都撤到了"死亡线"以北的海域。最后的结果证明美军的辛苦没有白费，利比亚果然被美军这些真真假假的计划迷惑了。在利比亚当地时间凌晨一点多钟的时候，从英国起飞的F-111战斗轰炸机终于和美军的A-7攻击机和F-18战斗机会合了。其中A-7攻击机、F-18战斗机的主要任务是给F-111战斗轰炸机担任警戒，并且干扰利比亚电子信号，并负责对五个轰炸目标之一的贝尼纳军用机场进行轰炸。

16架F-111战斗轰炸机和五架EF-111电子战飞机经过五千多千米长途跋涉,飞抵距利比亚海岸约五百千米处的美航空母舰上空。在此同时,美国海军的A-6、A-7攻击机,F-14、F-18战斗机,EA-6B电子干扰机,E-2C预警机以及海上搜索救护直升机和其他支援飞机一百多架,先后从航母上起飞了。

1时53分,美国海军、空军的14种机型150多架飞机在距利比亚海岸约500千米的地中海中部水域上空会合,组成有攻击机、战斗机、战斗轰炸机、电子干扰机、预警机、侦察机、反潜机、加油机、搜索救护直升机及其他支援飞机的多机型空中作战机群。1时54分,联合空中作战机群进一步完成空中协调,F-111战斗轰炸机对机上的轰炸系统进行了攻击前的最后一次检查。随后,空中作战机群分多路扑向各自的目标。就这样,在利比亚海岸500千米处的上空集结了一个第二次世界大战后规模最大的空袭机群。

大难不死:四十年政坛常青树

"美国"号航空母舰的指挥室里灯火通明,凯尔索中将根据卫星传真图像和高空侦察机拍摄的最新照片,再次以审视的目光注视着作战地图。站在将军身边的情报处长报告说,从各方面情报看,预定的攻击目标无任何异常。

对利比亚发起总攻的时间被定在了15日的凌晨两点。在十几分钟前,四架F-111战斗轰炸机和其他的所有参加行动的战斗机就都从航母上起飞进入了备战状态,在1点54分离总攻时间还有最后六分钟的时候,A-7攻击机和F-18战斗机首先开始对利比亚实施了强力的电子干扰,一时间利比亚的整个无线和雷达系统全部瘫痪,收不到信号的利比

★ "美国"号航空母舰

亚空军的飞机只能够在原地等候，错失了最佳的行动时间，防御导弹也全部都瘫痪了。美军趁着这个机会，六架F-18战斗机开始迅速向利比亚首都的黎波里和班加西的防空雷达站飞去，然后对着利军的雷达站连续发射了五十多枚高速反辐射导弹，面对美军的突然袭击，利比亚原先针对于那份假的美军攻击计划而作出的防御根本起不到任何作用，反而因为被分散了兵力而使得一些重要军事设施的防守反被削弱了。

利军总共有五座雷达，随着一声巨大的爆炸声，瞬间就变为了一片废墟，利比亚的防空体系也伴随着雷达的毁坏完全进入了瘫痪状态。就在其他飞机忙着扰乱利军的电子信号进行轰炸的时候，负责主攻的F-111战斗轰炸机也开始按照行动计划对既定的轰炸目标投下了炸弹。一时间整个利比亚都被炮火笼罩，爆炸声四起，火光照亮了整个天际。

同时在的黎波里的上空，16架F-111战斗轰炸机正以每小时870千米的速度飞过利比亚的海岸线，并且还是采取的超低空飞行，和地面的距离不超过60米高。这16架飞机分为了三个小编队各自飞向早已经定好的目标。

第一个小编队由八架F-111战斗轰炸机组成，他们的目标是卡扎菲的指挥部阿齐齐耶兵营，每架飞机在飞过兵营上空的时候分别投掷了四枚GBU-10激光制导炸弹，这种炸弹每枚重达2000磅。第二个小编队由三架F-111战斗轰炸机

★美军F-111战斗轰炸机

★从航空母舰上起飞的美军A-6攻击机

组成，他们的目标建筑是一直以来被认为是恐怖分子训练中心的西迪比拉勒港兵营，然后也同样每架飞机各投掷了四枚GBU-10激光制导炸弹。

第三个小编队由五架F-111战斗轰炸机组成，他们向的黎波里机场军用区各投掷了12枚500磅的GBU-12激光制导炸弹。在班加西，14架A-6舰载攻击机同时对两个预定目标发起攻击。从"珊瑚海"号航空母舰上起飞的八架A-6攻击机，向贝尼纳军用机场发射了数十枚500磅的MK-82激光制导炸弹和MK-20集束炸弹。从"美国"号航母上起飞的六架A-6攻击机则用500磅的MK-82激光制导炸弹，使卡扎菲的预备指挥所——民众国兵营陷入一片火海之中。

本来正在睡梦中的利比亚平民们，突然被屋顶上呼啸而过的飞机螺旋桨的声音和炸弹猛烈的爆炸声给惊醒，没有一丝心理准备的利比亚的民众脸上全都显现出了惊恐无措的表情，然后开始跑到了大街上寻找安全的地方躲避开美军的炸弹。

利比亚的总指挥部里，指挥官气急败坏地大声问道："为什么我们的飞机还没有起飞？我们的导弹到现在也还没有反应？"但是得到的回答却是因为雷达受到强烈干扰基本处于瘫痪状态，这才使得飞机和导弹没有办法起飞和发射。可是美军的攻击越来越猛烈，如果现在再不采取行动，己方所有的军事设施可能就会被全部摧毁了，于是最后导弹基地指挥所接到的命令是立即发射导弹，就算没有雷达也要发射。可是这样盲目地发射除了浪费弹药之外根本起不到任何作用，可是无可奈何的利比亚防空部队还是将一枚枚没有雷达指引方向导弹的不断地向天空中发射出去，导弹在漆黑的夜空中划出一道道明亮耀眼的轨迹，只是结果却可以想象，根本没有一架美军的轰炸机被击中而坠毁，这只是虚张声势罢了。

除了导弹之外，所有架设在的黎波里和班加西附近的防空炮也一起对着天空中的美军战机发起了猛烈的攻击，炮弹的火光顿时照亮了半边天空。一架防空炮趁着美军的一架F-111战斗轰炸机向兵营俯冲轰炸的这个难得的机会，一举击中了这架飞机，一个巨大的火球在半空中爆炸，然后轰的一声坠落到了地面。美军的整个轰炸在凌晨2点12分的时候终于结束了。这场让利比亚损失如此惨重的空袭仅仅只有短短的12 分钟。

在空袭结束之后，这里所有的战况就立刻传到了位于美国白宫的总指挥部。所有的美方高层官员正都汇集于此，等候着这场行动的结果到底如何。终于第一封电报带着行动成功的消息到达了白宫，所有人的脸上都显出一种如释重负的表情。最终在行动结束后，美军所有参加此次任务的150多架飞机也开始返航

这份电报是从几千千米以外的停泊在锡德拉湾的"美国"号航空母舰上发来的。当里根总统收到这份电报的时候，锡德拉湾的战斗已经接近尾声快要结束了。接着在还不到五分钟的时候，白宫内又收到了第二封报告战况的电报，报告的内容是作为第一封电报的补充，里面讲到了所有执行任务的飞机已经开始返航了，据统计，整个行动中只有一架F-111战斗轰炸机被击毁，其余的飞机都已经安全返航。

在一个多小时后，又有第三封电报随同一沓高空拍摄的侦察照片送到了里根总统的面前。这也是最后的一封电报，电报里面对这次轰炸利比亚的行动作出了最终的总结，计划里事先选定的五个轰炸目标全部都被摧毁，同时还摧毁了利比亚的五座防空雷达，击毁利比亚的飞机14架。

另外轰炸的过程中，美军虽然没有明确的表态，但是卡扎菲的官邸其实也在私下被列为了重点轰炸对象。目的就是说不定顺便还可以除掉卡扎菲，但是在这封电报上里根并没有看到卡扎菲死亡的消息，死伤者名单中只有卡扎菲一岁半的养女和他的两个儿子。这不免让里根感到了几分遗憾，但是没有关系，行动最主要的目的已经达到。

在轰炸中卡扎菲也受了伤，然后立即被转移到了安全的地方接受治疗，在轰炸时间过去两天后，一直处于失踪状态的卡扎菲终于再次出现在了媒体的面前，

不过让美国人失望的是，电视上的卡扎菲在这件事情之后还是没有改变对美国的态度，他情绪激昂地就此事大声痛责了美国一番。

卡扎菲一直都是一个非常有争议的人物，大家对他的评价很多时候都是毁誉参半。在利比亚人的眼里，他是他们的民族英雄和大救星。但是在美国人眼里他就是一个支持恐怖主义的狂人，可无论如何，在事实面前，我们都不得不承认的是，他让利比亚这个有着百万人口的国家摆脱了贫困，过上了从未有过的富足生活。

战典回响

特种战

THE CLASSIC WARS

灵活机动下的尖刀对决

命运跟美国人开了个玩笑

美国人为了能够一刀割掉卡扎菲这个毒瘤没少下工夫，或者更为准确地说是下了很大的工夫，可是最后不知道是卡扎菲跟美国人开了个玩笑，还是命运跟美国人开了个玩笑，卡扎菲还是奇迹般地生还了。美国人最强烈的进攻从15日的凌晨开始，在将利比亚的通信雷达系统全部都弄瘫痪后，美军首先开始对利比亚的雷达站发起了进攻，接着就是利比亚的首都，巨大的火球从天而降，人们在街上仓皇奔逃。惊叫声、爆炸声使整个城市都陷入了一片混乱之中。然后在短短的12分钟内，整个利比亚的首都和五个雷达站、兵营等都毁于一旦，虽然美国从来没有明白地表示过打算要杀死卡扎菲，但是当天有很多炸弹都毫无疑问地落在了卡扎菲的住处，不过幸好警惕性十分高的卡扎菲在炸弹落下之前就迅速逃跑了，才免去了一死的厄运，使得他还有机会活生生地站到美国面前继续他的反美大业 。

越打击，越顽强

有一种人，你越是打击他，他就越顽强。卡扎菲就是这种让美国头疼的人。这次空袭过后，利比亚国内的反美情绪更加高涨，电台里一直在播放着悲壮的进行曲，走在大街上到处都可以听到利比亚人民对于美国这次空袭的高声咒骂。虽然按照美国的想法，在给了利比亚一次沉重的打击之后，此时正好是对其恩威并施的时机，但是卡扎菲一点都不接受美国人的好意。利比亚的外交官反而对外宣布，美国人将会为此次行动付出巨大的代价，就像美国人在越战中一样。在空袭过后就去向不明的卡扎菲肯定也在这次空袭中受了一些伤，虽然他最后没能如美国人的愿出现在死亡者名单上。就在空袭过后两天的晚上，卡扎菲就又神奇地出现在了利比亚人民的电视屏幕上，发表了一场有二十多分钟的演讲。在整个演讲过程中，卡扎菲充分地发挥了他惊人的口才，鼓舞着利比亚人民铭记美国人给他们带来的伤痛，继续不懈地与美国战斗，用更高级的暴力行动对美国发起报复。这样看来，虽然"黄金峡谷"计划结束了，但是另一场激烈的战斗又开始了。

★ 沙场点兵 ★

👤 人物：凯西

威廉·凯西在里根担任美国总统的时期任美国中央情报局局长，虽然位高权重，但是在历任情报局局长里面他算得上是命运最为跌宕起伏的一位了。因为跟里根的私交很好，在1981年他受命出任情报局长，在位期间他权倾一时，他甚至可以在不作请示的情况下直接进入里根总统的办公室，要求各个重要部门与他合作，权力之大甚至可以与国务卿相比，并且在他的领导下，美国中情局开始大量地在海外秘密活动，势力和活动范围都大大扩张，收获颇丰。

☀ 职责：斩首行动

从卡扎菲反美时间之长、态度之坚决、过程之危险来看，他绝对可以称得上是世界反美第一人。自从他将利比亚的伊德里斯王朝推翻之后，原本美国在中东地区享有的一切特权统统都没有了。他不仅彻底废除了昔日政府的亲美政策，毫不留情地将美国在利比亚的驻军给赶了回去，还废除了与美国签订的一系列条约，限制了美国商船的行动，最让美国不能容忍的是卡扎菲虽然嘴上说不靠西，不靠东，可是却在私底下有向苏联靠近的倾向。所以美国政府这次想要除之而后快，把这个不听话的卡扎菲干掉，然后干脆在利比亚培养出一个新的代言人，来解决因为卡扎菲而给美国带来的一系列困扰。

🧭 特点：缜密

"黄金峡谷"行动可以看做是美国与利比亚之间的一场空袭与反空袭的特种战争。美国这次对利比亚发起的进攻也是美国自从越南战争后，组织实施的规模最大的一次联合作战。虽然说整个作战时间很短，但是这其中的作战计划可以说是精彩至极。每走一步都能看出指挥者在行动前进行过多么缜密的思考。虽然采用了空袭的方式对利比亚发动了进攻，但是更为主要的重点还是放在了如何精确地打击要害目标。

在战斗准备的过程中，美军为了掩盖自己调兵的意图，还故意通过各种渠道向利比亚泄露自己假的行动计划。按照这份假计划，美军将会对利比亚连续发起好几次短时间的进攻。另外，美国还在军事上作足了佯攻部署，好分散利比亚的防御兵力，从而一步步地从战略上对利比亚实行麻痹。

灵活机动下的尖刀对决

THE CLASSIC WARS

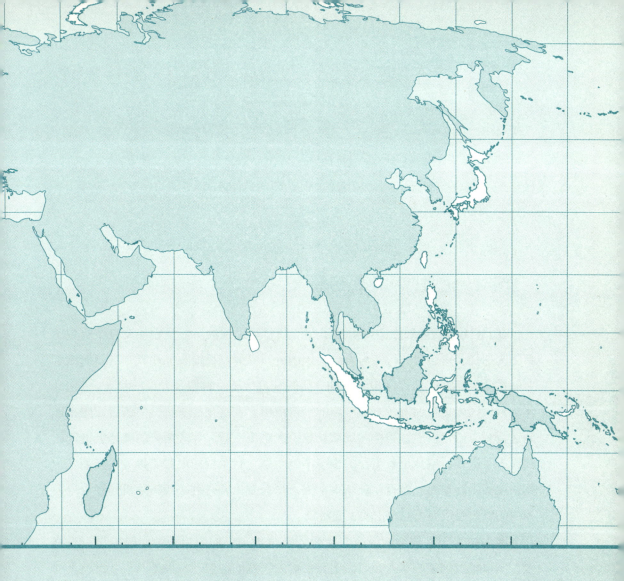

第十三章

特种部队
——引导马尔维纳斯群岛战争

　　▲一场突如其来的经济危机使得本就不太稳定的阿根廷国内形势变得更加动荡不安，为了稳定国内情况，转移人民视线，解决经济危机，重建政府威信，阿根廷攻占了属于英国管辖的马尔维纳斯群岛。于是为了夺回马岛，英国与阿根廷展开了马岛争夺战。而英国特种部队在这场战争中发挥了至关重要的作用。

前奏：通货膨胀点燃的战火

在1816年获得独立的阿根廷虽然推翻了殖民统治，但是它并没有像原先所希望的那样获得想要的稳定与发展。国内的对立局面反而更加严重，各首府派别之间的争斗不断，使得阿根廷在独立后长期都处于一种混乱分裂的状态。1981年阿根廷国内更是爆发了一场严重的经济危机，在这场经济危机中通货膨胀率达到了百分之六百以上，整个国民增长总值大幅度下降，伴随而来的就是大批的国民失去了工作，就算是有工作的也拿不到工资，有工资的面对着每天飞奔而上的物价也买不起东西。游行示威基本上天天都有发生，在解决经济危机问题上毫无建树的军政府成为人们攻击的主要对象。

因为拉美独立战争的缘故，使得大多拉美国家的政治领袖同时也是军事将领，所以拉美国家的军人在政治上有着更为特殊的地位，发展了西班牙人留下的封建经济制度与军人结合的封建军阀体制，即我们所说的军政府统治。此时阿根廷国内集军政大权为一身的人是加尔铁里。在面对国内如此混乱不堪的局面后，他决定通过一场战争来转移公众的注意力，同时解决国内的经济问题。

★阿根廷总统加尔铁里

被加尔铁里看中的地方就是位于南大西洋的马尔维纳斯群岛。它主要由两个主岛和两百多个小岛组成，岛上气候湿寒，每年的平均温度只有5℃—6℃。一年中有两百多天都是雨雪天气，著名的生物学家达尔文在这个小岛上考察后在日记中说这是一个阴森森的荒岛，这样看来这个小岛

★马尔维纳斯群岛海面上被导弹击中起火的英国驱逐舰

好像完全没有什么利用的价值，但其实不然。作为一个军人，加尔铁里首先看中的就是马尔维纳斯群岛重要的战略位置。从地图上看，马尔维纳斯群岛扼守着南大西洋和南太平洋的航道，要想进入南极就必须从此经过。其二就是这样的一个荒芜小岛竟然在20世纪70年代的时候被勘察发现，小岛南部大陆架的海底储藏有丰富的石油和天然气资源。

早在1948年，对于这座小岛的归属权问题就曾引起过英阿两国的争论，阿根廷那时就以马尔维纳斯群岛是西班牙殖民体系的天然组成部分为由向联合国提交了申请，不顾英国的反对，要求在马尔维纳斯群岛上驻兵。虽然英国一再强调自己对马尔维纳斯群岛的主权要求，但是两国在经过了十多年的协商之后终于都作出了妥协与让步，1971年，双方决定共同拥有马尔维纳斯群岛。

但是现在加尔铁里不想再和英国共享这个小岛了。1982年3月9日，阿根廷一家叫做斯科蒂斯的公司在阿根廷当局的指示下，派出了六十多人搭乘着海军的运输船来到了与马尔维纳斯群岛相距大约一千多千米的南乔治岛，想要拆除保加利亚人在岛上建立的鲸鱼加工厂，并上岛建立了营地，还在岛上升起了阿根廷的国旗唱起了国歌，这件事使得阿根廷和英国的关系急剧恶化，驻岛的英国皇家海军想要拆毁阿根廷人的营地，但是却因为阿根廷人早在登陆的时候就布好了防御，英军只能作罢。

加尔铁里本来以为英国人会坚决回击，但是却没有想到英国对此没有作出任何反应，面对英国这样不积极的态度，加尔铁里认为用武力夺取马尔维纳斯群岛控制权的时机终于到来了。在一个月后，加尔铁里派出了阿根廷唯一的一艘航母，运载着

★驻守马尔维纳斯群岛的英国皇家陆战队被阿根廷军队击溃

四千多名的陆战士兵，突然对马尔维纳斯群岛发起了袭击，岛上的全部驻守英军都被俘虏。当地的英国居民也都被赶走。阿根廷比想象中更为轻松地占领了马尔维纳斯群岛。

出兵远征：收复南大西洋失地

这件事情让骄傲的英国人大失颜面，英国方面立即与阿根廷方面展开外交商谈，但是之前在南乔治岛事件之后，两国之间的外交关系就早已经彻底中断了，这样一来两国的商谈只能够通过第三方国家来从中谈判，被称为奇怪的穿梭外交。阿根廷和英国分别找了秘鲁和瑞士充当自己的代言人，但是英国与阿根廷双方谁都不愿妥协的强硬态度，使得这场谈判并没有为争取和平解决问题作出什么贡献，反而更加坚定了英国想要武装解决问题的决心。

对于发起这样的一场战争，英国国内的民众基本上都是支持的态度，在与阿根廷关于马尔维纳斯群岛的争纷中，英国人是马尔维纳斯群岛上的第一批定居者，虽然在1770年的时候被西班牙人驱逐了出去，但是后来又重新回到了该岛，并且从来没有放弃过对该岛的主权要求。1892年，马尔维纳斯群岛正式成为英国的殖民地。而在国际舆论上，欧洲国家和美国都同情被军事独裁者入侵的英国，大部分拉丁美洲国家支持阿根廷从一个强国手中收复回自己属地的行为，另外还有的就是保持着中立的态度，不对此事发表看法的中立国家。

"铁娘子"在4月5日也就是马尔维纳斯群岛被阿根廷占领的三天后就正

式宣布要对马尔维纳斯群岛出兵远征，收复失地。计划马尔维纳斯群岛的周围两百海里的地方都会成为英军的攻击区域。随后英军立即组成了一支浩大的特混舰队，整支舰队几乎动用了整个英国海军三分之二的兵力和一些其他的兵种。因为距离遥远的原因，英国还出动了皇家海军的317特遣舰队。

作为英国皇家海军中一支具有极强战斗力的舰队，这支由海军上将约翰·费德豪斯率领的舰队其实是由好几支舰队组合而成的。其中作为整个

★时任英国首相的撒切尔夫人

舰队核心的是由海军少将伍华德指挥的航空母舰。为了对付阿根廷军队的空中战机，英军还专门在航母上配备了二十多架海鹞式垂直升降战机。

同时为了让整支舰队在战斗中能够更加灵活机动，英军还特地赋予了这支特混舰队一定的自主权，让他们可以将兵力深入到马尔维纳斯群岛的沿海。在作战斗准备的时候，阿松森岛上还专门建了一个小型的空军基地，在空军基地参与训练的飞机也都是为此次行动专程准备的如FGR.2战斗轰炸机、空中加油机等。

现在除了317特遣舰队外还有另外的一支海军特遣舰队，与约翰·费德豪斯指挥的特遣舰队不同的是，这支特遣队的主要力量是两栖登陆部队。

提前进入：兵马未动，特种兵先行

英国将要出兵远征，收复南大西洋失地的消息虽在4月5日时才发出，但是这并不意味着英国从此时才开始军事准备。在正式军队为了远征而集结的时候，英国的特种部队早已经悄悄地先行一步了。

"特种部队绝对不能够等待上级的命令，必须要主动出击。"抱着这样的信念，英国特种空中勤务部队司令彼得·德拉比利立刻觉得是时机让自己的特种部队为这次英国夺回自己的属地做出什么了。得到消息的当天晚上他一直在办公室里思索着，他相信首相一定会采取行动收复马尔维纳斯群岛，于是他立刻打电话

★马岛战争时，国防大臣约翰·诺特和撒切尔夫人在一起。

给参谋长让他先到国防部去了解一下马尔维纳斯群岛事件的具体情况。看看可不可以在其他部队行动之前就率先前往马尔维纳斯群岛。

与被动受命不同，彼得一直喜欢的是主动出击。战斗经验丰富机智过人的他在了解了所有的情况后，准确地判断出这场行动中作为主攻力量的一定是海军部队。于是亲自拜见了海军舰队的约翰上将，向他提出了在军队进行任何进攻之前可以先派出特种部队上岛，进行侦察和收集情报的活动。这个提议很诱人，彼得相信约翰上将作为一个优秀的指挥官是不会不心动的。

彼得会如此执著地让自己的特种部队参加此次行动，是因为对于特种部队在现代战争中的作用他从来没有怀疑过，只要能够合理合适地运用，那么它绝对会成为战场上最锋利的利刃，一下就能够插入敌人的心脏将敌人置之死地。但也因为对于特种部队的了解，他知道如果让特种部队首先潜入马尔维纳斯群岛执行任务，必须要冒着很大的风险，孤军深入没有援军在旁，特种队员一旦不小心被捕就很有可能会使英军的整个行动计划泄露，并且还会带来非常不利的政治影响。因此自己的计划想要得以顺利通过，不光要得到最高军事当局的批准，还必须要得到最高政治当局的支持。因此他一边在最大程度地搜集所有对马尔维纳斯群岛作战有利的资料，同时还在紧张的备战时间里专程抽出了时间去拜会了国防大臣约翰·诺特和国防参谋长特伦·卢因。想要先说服他们两人，然后再进一步地让他们说服撒切尔夫人和内阁。

经过彼得的努力游说，最终这个行动计划被批准了。而此时的彼得已经离开了英国本土乘坐着飞机到达了大西洋深处六千多千米的一个叫做阿森松的小岛上去了。阿森松岛是位于英国在大西洋的海外领地，是一座休眠中的活火山。由于与世隔绝十分荒凉的地理环境，英国一直没有在上面驻军。直到1815年拿破仑被流放到了离此处不远的圣赫勒拿岛后，为了防止拿破仑逃跑，英国人才在此派遣了一支小分队驻扎。

二战的时候这个小岛被美军修建成了一个空军基地，作为美洲至南非之间的一个运输中转地。虽然现在被废弃了，但是英国皇家空军却又将此处利用了起来，在将这里修整后成为自己的空军基地。现在特种部队的队员们正在这里进行训练，准备战斗。在收集情报的时候，彼得发现这里非常适合作为这次收复马尔维纳斯群岛战争的补给中转站，所以就把这里作为了特种作战的模拟训练场地了。特种小队的队员们自从一上岛就专门针对马尔维纳斯群岛的地形和天气等各个方面，作出了一系列的训练来适应当地的作战环境。

初露锋芒：南乔治亚岛的枪声

很多人都以为执行这次任务的是英国皇家特别空勤团，其实这次参加作战任务的特种小队除了特别空勤团外还有一支较少人知道的部队，即英国海军特别舟艇中队，他们被称为"哥德曼"中的"哥德曼"。在二战的时候为了突袭被德军占领的波尔多港，英国海军陆战队专门组成了一支临时海上突击队，这支小队就是现在我们所说的特别舟艇中队的前身。

4月19日，英军特混舰队在阿森松岛补充好补给后迅速南下。收复马尔维纳斯群岛的行动正式开始，这支特混舰队的第一个目标便是收复南乔治亚岛。南乔治亚岛位于南大西洋南部，正好在马尔维纳斯群岛主岛的东面，整个小岛的面积不大，只有三千多平方千米，并且岛上的气候极其寒冷，基本上有四分之三的土地常年都被冰雪覆盖着。但是因为它重要的战略地位，阿根廷在占领了马尔维纳斯群岛之后就立即派遣了士兵在此地驻扎，但是因为南乔治岛的位置远离大陆，补给不方便，阿根廷也没有办法在岛上集结重兵，总共只派了两百多名士兵，并且下令让阿斯蒂兹上校作为这支小队的指挥官。特工出身的

★准备出发的英国特种兵战士

★特混舰队司令伍华德海军少将

阿斯蒂兹十分擅长迷惑敌人。在考虑到岛上的实际环境和地形之后，他在岛上进行了巧妙的布兵，使得整个小岛从外面看起来好像守卫森严，有重兵驻守一样。但是英国特混舰队的总司令伍华德并没有上当，对于这个小岛英国也同样看重，只要能够将南乔治亚岛占领就等于说有了一个攻占马尔维纳斯群岛的跳板，控制住了马尔维纳斯群岛的门户，同时也能够打击阿根廷的士气给其一个警告，使得英国在以后与阿根廷的谈判中底气更加充足，占据有利的位置。所以无论岛上是否真的有阿根廷的重兵把守，英国人也一定会把攻打南乔治亚岛作为收复马尔维纳斯群岛的第一步。决议定下后，伍华德下令对南乔治亚岛进行侦察。

伍华德派遣了一架安装有空中照相设备的加油机飞往南乔治亚岛的上空进行侦察，但令人遗憾的是当飞机到达了南乔治亚岛的上空后天气突变，海面上出现了大雾，能见度极低根本不可能拍照，飞机只能够飞回来。飞机不行，伍华德又派遣了特别空勤团和特别舟艇中队的16名队员搭乘着一架直升机进行侦察，但是不走运的是天气又一次突变，岛上突然降起了暴风雪，导致侦察行动再次无法进行。

这一次过后英军再也不敢轻举妄动，直到两天后天气彻底好转才决定再次派兵前去侦察。这一次的侦察小组人数比上次少，只有14名特别舟艇中队的队员。22日深夜，所有的队员搭乘飞机前往南乔治亚岛，在上飞机前队员们就已经装备齐全，身着黑色潜水服，携带着必要的武器和夜视望远镜等设备，还有专门用来发送情报的微型发报机。

当飞机在预定的海域上空准确地悬空停好后，队员们开始顺着从飞机上放下的绳索迅速下滑到早已经在此处等候浮出的核潜艇上。然后再搭乘核潜艇直接到达南乔治亚岛，潜艇在距离岸边还有几千米的地方停了下来，队员们换乘上了橡皮艇好登陆。在登陆之后，14个人分为了两个小组开始分头行动。一组人向岛上的格利特维肯港口而去，探察港口附近的防守兵力，另一组人则去侦察岛上西

特种战

灵活机动下的尖刀对决

北部的阿根廷火力配置情况。并且还要选择出一个合适的地点供英军进攻时直升机降落用。最后从特种队员们带回的情报来看，阿军并没有在岛上部署太多的兵力，所有的哨所警惕性也不是很高，这对于英军来说确实是个好消息。

本来一切准备进行得十分顺利，但是没想到在特种队员把情报带回来一个星期不到的时间内，阿军在南乔治亚岛的驻军就有了新的变化，一架在马尔维纳斯群岛附近海域执行巡逻任务的英国皇家直升机在格利特维肯港口意外发现了一艘阿根廷的潜艇。这是以前从来没有意识到的问题，飞行员立即把这个新发现上报给了特混舰队司令伍华德上将。

得到这一消息后伍华德上将果断地下达了命令，将这艘来意不明的阿军潜艇立即击沉。于是四架反潜艇直升机立即从航母上起飞到达了潜艇的上空对其发起了猛烈的攻击，当即就有一枚导弹击中了这艘正在海中"悠闲"游曳的潜艇，潜艇在中弹后发生了严重的倾斜，失去了下潜的能力，只能够全速向着最近的港口驶去，最终在港口的滩涂上搁浅，潜艇上的船员死伤大半。

对于英军来说这实在是一个意外的收获，但是对阿潜艇的这次进攻行为也充分地暴露了英军想要攻占南乔治亚岛的意图，所以伍华德作出决定，要在阿军作好防御部署之前就对该岛发起进攻速战速决。

于是在4月27日的凌晨，英军攻占南乔治亚岛的行动终于开始了，此时天还没有亮，南乔治亚岛的上空除了几颗光芒微弱的星星外一片漆黑、寂静，但是远处的夜空中英军的二十架直升机在五架攻击直升机的掩护下正悄悄地向小岛的上空飞来，英军下定了决心要一举拿下这个小岛，共派了空勤团里400名突击队员来执行此次任务。另外还有由特别舟艇中队队员组成的两个突袭小队，从海面上乘坐橡皮艇准备在小岛的格利特维肯港口西北部登陆，根据侦察这里的驻军十分薄弱。

几十分钟后，搭载着特种队员的直升机顺利地在早已经潜入南乔治亚岛的地面侦察小组的接应下，在离格利特维肯港

★准备登上直升机的英国特种兵

★占领南乔治亚岛的英国士兵

口还有几千米的地方降落了，领队的肯特中校在飞机降落后立即率领着队员们极为小心地向着港口方向而去，这个推进的过程十分隐秘，沿途阿军的守军根本没有发现，他们也从来没有想到英国人会有办法从他们的背后发起进攻。因为阿军早就在港口后的丛林中布满了地雷，他们认为绝对没有人能从这里顺利度过。但是却不知道早在进攻之前英军的特种队员就在侦察的时候发现了这里埋藏的地雷，然后将其一一清除了。

所以当肯特和英军的特种队员们出现在港口的时候，守卫的阿军除了大吃一惊外没有作好任何迎敌的准备。另一边从海上登陆的特别舟艇中队的队员们也登陆了，同时配合着特别空勤团牵制着南乔治亚岛北部的阿军。根据计划肯特和自己的队员们最重要的任务就是捣毁掉阿军的指挥部，让阿军陷入无人指挥的混乱局面，给后续的登陆部队铺平道路。

本来还在睡梦中的阿军被突然而至的枪火声惊醒，还没有清醒过来拿起身边的武器时，就被闯入的英军特种兵们一枪毙命。其余的大部分人都被用枪抵住了脑袋，多数阿军都放弃了抵抗，缴械投降，少部分还在负隅顽抗，但也对战局产生不了任何影响了。最终在这一场突袭中阿军死伤无数，英军顺利地占领了格利特维肯港口，南乔治亚岛又重新回到了英军的手里。

平坦大道：清除最后一颗"钉子"

英军在成功攻占了南乔治亚岛之后，终于有了对于远洋作战来说必不可少的一个中转点。这对于英军来说是整个攻占马尔维纳斯群岛计划中的一个重要步骤。然后在占领了南乔治亚岛的第二天，英军的特混舰队就开进了马尔维纳斯群岛附近的海域，并且完成了针对马尔维纳斯群岛的全部战略部署。同时根据新获得的情报制订出了攻占马尔维纳斯群岛的具体计划。因为是远程作战，英军的军队数量上并不占优势，所以只能够靠突袭取胜了，然后要避开阿根廷军队的锋芒从弱处下手，这样才能够让阿根廷军队防不胜防。所以最终经过再三的挑选后，登陆作战的地点被选在了圣卡洛斯港。

整个马尔维纳斯群岛是由两个主岛外加一些环绕着主岛的小岛组成的，在两个主岛的中间是福克兰海峡。英军精心挑选出来的登陆地点圣卡洛斯港口就位于福克兰海峡东岸的一个船舶停靠地的底部。这样一来如果想要从圣卡洛斯港登陆的话，就不可避免地必须要经过福克兰海峡北端。这对于登陆行动是十分危险的，因为在福克兰海峡的北端正好是有着阿军驻兵的佩布尔岛，阿军在这个小岛上驻扎了一支警卫队用来守卫岛上的五座雷达站，同时该岛上还有一个小型的简易机场，供驻岛的一批攻击机和用于运送物资的运输机使用。

从岛上往圣卡洛斯港口的方向望去，可以将整个福克兰海峡北端的情况尽收眼底。现在看来，阿军在这里的驻军成为了英军登陆的一个极大阻碍，如果不把这颗妨碍行动的钉子拔掉的话，英军的登陆作战计划就没有办法执行了。所以英军决定在行动前首先派出特种部队将这颗钉子拔除。

执行任务的是属于英国皇家陆军的特别空勤团，在接到了行动命令之后，肯特中校立即挑选出了几名优秀的队员，然后自己亲自带队去执行这个任务。在接到任务后第三天的夜晚，肯特派遣了几名队员搭乘着一艘小艇在没有被任何人发现的情况下潜入了佩布尔岛进行侦察，他们将岛上阿军的驻兵情况全部摸清楚后就返回了，然后把情报报告给了肯特，根据情报，肯特连夜制订好了行动方案，决定在12号的晚上正式行动。

当天夜里，肯特率领着八名队员首先搭乘着直升机到达了与佩布尔岛相隔

★英"皇家特别舟艇中队"向圣卡洛斯港阿军滩头阵地冲锋

的马尔维纳斯群岛西部主岛的海岸边，他们将要在这里借着夜幕的掩护换乘橡皮艇，然后横跨过福克兰海峡登上佩布尔岛。作为英军特混舰队的先遣部队，他们的任务是首先登上佩布尔岛更详细地侦察敌情，然后为主力部队扫除登陆的障碍，作好接应。可是就在肯特和队员们准备搭乘小艇的时候，天气突然发生了变化，海上狂风大作，掀起了汹涌的海浪。如果这个时候强行乘坐橡皮艇，橡皮艇肯定会被大浪打翻，所以任务只能够又往后推一天了。肯特下达了命令，让队员们在原地休息一晚。

这就样到了第二天的晚上，也就是13号的时候，虽然风浪并没有停止，但是与昨天晚上相比已经小了很多，行动的时间不能再拖延了，肯特决定不再等待，于是所有人冒着风浪搭乘着橡皮艇向对面的佩布尔海岸出发，虽然风浪让队员们在登陆的时候费了不少力气，但是最后大家都成功地登陆了。

为了不让阿根廷的驻军发现自己的行踪，在登陆后肯特就让队员们将橡皮艇沉入了海底毁灭了登陆痕迹。然后在徒步行走了几个小时后，他们终于登上了岛上唯一一个飞机场的所在地，一个小高地。他们在附近找到了一个可以把阿军在岛上所有驻军和整个机场尽收眼底的绝佳位置，然后专门派了一个队员留在这里对阿军进行监视，其余的队员则对整个佩布尔岛上阿军的驻军开始更详尽的侦察，把阿军机场上停留了多少架作战飞机和雷达周围的警卫情况都侦察得清清楚楚。

14号天亮的时候，肯特和队员在岛上选择了一个隐蔽的位置休息和恢复体力。很快，太阳从海岸线上落了下去，又一个夜晚到来了。与此同时英军的"安特里姆"号驱逐舰已经抵达了佩布尔岛的南侧，占据了有利的射击位置，作好了为特种小队登陆掩护和支援的准备，因为天气原因，搭载着特别空勤团队员的英军直升机比计划时间晚了半个小时，等飞机悄悄飞到了佩布尔岛的上空，在肯特早已经选好的一个做好了标记的隐蔽、安全的空地上降落后，可供安全作战的时间只剩下三十分钟了，特种队员们迅速地登上了岛，把佩布尔岛上的有利地形都占据了，作好了接应后续部队的准备。

在空地上等待飞机降落的肯特在看到飞机安全落地后，就立即与飞机上的队员会合，这架飞机上总共运载了三十名特别空勤队员。现在人员到齐后肯特将队员们进行了全新的编组，分为了负责不同任务的三个小组，然后带着其中的一个小组在其他两个小组的掩护下向阿军机场奔去。

负责掩护的小组在远离机场大约五十米的位置，对着闻风赶来的阿军巡逻

★英国舰队的"安特里姆"号驱逐舰

队开始了一番猛烈的射击，这些特种队员们都配备了最先进的带有红外激光瞄准镜和消音器的狙击步枪，虽然是在黑夜中，但是依然不妨碍特种队员们表现出他们经过千百次训练换来的精准枪法，很快这一小队阿军就被全部消灭了，肯特和队员们趁着阿军的援军还没有到来的时候，抓紧时间将机场的油库点燃，然后又摧毁了阿军的弹药库，另外的一支小队则把阿军停在机场的所有飞机都安上了定时炸弹。

在海岸边掩护支援的"安特里姆"号在接到了行动开始的命令后，立即开始对驻扎在岛上机场附近的阿军进行了轰炸，巨大的爆炸声把岛上的阿军都惊醒了，慌乱中的阿军冲出营房想要前往机场增援，但是这样一来就正好进入了早已伏击在那的特种队员的狙击范围内，一时间岛上一片混乱，阿军遭受了严重的损失，阿根廷在佩布尔岛上的防守驻军基本被英军消灭。

烟消云散：马岛重归英国

英国特种部队攻占马岛的过程艰难坎坷，很多优秀的战士血洒沙场，献出了年轻的生命，在痛失战友之后，其他队员并没有气馁，也没有惧怕，而是更加顽强地战斗着，在英国的特混舰队安全驶入福克兰海峡后，英军的下一个目标就是向着圣卡洛斯港进发，这是英军对阿根廷军队最后的攻占，之后他们向着最后的目标——马岛进发。

要进攻马岛首要的任务就是要先摸清马岛的具体情况，在马岛上究竟有多少阿根廷的军队，他们的部署是怎样的，他们的火力情况如何，英军需要用什么样的战术才能一举歼灭马岛上的阿根廷军队，拿下马岛。这个艰巨的任务被分配到了英国特种部队的手中，他们要摸清马岛的情况，尤其是马岛的登陆门户——圣卡洛斯港上阿根廷军队的部署情况，以便于英军大部队的登陆。

在接到任务之后，肯特中校带领着他的上百名特种部队队员向马岛进发，他们兵分两路，一路乘着橡皮艇在夜色的掩护下潜入马岛，另一路由直升机空降直接进入马岛。在两个小组到达之后，他们又根据当地实际的地理状况和战略部署，分成了数个小组。为了掩人耳目，不令阿根廷巡逻军人产生怀疑，这几个小组的特点就是伪装得好，尽可能分得组多人少，不易让人产生怀疑，部分小组潜入当地的丛林中，另有部分小组就住在当地英籍居民的家中。实践证明，这种方法非常成功，将他们的行踪隐蔽得非常好，他们在没有被敌军发现的情况下，完成了自己的任务，摸清了马岛的一切状况，将阿根廷军队在马岛上的部署了解得一清二楚：阿根廷军队围绕着斯坦利港建设了三道防线，其中，在斯坦利港布置的兵力最多，占马岛全部守军的2/3，大约有7000人，而作为马岛的门户——圣卡洛斯港的兵力却十分薄弱，只有很小的一部分守军，大概只有50人，而其他的地方与圣卡洛斯港的情况大致相同，都是只部署了很小的一部分兵力，只有小股力量的部队防守。

伍华德将军作了一个十分正确的决定，这

★在斯坦利港进行防御的阿根廷军队

就是先打击敌人的薄弱环节，从敌人的薄弱环节打通一个入口，由此进入更加容易，成功的几率也就更加大，于是，伍华德将军带领他的特种部队进攻圣卡洛斯港。按照预先的计划，特种部队化装组成了一组"牧羊人"，他们借助"牧羊人"的伪装在大部队登陆之前首

★英军准备在圣卡洛斯港登陆

先潜入圣卡洛斯港，他们与阿根廷的军队首先进行第一场决斗。

　　此时，英国发出广播说英国暂时不会进攻阿根廷，这是英军向阿根廷军队发布的假消息，这个消息误导了阿根廷的军队，使得阿根廷的军队在思想上松懈下来，他们相信了英军的广播，心理战线放松了下来，不再处于一级战斗状态，松松垮垮，就是这样的状态。才给英军提供了进攻的最佳时机和最佳的应对状态。"牧羊人"们在这些满心以为自己不会受到袭击的阿根廷军队的眼皮底下，已然悄悄地潜入了阿根廷军队的范围，他们成功的伪装没有引起阿根廷军队的任何怀疑，这群"牧羊人"甚至还与阿根廷的军队有近距离的接触，可是阿根廷的军队都没有发现。"牧羊人"在夜色的掩护之下，接近敌军的营地，在阿根廷阵地的边界地区悄悄地俘虏了九个阿根廷士兵，即使如此，阿根廷军队还是一无所觉.

　　在午夜的时候，"牧羊人"开始发动进攻，他们首先摸清了阿根廷军队弹药库的位置，并且引爆了他们的燃料罐和弹药库，在突然出现的炮火中，在瞬间失去的基础物资供应中，处在悠闲中的阿根廷军队顿时慌了手脚。马岛上的阿根廷守军一时人仰马翻，阿军营地顿时笼罩在一片焦躁的气氛中，人人都惶惶嚷嚷，军心大乱。

　　与此同时，英军的大部队也开始了最后的进攻，一艘英国舰船在夜色的掩护下，隐秘地驶过福克兰海峡，在到达了圣卡洛斯港后，三个突击营的兵力划着橡皮艇，秘密登上了海滩，不仅如此，空军力量也在部署行动着，两个伞兵

★英军"海王"式直升机

营的兵力也在黑夜中到达了圣卡洛斯港阿根廷守军的后方，随着一阵轰鸣声，一架"海王"式直升机和一架"小羚羊"式直升机停在了阿根廷守军后方的上空，陆军与空军开始了对阿根廷军队的前后进攻，在英军前后夹击猛烈攻击下，阿根廷军队被打得溃不成军。阿根廷的军队一开始从心理上就输了，他们没有坚持反抗，没多久，在英军还没有发起最猛烈攻击的时候，阿根廷军队就宣布投降了，英国军队占领了圣卡洛斯港，英军的下一个目标就是马岛的斯坦利港。他们兵分两路，向着目的地进发。

按照预先的计划，英军接下来的目标是古斯格林，这是位于英军先前占领的圣卡洛斯港以南40千米以外的一片宝地，它三面环海，一面沼泽，位于一个突出地带上，它连接马岛南北狭长结合的地带，要彻底攻占马岛，这是英军一个必须占领的地方，由伊恩·斯坦利少校带领着特别舟艇中队50名队员和伞兵第二营作为前锋，为南路的英军开路。这是一个重要的海港，在阿根廷军队占领了马岛之后，就在此地驻扎了一部分的部队，并且修建了一个简易的机场，有助于交通，这是阿根廷军队防守的重要地点。

在夜色的笼罩下，英军的部队出发了，队员们每人负重55千克，备齐了自己的单兵装备，并且又集体加带了些防空反坦克武器，由斯坦利少校带领，他们开始向目的地进发。他们接受着严酷的地形考验，崎岖的山路和沼泽都挡不住他们前进的步伐，他们在蜿蜒难走的山路上行走了30多千米，但是不凑巧的是，他们在距离目的地——古斯格林约五千米的时候，与一支正在巡逻的阿根廷军队正面遭遇，双方进行遭遇战，由于斯坦利少校卓越的领导才能，两分钟就结束了战斗，英军获胜。可是这也暴露了英军的位置和目的，使得阿根廷军队有所觉察，于是在南路的英军正式向古斯格林发起袭击时，阿根廷军队已经作好了作战的准备，他们调遣了多于英军两倍的兵力，并临时派遣了六架"普拉卡"式阿军攻击机。

5月28日的凌晨，双方激烈地战斗着，很快，由于阿根廷军队猛烈的炮火，英军的进攻队形被打乱，英军不得不改变作战方针，斯坦利少校带领着特别舟艇中队找了一处比较隐秘的高地，用防空导弹击落了阿根廷军队的四架"普拉卡"式攻击机，其余的两架看到"毒刺"导弹这么猛烈的进攻和精准的发射位置，也都落荒而逃。

防空导弹强劲的威力给阿根廷军队造成很大压力，阿根廷空中的战斗防线被打垮，空中没有了阿根廷军队的进攻，英军所受的威胁小了很多，于是，英军重振旗鼓，准备下一次进攻，在一番休整之后，两辆"蝎"式装甲车向着阿根廷的军队进发了，英军士兵在这两辆装甲车的掩护之下，开始向阿根廷军队发起猛烈的进攻，而阿根廷军队也不是软弱的，他们对英军激烈的火力进行了顽强的抵抗，没有一丝一毫的退让。

阿根廷军队猛烈的火力击毁了英军的"蝎"式装甲车，没有了装甲车的掩护，英军只好又改变了作战方案，斯坦利少校认为应该先打击阿根廷军队的重机枪阵地，只有重机枪阵地先被摧毁，才能将英军的损失降到最小。

★阿根廷"普拉卡"攻击机

★英军装备的"蝎"式装甲车

于是，斯坦利少校与伞兵二营指挥官琼斯商议，决定由伞兵的特别舟艇中队首先攻下阿根廷军队的重机枪阵地，特别舟艇中队接到任务后，在很短的时间内就攻下了阿根廷军队的重机枪阵地，没有了重机枪阵地的火力，阿根廷军队的抵抗明显减弱了。

伞兵部队趁着阿根廷军队阵脚大乱的时候，又向阿军发起了第二次进攻，阿根廷军队很快就败下阵来，宣布投降。当英军准备受降的时候，却踏入了阿根廷军队的圈套，遭到了阿根廷军队的伏击，不幸的是，英军痛失优秀的指挥和战友，营长琼斯中校和他的副官当场牺牲。阿根廷军队借着短暂的胜利士气大增，立即组织反击，强烈的火力迫使英军退回原来占领的高地。

16时，英军的支援部队及时赶到，为英军增加了战斗士气，英军的战斗力量又更加壮大起来，南路的英军后续部队赶到后，加入了战斗的行列，特别舟艇中队也改变了作战方针，他们悄悄地从南岸绕到了阿根廷军队的后方，他们行进得十分的隐蔽和小心，以至于阿根廷军队丝毫没有察觉，直到特别舟艇中队到达距离阿根廷军队10米处时，阿根廷军队才有所察觉，他们顿时处于一片惊慌错乱、措手不及之中。

与此同时，伞兵的第二营又重新组织了进攻的策略，从阿根廷军队的正前方开始发起攻击，他们使用"米兰"反坦克导弹向阿根廷军队发起了激烈的进攻，这种导弹的威力极大，最早是由北约设计使用的，当时是为了打击苏军坦克的步兵装备。阿根廷军队面对如此强大的火力进攻和越来越吃不消的前后夹攻，终于败下阵来，29日宣布投降。

英军取得了这场战争的胜利，成功占领了古斯格林这一重要地方。为了早日取得战争的最后胜利，天还没亮，特别舟艇中队就带领着南路英军向马岛的斯坦利港进发，与此同时，北路英军也行动起来，他们组建了一个突击队，由肯特作队长带领，这支突击队由特别空勤团60名队员组成，队里个个都是特别拔尖的优秀战士，他们作为先导部队，同一时间向斯坦利港进发，陆战第四十二营、伞兵第三营紧随其后，在5月31日的时候到达了肯特山附近，肯特山是位于马岛中部的一座战略要地，要想进攻斯坦利港，先解决肯特山是必不可少的过程，因此，肯特山也是阿根廷军队的重点防守阵地。

肯特将他手下的兵力分成三股力量，第一第二股是主要的作战部队，他们分别潜入南北两侧绕道到阿根廷军队的后方，秘密潜入敌军的阵地，准备突袭。第三股部队留在前方打击敌人，这一队只留下了少部分的队员，目的就是使阿根廷军队上当，让他们以为英军的所有主要战斗力就在前方，由此牵制了西侧的阿根廷军队，这样，阿根廷军后方的军队力量就会相对薄弱，重要的兵力和战斗设备都被派往了前方，所以后方是阿根廷军队的软肋，作为主要进攻力量的第一第二小队就能轻而易举地从后方捅向敌人的心脏，让敌人一命呜呼。

★在斯坦利港登陆的英军

战斗打响之后，仅用了一个小时的时间，英军就成功地牵制住并歼灭了敌军，占领了阵地，战斗虽然胜利了，但是英军伤亡还是很惨重，肯特中校的一条腿就在战斗中被阿根廷军队的炸弹给炸断，被送往了后方。成功攻占了肯特山后，进攻最后一个最终目标——斯坦利港成了瓮中捉鳖，斯坦利港完全在英军的包围之下。英军总攻斯坦利港的战斗终于打响了，各支队伍都开始行动，英国特别空勤团和特别舟艇中队的队员们沿着一条秘密的通道到达阿根廷军队的前沿，这条通道是早先在清理雷场时预留的，就是为了这一刻的进攻。

在渗入阿根廷军队内部后，他们利用先进的红外线瞄准镜在夜间对阿根廷军队实施突袭，在此期间，阿根廷军队也表现得十分顽强，他们并没有急于向英军开火，而是节约弹药，并且讲究一定的作战方式，他们等英军走到近处才开火，一下子消灭了不少英军，英军伤亡惨重，忙呼叫强大的舰炮火力支援，舰炮火力将阿根廷军队阵地夷为平地，阿根廷军队伤亡惨重，英国登陆部队在英国特种部队的引领下，到达了斯坦利港区内，终于在6月14日7时30分，阿根廷军队抵挡不住英军的火力，宣布投降，至此，马岛又回到了英军的手中。

战典回响

为马尔维纳斯群岛战役打开通道

在英军攻占马尔维纳斯群岛的战役中，英军特种部队参战的人数在所有参战士兵人数中的比例虽然不大，但是这次战役的成功却绝对少不了他们，因为正是这支人数不多的特种部队为英军打开了进入马尔维纳斯群岛的通道。

英国特种兵在这次战役中最为突出和值得称赞的成功经验主要有三个方面。第一个方面就是上面已经提到过的行动十分隐蔽，使得英军对阿根廷的打击完全做到了是一个意外的"惊喜"。英军的特种作战部队每次行动的时候都没有固定的线路，有时候是从空中出现，有时候又是从海里，还有的时候会利用天气和环境等自然因素，悄无声息地渗透到敌人的阵地。这大大增加了行动的隐蔽性和打击的突然性。第二就是任务多样，执行任务的方式机动灵活。在这次收复马尔维纳斯群岛的战役中，英军特种部队除了进行最基本的侦察任务之外，还完成许多其他的如监视、狙击、引导等多种任务。同时还在主力部队没有到达的时候对驻岛的阿军进行了广泛的突然袭击，让阿军的驻军专注于对付这些特种队员而忽略了自身的防守，替英军的主力部队进入马尔纳维斯群岛减少了阻碍，因为这些特种兵的存在，登陆部队基本没有怎么遇到阿军的抵抗就登上了马尔维纳斯群岛。

★沙场点兵★

人物：彼得·德拉比利

彼得·德拉比利是英国现代著名的军事将领，他1934年出生在一个军人家庭，他的父亲在他很小的时候就去世了，但是在单亲家庭长大的他并没有因此而染上什么不良癖好，母亲给予了他足够好的家庭教育，同时与同龄的孩子相比，他显得更加聪明好动，勇于冒险和能吃苦。

在他还没有达到参军年龄的时候，他冒名顶替了别人的名字混入了军队，参加了朝鲜战争。之后的每一次战斗他都会自告奋勇地参加。

从朝鲜战场回来的第二年他就凭着自己优秀的表现通过了英国空中勤务部队的选拔。由于他的吃苦耐劳，积极好学，他在空中勤务部队中的各项成绩都是拔尖的。随后他又在多次的特种行动中大显身手，多次立下了战功。

职责：破坏军事设施

英军攻占马尔维纳斯群岛的行动在夺下了南乔治岛后便有了一个可供英军远洋作战的立足点。这样一来英军就决定从圣卡洛斯港口附近登陆，然后再乘其不备发起进攻。可是英军经过侦察后发现，阿根廷在通往港口的必经小岛佩布尔岛上修建了一个简易的机场，在这个机场阿根廷进驻了一批攻击机和侦察运输机，同时还有雷达和警卫部队。所以这个小岛现在成为了英军登陆最大的障碍。于是英军决定在行动之前一定要先将这个钉子拔掉。可是如果用飞机对这个小岛进行轰炸的话，不仅效果很不理想，也很有可能将英军准备登陆的意图曝光，所以特种队员们必须将这个小岛也破坏掉。

特点：隐蔽

在这次的马尔维纳斯群岛登陆战中，英军的登陆兵力是少于阿根廷在岛上的驻守兵力的，主动权其实更多地掌握在阿根廷一方，这样一来英军仍然选择让自己的部队先隐蔽。通过采用一些出其不意的手段来迷惑阿根廷，最后再充分利用自己的优势，获得最终的成功。

为了迷惑敌人，增加特种部队的隐蔽性，在登陆前英军就对斯坦利港和古斯格林等地方进行了频繁的轰炸，然后同时出动了舰艇伴攻，这样一来阿根廷驻军的大部分兵力就被吸引走了，隐蔽在暗处的特种部队现在才开始出动。

在登陆地点的选择上，英军也是煞费苦心，最后选出来的圣卡洛斯港位于马尔维纳斯群岛东岛的西边，与西岛仅隔着一条福克兰海峡。岛上面地形崎岖险要，根本没有什么可供登陆的海滩。同时福克兰海峡的地形也不利于登陆舰艇的航线。

阿根廷人从来没有想到英国人竟然会选择这样的地方登陆。但是对于英军来说这个地方确是一个绝佳的登陆好地点，除了阿根廷在这里的驻军薄弱外，这里的地形也同样限制了阿军的机动兵力。最后就是英军特种部队在行动时间上的选择，专门选择了一个大雾的天气进行登陆作战，利用雾气作为自己的天然屏障，使自身隐蔽起来，这才是整个行动计划中最妙的一笔。

灵活机动下的尖刀对决

THE CLASSIC WARS

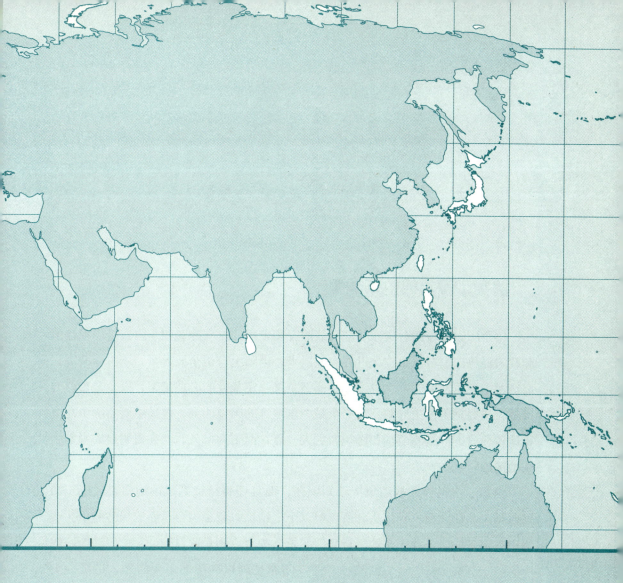

第十四章

反恐
——"摩萨德"万里突袭

　　▲ "摩萨德"作为世界闻名的情报组织，以其雄厚的实力和传奇的历史让世人关注，在其辉煌的历史中，它为以色列的国家安全立下了汗马功劳。从以色列建国初期的中东战争，到冷战结束后以色列与阿拉伯国家的对峙，从国家间的战略破坏，到与恐怖分子的斗智斗勇，我们都能看到"摩萨德"成员的飒爽英姿。

前奏：漫长的中东战争

每个历史阶段都有国家或地区的冲突和矛盾，这些冲突和矛盾直接体现在国际政治局势上。自从第二次世界大战以来，国际上有两个最显著的矛盾和冲突，而这两个矛盾冲突的发生也绝不是偶然，是一定条件的必然结果，一个是东西方冷战，主要是美苏主导的；另一个是中东地区的阿以冲突，这最重要的两个冲突相比较而言，冷战的范围和影响力更大一点，而更为持久、冲突更明显的则是中东地区的阿以战争。

自第二次世界大战结束持续到现在，而且还将持续到更远的将来，还不知何时结束，让人望不到尽头，所以可以下个结论，就是当今世界的局势的重头戏集中在中东地区，而中东地区最激烈的矛盾冲突点则是阿以的冲突，巴勒斯坦的问题是阿以冲突的主要问题，这场冲突的起始就是自以色列建国开始的。阿拉伯国家虽然同情犹太人在二战时的不幸遭遇，但是却不能容忍因此而伤害的利益，凭白割让出自己的领土。

1948年5月15号，以色列建国的第二天，阿拉伯国家联盟早已集结好的军队就开始向以色列进发，第一次中东战争开始。刚刚建国的以色列，其军队无论是在战斗力还是军队素质上，都不能够与准备充足的阿拉伯国家相比。战争的一开始以色列的军队连连败退，只

★第一次中东战争中的阿拉伯军队

能够向联合国求助。但是占据上风的阿拉伯国家根本没有对联合国的决议作出任何反应，而是一鼓作气地发起了更猛烈的进攻，一举占领了大半的以色列国土。可是没有想到最后却因为军事情报的错误而功败垂成，最后阿拉伯国家的军队被完全赶出了以色列。第一次中东战争以阿拉伯国家的失败告终，以色列占领了更多的土地，96万的巴勒斯坦人沦为了难民。

埃及战败之后，一直在寻求机会报复。1956年时，埃及禁止以色列的商船通过苏伊士运河，此举引发了以色列的反抗，以色列为了争夺在苏伊士运河上的通行权而发起了第二次中东战争。为了能够控制运河，以色列还联同英法一起对埃及发起了进攻，并在战争的一开始就占据了上风，但是英法的行为遭到了国际舆论的强烈谴责。在国际舆论和联合国的干涉下，最终以色列和英法的军队退出了埃及。

之后到了1964年，巴勒斯坦解放组织成立，还建立了以攻击以色列为主要目标的武装力量，这件事情让以色列十分不安，为了自身的安全着想，以色列决定消灭巴勒斯坦解放组织，第三次中东战争因此发生。以色列首先对埃及、约旦和叙利亚发起了进攻。因为对以色列的军事力量估计不足，埃及军队接连败退，约旦和叙利亚也同样损失惨重，最后不得不妥协。这次战争使得阿拉伯国家与以色列之间的矛盾更深了。

埃及和叙利亚为了夺回在第三次中东战争中失去的西奈半岛和戈兰高地，于是又接着发起了第四次中东战争。战争的前期埃及和叙利亚的军队攻其不备，势不可当，可是却在最后关头延误了最佳的进攻时机，让以色列有机会反攻，改变了战局，击退了埃及和叙利亚的进攻。

一系列的战争使得中东的局势变得越来越复杂和紧张，不时有武装冲突在中东地区爆发。同时为了夺回曾经属于自己的土地，许多阿拉伯国家都开始暗中积蓄力量蓄势待发。

其中曾被以色列占去许多领土的地处于中东的

★第三次中东战争中的以色列坦克

阿拉伯国家叙利亚，因不甘忍受以色列的威胁开始在暗中有条件、有组织、有预谋地进行着核设施的建设。

完美突袭：摧毁叙利亚核设施

以色列在得知了这一情报之后立即决定采取行动，不能够让叙利亚得逞。因为"摩萨德"曾经成功地破坏过伊拉克的核工厂，这一次摧毁叙利亚核设施的任务又交到了"摩萨德"的手上。

在2006年的某一天，"摩萨德"的特种队员开始了他们的行动，根据获取的情报，他们秘密潜入了伦敦一家酒店的一个房间，在这个房间的个人电脑里植入了木马病毒，获得了电脑里的相关资料。在这个电脑硬盘上，有一些行动所需要的数据资料，队员们在完成任务之后就迅速地离开了。他们拿到的是许多信件、数百张照片，还有一份建设计划，这正是能够证明叙利亚有核设施建设的有力证据，更主要的是这里面还有叙利亚核设施的具体位置——阿尔奇巴尔核设施。

其实这次的特种行动是有行动基础的。早在2004年，美国国家安全局就发现了叙利亚的国际交流行为出现异常，叙利亚从某一时间开始与东亚某国之间联系，并且联系频繁、密切。而这些联系中，叙利亚与位于其北部的阿尔奇巴尔的通信联系最为密切。从中看出了端倪的美国将这一信息传达给了以色列的军方。2006年底，以色列向英国人寻求帮助，请求他们帮助自己制订个解决问题的良方，就在以色列派出代表团到达伦敦准备就此问题密谈的时候，他们发现叙利亚的一位高官也到达了伦敦，并且在一家酒店入住。以色列的情报组织立即对这名叙利亚高官产生了怀疑，经过"摩萨德"的多方面监视，决定找机会盗取这位高官身上所藏的秘密，而此时这位高官并没有发现什么异常，对自己此时的处境浑然不知，所以根本没有防备。正好有一天，这位高官外出，将个人的电脑遗留在了酒店里，高官的放松和粗心大意为"摩萨德"特种队员提供了机会，他们趁着高官外出的时间，偷偷地潜入酒店，成功地盗取了有用的资料。

就在以色列还没有决定如何是好时，局势开始发生了变化。2007年2月，一位叫阿斯卡里的人"跳槽"到了美国中情局和以色列"摩萨德"。这倒没什么特别，可关键是，阿斯卡里以前曾经在伊朗前总统哈塔米身边做事，而且颇受总统宠爱，但是，在艾哈迈迪·内贾德上台以后，他就失宠了，也许正是因为他的失宠，才造成了他日后叛变的举动。阿斯卡里向"摩萨德"透露，伊朗曾为叙利亚的核计划秘密提供经费，这一消息使得事情变得更加复杂起来。

2007年3月份，奥尔默特召见了资深的专家，奥尔默特时任以色列的总理，他们想找出一个解决的良策。2008年8月，顾问小组得出结论，叙利亚的核计划已经对以色列形成了实际性威胁，并且伊朗在这件事情上还有瓜葛，于是奥尔默特默认了对叙利亚实行军事打击，这次军事打击被称为"果园行动"。

2007年9月5日，深夜11点过后，拉马特·戴维空军基地（位于以色列南部港口城市海法）的战斗机中队飞行员们接到了一个命令，这个命令非常普通，与平时他们的训练没什么差别，就是一次紧急演习，可是队员们却没有意识到，这次他们将要执行的是一次切实的打击行动。队员们像往常一样出发了。十架F-15战斗机飞向空中，向着目的地进发。向着地中海方向前进了不长时间，其中三架战斗机就接到了返航的指令，而其余的七架继续飞行，向着目标进发。

此时，战斗正式开始，在到达以色列与叙利亚的边境以后，队员们的第一个任务就是摧毁叙利亚的雷达站，使他们失去通讯能力，成功的轰炸使得以色列的军人们获得阶段性的胜利。十几分钟后，飞行员们获得了阿尔奇巴尔核设

★以色列轰炸叙利亚核设施

★时任以色列总理的奥尔默特

施准确的坐标，开始了对此地的轰炸，整个过程从空中被录了下来，而即便如此，叙利亚的导弹部队丝毫没有察觉，叙利亚的雷达也丝毫没有反应，不一会儿，叙利亚的核基地就被彻底摧毁了，静静地"躺"在一片火海之中。

在此期间，奥尔默特给土耳其的总理埃尔多安打过电话，对以军的行为进行了解释，并声明以色列不可能容忍叙利亚的核建设行为，并请埃尔多安转告巴沙尔，奥尔默特的观点很明确，一是以色列对于这次空袭无意对外宣传，毕竟国家相邻，还是希望能够与叙利亚和平相处，二是如果巴沙尔不向外界大肆声张这件事，他也会做到第一点那样。由于他明确的态度，双方非常有默契地都对外保持了沉默。而由于双方的态度，这件事情很快就告一段落了。

可以说这次的突袭行动得以顺利开始和结束的前提只有一个，那就是情报搜集的成功，若没有"摩萨德"特种队员们事先利用叙利亚官员的失误成功窃取机密情报，这次行动就不可能顺利展开，或是说有可能再也不存在这个行动。而有了这次完美的突袭，不仅让以色列方面声威大震，也让"摩萨德"神气了一把。

重温旧梦：万里奔袭乌干达

但其实早在成功摧毁叙利亚的核设施之前，"摩萨德"就早已经成功完成过许多任务，成为了以色列最为锋利的暗箭之一。

1976年6月27日清晨，以色列首都特拉维夫的本·古里安国际机场的候车大厅里挤满了候机的人，他们来自不同的地方，讲着不同的语言，有的在大厅里来回踱步，有的则坐在大厅宽敞的座椅上交谈，停机坪上，法国航空公司的139次航班客机早已在等候旅客的光临。上午9点，这架飞机正式起飞，经过十几分钟飞行，降落在雅典机场，几分钟后，这架航班在雅典载上乘客又起飞了，当它

特种战 THE CLASSIC WARS
灵活机动下的尖刀对决

爬升到万米高空时，开始水平飞行，空姐开始忙碌起来了，给旅客们端来了饮料、食品，旅客们也活跃起来，相互攀谈着。

就在此时，突然一个年轻姑娘手拿机关枪，站在舱门口，对机上乘客大声喊道："我们是阿拉伯解放战士。从现在起，这架飞机由我们接管。大家不要乱动，否则我无法保证你们的安全。"旅客和空中小姐们都被这突如其来的一幕吓到了，这时，与那位姑娘一起登机的三名男子也都全部站了起来，一人手提机关枪，另两个高举手榴弹，这名名叫泰德曼的年轻姑娘一脚踹开驾驶舱门，威胁机长听其命令，降低飞行高度，改变航向。

139次航班与地面联系中断了，仅几分钟后"摩萨德"就作出了该机可能已经被劫持的判断，以色列总理得到消息后，急需了解具体情况，于是一声令下，"摩萨德"部署在世界各地的特种人员纷纷活动起来，运用各种方法，捕捉有关139次航班及其乘客的消息。不久，各种情报源源不断地发回以色列本部。

6月28日，星期一，凌晨3点，有情报从乌干达发来：139次航班已在乌干达首都坎帕拉的恩德培机场降落。在了解了相关情况和劫机者的具体要求后，以色列方面开始行动了——"闪电行动"计划正式出炉，这个计划不仅关系到一百多名以色列人的命运，更是关系到整个以色列的命运，计划非常大胆。乌干达位于非洲中部，距以色列约有4000千米，中间还隔着埃及、苏丹、索马里、埃塞俄比

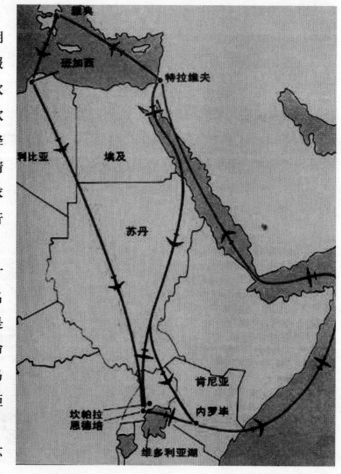

★"闪电计划"示意图

亚、沙特阿拉伯等国家，尤其是容留劫机分子的乌干达本身就是一个狂热的反犹国家。以色列的对手绝不仅仅是几个恐怖分子。

为确保突袭的胜利，以色列"摩萨德"的特种队员们和曾经承建过恩德培机场的建筑人员，以旧图纸为基础，参考美国侦察卫星提供的最新资料，以惊人的速度建造了一座恩德培机场的实物模型，即将远征的以色列士兵反复进行着战前的最后演练，一切有条不紊地进行着，只待一声令下。7月3日下午3点10分，参加行动的飞机腾空而起，行动开始了。根据"闪电行动"计划，两百名特种突击队员由三架C-130"大力士"飞机负责运输，其中1号机人员将袭击恩德培机场旧候机楼，消灭劫机分子，营救人质；2号机人员负责压制乌干达守军，抢运人质和伤员；3号机人员负责摧毁停机坪上的乌干达军用飞机，破坏机场设施。此外，还将出动波音707客机两架，一架作为空军司令佩莱德的指挥座机，一架作为野战医院，配备三十多名医务人员和两间设备齐全的手术室。 另有两架C-130运输机，一架运载预备队和燃料，一架停留在肯尼亚内罗毕机场，作为袭击部队与特拉维夫作战指挥中心的联络中转机。

此外，八架F-4E战斗机负责空中掩护，护送整个机群通过阿拉伯国家的对空警戒区，进入公海。22点45分，整个机群抵达恩德培机场上空。此时的恩德培机场灯火通明，毫无戒备迹象。 以色列方面以运来劫持者要求释放的巴勒斯坦人为借口，请求降落，飞机落到地面上后，早已等候在机舱门口的突击队员们，如决堤的洪水一样，从飞机里喷涌而出，势不可当。三组突击队员按预定

★C-130运输机

方案分别扑向各自的目标。突击队员们拥进了大厅，用希伯来语高喊道："卧倒。"所有的以色列人质都听懂了这句只有他们才能明白的命令，哗的一下趴在地上。

子弹扫射，劫机者和乌干达守军纷纷倒了下去。战斗仅用了45秒钟便结束了。与此同时，其他两个组也相继得手。行动取得了很大的成功，除了约尼上校以及三名人质在救援行动中丧生，其余人员都安然无恙。1976年7月这次以色列特种部队穿过五个敌对国家上空，长途奔袭乌干达恩德培机场，营救人质成功的行动，成为了它无数次出征中的又一次杰作。

男扮女装：全歼恐怖分子

1972年8月26日，新一届奥运会在联邦德国慕尼黑召开，这届奥运会的主题为"和平与欢乐"，可就在赛程过半的时候，一件事情的发生打破了这里的和平与欢乐。这件事就是著名的"慕尼黑惨案"，慕尼黑惨案的发生，不是意外，而是"黑九月"组织精心策划的结果。

1970年，约旦国王侯赛因几乎已同以色列人握手言和。当时，约旦境内的巴勒斯坦难民营里的各激进组织，在以色列占领的约旦河西岸展开恐怖活动，以色列人则不断回击，侯赛因国王决心打击一下那些越来越富有挑衅性的巴勒斯坦人。

一次，巴勒斯坦激进组织把三架大型客机劫持到约旦，后又逼迫飞机在沙漠中升空，约旦的国际名声大为受损，效忠侯赛因国王的军队在安曼街道上开始向巴勒斯坦人开枪射击，在难民营里大开杀戒，几万名巴勒斯坦人死于这个1970年的"黑九月"。为了牢记这次约旦当局屠杀巴勒斯坦人的事件，一个名为"黑九月"的巴勒斯坦组织成立。

1972年9月4日，德国慕尼黑奥运会赛程已经过半，很多运动员都会外出放松，奥运村的德国守卫在深夜之后会把各个大门锁上，夜归的运动员们不得不翻越栅栏返回各自寓所。当时的奥运村还没有配备摄像头、监控录像等设备，深夜也看不到德国警察和守卫的身影。以色列代表队当天没有赛事，大多数运动员在奥运村里休息，部分外出的也陆续回了奥运村，5日凌晨4点后，奥运村外出现了几个模糊的身影。他们打扮成运动员的模样，翻越栅栏，直奔奥运村中的康诺利大街31号公寓而去，这里正是以色列运动员的下榻之处。随后一阵喊声和枪声过后，一切又归于平静。

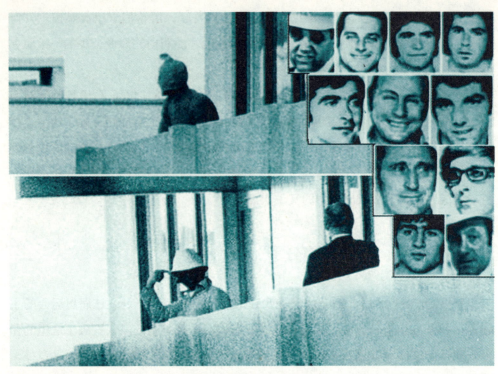

★慕尼黑惨案发生时的场景以及遇难的十一名以色列运动员

　　这些伴装成运动员的"黑九月"恐怖分子，挟持了九名以色列的运动员，在随后与德国警察以及狙击手的对峙中，这些恐怖分子将这九名运动员通通杀害，在这次慕尼黑惨案中共有11名以色列运动员被杀害，然而，这场杀戮刚刚结束，又一场杀戮即将开始——以色列的复仇计划"上帝的复仇"。

　　"上帝的复仇"是一场针对慕尼黑惨案而展开的暗杀计划，以色列方面在失去了11名运动员后，列出了一张黑名单，这张黑名单囊括了"黑九月"等恐怖组织中举足轻重的关键人物，一共也是十一人，由以色列"摩萨德"执行暗杀计划，十一人中除一人死于癌症，其余十人全部死于特种队员的手下，后来成为以色列总理的埃胡德·巴拉克也曾参与过"上帝的复仇"的一次暗杀行动——袭击贝鲁特"解放巴勒斯坦人民阵线组织"的总部。

　　1973年4月9日晚，由16名"摩萨德"特种队员和以色列特种兵组成的行动小组乘坐快艇悄然来到贝鲁特。这当中有巴拉克，同时还有巴拉克的挚友，以色列后来另一位总理的胞兄约尼·内塔尼亚胡。为了掩人耳目，需要男扮女装，他们分别是拉法埃尔和巴拉克，巴拉克把武器和弹药藏在香奈儿牌子的女式上衣里，与列维假扮的男友相互依偎着下了汽车，干净而迅速地解决了"解放巴勒斯坦人民阵线组织"总部门口的守卫。

行动开始了，行动小组冲进"黑九月"领导人马赫穆德·尤素福·纳杰尔的卧室并且击毙了他和夫人，随后又将"法塔赫"在以色列占领区的"行动指挥"凯马勒·阿德万在其妻子和两个孩子的面前杀死，巴解组织发言人卡马勒·纳赛尔则被枪杀在自己的办公桌上。此次行动中，共暗杀了三名黑名单上的恐怖分子，可以说是暗杀行动中最成功的一次，这次暗杀也给了恐怖组织以巨大打击。

战典回响

云谲波诡的中东局势

中东局势长期动荡不安，而且复杂多变，没有人能够预料到中东将会发生什么事。其实中东局势由来已久，这当中牵涉的问题非常复杂，有土地问题，有经济利益问题，又有历史、文化、宗教等方面的问题，中东问题表面上是以色列和巴勒斯坦还有部分阿拉伯国家之间的地区冲突，但其对整个世界的影响却非常深远，中东问题发展到现在不仅仅是宗教、文化、文明的冲突，也是世界各大政治军事集团之间的较量。

从阿以双方的力量对比来看，整体上，阿拉伯国家远远超过了以色列，但是如果单独来看，每一个阿拉伯国家在面对以色列时都处于劣势，所以在对阿的总体战略上，以色列始终坚持对阿拉伯国家采取各个击破的战略，在阿以冲突的战场上屡试不爽，在和平谈判中也多次尝到了甜头，虽然阿拉伯国家也清楚其中的利害关系，但因阿拉伯国家是由二十多个主权国家组成的，无力始终保持站在同一战线。

现在中东的相对和平是多方面共同作用的结果，一个相对强大的以色列处于阿拉伯世界的包围中才有势力上的平衡和相对的中东和平，但随着欧洲受伊斯兰文化的影响以及根植于欧洲的反犹太主义的复兴，以色列将面对阿拉伯世界和整个欧洲的反犹太冲击，与此同时，美国自身也会发生变化，整个世界的格局和力量对比都会发生深刻的变化，局势将会更加复杂，更加云谲波诡，很有可能将会带来又一轮战火。而以色列特种部队在以色列与阿拉伯国家的较量中更是发挥了至关重要的作用。

★ 沙场点兵 ★

👤 人物：埃胡德·巴拉克

埃胡德·巴拉克曾经万里奔袭到乌干达营救人质，以极小的伤亡换来了极大的胜利；他也曾乔装打扮成阿拉伯妇女，前往解放巴勒斯坦人民阵线组织的总部，成功暗杀三名恐怖分子……这位传奇性的人物就是埃胡德·巴拉克，曾经精明能干的"摩萨德"成员，现在以色列政坛的风云人物。

埃胡德·巴拉克17岁那年加入了以色列的国防军，曾经参加过第三、第四和第五次中东战争，并因能够出色完成各项任务而多次获得部队颁发的奖章，有着"以色列第一兵"、"获勋最多的军人"等荣誉称号，正是这样的一个人无论是在精英聚集的情报机构，还是在风云变幻的政坛，都能够爆发出不一样的火花。

☀ 职责：情报及破坏

"摩萨德"作为以色列的情报机构，它的主要职责就是搜集政治、经济、军事和恐怖主义活动等方面的情报，从事对外的暗杀、破坏、绑架和营救特别行动，简而言之就是情报及破坏，例如在摧毁叙利亚在建核设施之前，就是从一名大意的叙利亚高官的手中获得的资料，在获取了该情报后对叙利亚的核设施实施了打击、破坏。

进入20世纪90年代后，随着世界格局发生的变化，调整中的"摩萨德"的基本职责并没有太大的变化，仍以搜集外国情报，执行特别行动和反恐为要务，具体包括搜集阿拉伯国家的军事情报，为自身的利益搜集美国等盟国的情报，搜集发达国家的科技情报，监视反犹太复国运动的活动，搜集其他利益地区的情报，执行反恐怖主义活动的任务。

✦ 特点：果敢

"摩萨德"的特工在漫长的训练和执行任务的过程中，渐渐培养出一种果敢的个性，可以理解为既果断又勇敢，这种果敢的特点帮助"摩萨德"的精英们成功地完成一项又一项的任务。令人印象深刻的一幕就是在长途奔袭乌干达解救人质的事件中，营救人员冲进乌干达机场的候机大厅，大吼一声：卧倒。随即开始扫射。以色列人质才能听懂，才知道要趴下。战斗45秒钟后就结束了，这是何等的果断，何等的勇敢，稍有差池，不仅人质性命不保，就连营救人员都有可能性命不保，这种果敢的性格在"摩萨德"特工们退出"摩萨德"跨入其他领域时也还一直发挥着作用，帮助他们在其他领域大放光彩。

灵活机动下的尖刀对决 **特种战**
THE CLASSIC WARS

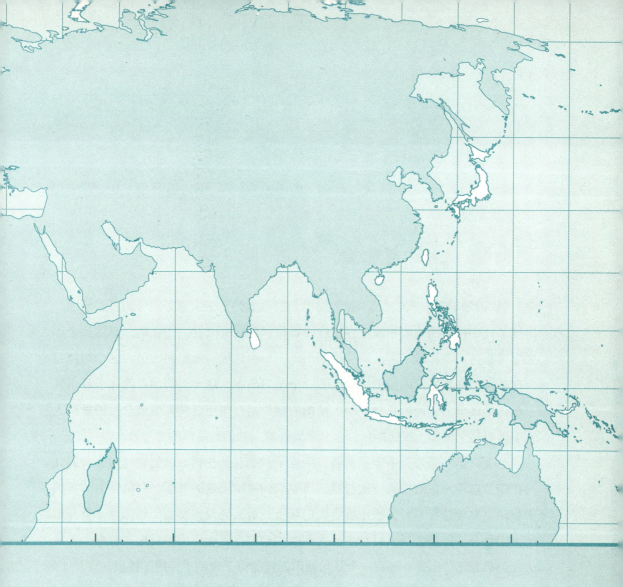

第十五章

天降"猎人"
——英国特种兵解救人质

　　▲ 1980年4月，几名自称伊朗阿拉伯少数派成员的歹徒持枪冲进了伊朗驻英国的大使馆，将馆内的官员全部劫持为人质，要求伊朗释放被关押的政治犯。如果要求达不到，他们就会杀害人质。在一名人质被杀害之后，英国特种部队果断出击，一场围绕解救人质的激战开始了。

前奏：大使馆遭遇劫持

1980年4月的一天，英国伦敦海德公园对面的王子大道十六号的五层楼前，出现了几个神色慌张的不速之客，这座楼是伊朗驻英国使馆所在地，而这几个不速之客正是一个称做"解放阿拉伯斯坦民主革命阵线"组织的成员，这个组织是伊朗阿拉伯斯坦省讲阿拉伯语地区的一个激进组织，这个组织的目的在于寻求阿拉伯语地区自治，他们选择伊朗大使馆的目的是希望用这种高度公众化的劫持人质事件引起全世界人民的注意，让全世界注意到他们所从事的"事业"。

这天，这些恐怖分子全副武装，接近了伊朗驻英使馆。他们妄图用这种方式与伊朗政府霍梅尼政权来一次较量，当他们向使馆逼近的时候，门口守卫的英国警察洛克发现情况不对，想用脚将大门踢上，可是还没来得及，恐怖分子就开枪了。恐怖分子闯进去后，只有少数人在听到枪响后迅速作出了反应，有两个人从大使馆后窗逃了出去，还有一个从大使馆四楼的窗子爬到了旁边的楼里。

当时伊朗的临时代办阿里·阿佛洛兹从窗子上跳了下来，摔伤了，后又被恐怖分子给拖了回去，最后恐怖分子挟持了26名人质，其中包括16名使馆工作人员（其中包括两名妇女），八名访问者，警察洛克以及一名厨师。在人质中有四名英国人，除了洛克和厨师还有两名来自BBC的英国记者，恐怖分子很快就向外界公布了这些人质的身份，并提出了自己的要求，要求伊朗政府立即释放92名被关押的阿拉伯斯坦省民族解放运动分子，接下来就是等待回应。

紧急谈判：只有武力解决

英国方面很快就给予了回应，他们在收到关于劫持事件的消息后，由英国警方立刻派出谈判专家与恐怖分子进行对话，英国政府的反恐官员，还有特警都很快赶到了现场，与此同时特别空勤团也接到了通知，让他们随时处于待命状态。而在事情刚开始发生的时候，特别空勤团的大部分成员都还在基地进行常规训练，直到当天中午11点48分的时候，他们接到了命令，要求他们前往陆军教育队驻地等待下一步的具体指示，这个陆军教育驻地即是在伊朗使馆的附近，特别空勤团的队员们带上所需装备很快就上路了。

为了躲开记者，特别空勤团的成员们是分几批走的，到了晚上九点半左右，50名特别空勤团的成员全部到达了指定的集合地点——陆军教育队驻地，在这他们被告知了劫持事件的具体情况，六名恐怖分子劫持了伊朗大使馆的二十多名人质，这些恐怖分子携带着三支一次可装13发子弹的勃朗宁手枪、一支0.38毫米的阿斯特拉左轮手枪和两支波兰制造的"蝎"式W263冲锋枪，还有五颗俄制RGD5型手榴弹……恐怖分子又发布了一个新的声明，指出如果在第二天中午之前不能够满足他们提出的条件，他们就会炸毁使馆，与人质同归于尽。或许这个时候就正是特空团上场的时候了，而就在下午三点，英国的内政部长怀特劳主持了一次紧急会议，国防部、国家安全局和秘密部门的首脑都参加了这次会议，撒切尔夫人没有到会，但她的指示却十分明确，一定要将恐怖分子绳之以法，但要力争和平地解决危机，要尽可能地与恐怖分子进行谈判，哪怕谈上数月。

★使馆外准备营救人质的特种队员

在会议上，没有人提出让特别空勤团主动出击，按照内政部长怀特劳的意见，只有在恐怖分子杀害了两名以上人质的情况下，才会考虑主动攻击大使馆，而现在显然不是时候，特空团还不能立即行动。同时参加会议的特别空勤团指挥官拉彼埃尔却有一种强烈的感觉，他觉得这次劫持事件很有可能最终在血腥中了结，只有武力才能解决这场危机。那边，谈判专家与恐怖分子的谈判依旧紧张地进行着，空勤团的成员们虽然没有接到立即行动的通知，但也没有闲着，他们正积极地做着各项准备工作。

侦察活动：科技解剖大使馆

在陆军教育队驻地，特别空勤团的队员们正在研究着作战计划，尽管他们自己也不知道到底能不能够执行这次任务。经过研究，队员们制订出了两套方案，一个是即行方案，又叫IA方案，另一个是延时方案，又叫DAP案。第一个方案是设想特种部队在还没有获得充分的情报的情况下不得不立即采取行动，而这个除了采取强攻以外没有其他什么办法，按照这套方案的计划，特空团的队员们需要先用大锤子砸开大使馆的门窗，往大使馆里投入催泪弹，然后再一间一间地开始扫荡，直到全歼恐怖分子。后一套方案是需要选择有利的时机采取行动，最好的设想是使馆内的恐怖分子都早已疲惫不堪了，而被劫持的人质的具体位置也已经被确定，这时候再采取行动。

计划被制订出来了，特空团的队员们也被分为了红队和蓝队，每队按一套方案准备，准备前一套方案的队员蹲在一辆家具车里，这辆家具车就停在距离使馆不远处，两队每隔12小时轮换一次，在之后的时间里，特别空勤团的成员们反复修改着行动计划，对每一个细小的细节都加以研究、琢磨，并且一遍又一遍地进行着演练。头天晚上，在教育队营房里的特空团队员们都没有休息好，有可能是因为这个年久失修的宿舍到处结满蜘蛛网、灰尘，环境不好，而且还没有热水，也没有基本的床上用具，但更可能是队员们想到了有可能即将面临的战斗而无法入睡。

特别空勤团与众多特种部队一样，在没有行动的日子里都要接受常人难以接受的严酷训练，对于各种各样营救人质的套路，特空团的队员们已经练习了上百次，每个队员都能够熟练地掌握多种作战技巧，包括近战、射击、攀缘、房屋侵入、爆破以及携带夜视仪和防毒面具作战，而这些特空团队员们最常进行的训练就是名叫"死亡屋"的训练，"死亡屋"里放置有很多的纸制假人，队员们进入"死亡屋"后，需要迅速地辨别出谁是恐怖分子，并在四秒内射杀敌人以保证不伤到自己人，之所以叫"死亡屋"是因为在射杀敌人时要求一枪毙命，即使把敌人击伤也算失败。

★正在训练的英国特别空勤团

到了20世纪80年代，"死亡屋"已经建成了五六种，内部装修五花八门，有的装修成普通的房屋，有的装修成飞机座舱，还有的装修成船舱、核电站之类的。即使平时的训练再熟练，但实战毕竟与平日的训练不同，在面对现实中更复杂的情况时，队员们难免会有所思有所想，既希望自己能够主动出击，迅速而又成功地完成任务，又希望尽量不要出现流血事件，和平解决眼前危机，而这样自己又没有了大显身手的机会，所以还是着眼于当前，研究计划，作好准备以防万一。

和平无望：箭在弦上

一夜的煎熬过去了，到了第二天早上，特空团队员们接到了新的消息，恐怖分子释放了被劫持的一名妇女，这名妇女被释放出来后传达了恐怖分子头目的话，恐怖分子对于自己提出的要求没有得到及时的满足感到不满，同时，恐怖分子威胁说，如果英方不能说服伊朗政府放人的话，他们随后将会拿剩下的人质开刀。与此同时，从外交方面传来消息，伊朗政府已经明确表态，挟持人质的这六名恐怖分子是为美国中央情报局服务的特工，被挟持的人质如果能为伊斯兰革命献身，那将是这些人莫大的荣耀。这个消息简而言之就是三个字：不放人。

另一方面，各种形式的侦察活动继续在进行，在大使馆旁边的建筑里，有人正在凿墙打洞，安装窃听器和摄像头，如此大的动静，为了防止恐怖分子察觉，还特地调来了燃气公司的管道工有意在使馆附近的街面上打钻，还特意安排进出希思罗机场的飞机都从使馆上空绕一下，各种噪音混杂在一起扰得恐怖分子们心烦意乱，后来的窃听记录显示，其中一名恐怖分子甚至说，他发誓这辈子再也不回伦敦了，其实用不了多久，他就会发现他的誓言被完全兑现了。

中午，恐怖分子先前设定的期限很快就到了，但恐怖分子并没有开始杀人，相反，又放了一个人质，这个人质是BBC的一名记者，由于痢疾复发，他被幸运地释放了。他一出来就立刻向特空团描述了恐怖分子的人数等情况，但他没确定这些恐怖分子是否在使馆里安放了爆炸装置，随后特空团的战士们又得到了一个有利消息，他们找到了使馆的管理员，管理员对使馆的内部结构可以说是了如指掌，通过他提供的消息，一座专供特空团演练使用的仿真使馆被搭建好了，这个堡垒式的建筑，地上五层，地下一层，共有50个房间，前后都很开阔，很容易防守。这栋楼底下两层的窗子都是钢制的，这就说明了原先第一个方案使用大锤子砸开窗子的方法根本行不通。

这时恐怖分子又提出了要求，要求派一辆车将所有人送到机场，剩下的三名英国人将会获释，其余人会被带离英国。眼看和平无望，箭在弦上，不得不发。一个新方案诞生了，一名特空团队员化装成汽车司机，前去搭载恐怖分子和被劫持的人质，当车开到某处时会突然停下，这时候特空队队员们将从前后方以及一个侧面同时出击，击毙车上的恐怖分子，之所以选择只从一个侧面出击是由于汽车壁太薄，两侧出击的话容易误伤到另一侧的队友，司机这个角色是很危险的，他不能携带武器也不能穿防弹衣，一旦开始交火，恐怖分子很有可能第一个射杀他，特空团选择了一个身材矮小，最容易从驾驶室窗子逃出来的队员，为了能够躲过恐怖分子的子弹，队员们又开始了一遍又一遍的演练，最后，特空团队员能做到在汽车停下后三秒钟内，让自己的队友从驾驶室的窗子逃出来，一切准备就绪，只待命令一出，一场将计就计的好戏就会上演。

开始行动：从爆炸中飞落的神兵

直到5月2日3点半，执行即时方案的队员们悄悄潜入了王子大道十四、十五号，他们甚至还潜入了十七号院内的埃塞俄比亚使馆。到上午时，恐怖分子显然不耐烦了，早间新闻里没有按照他们的意思播出劫持者希望由阿拉伯国家外交官出面充当中间人的要求，决策层的指示还是没有任何变化，只要恐怖分子没有杀害人质，特空团就不用行动。

此时，在使馆附近的建筑物屋顶上已经埋伏了不少的狙击手，他们及时地将所观察到的动静报告给指挥中心，谈判依然在继续，一直到第二天，谈判也没有任何进展。此时，内政部长怀特劳向特空团指挥官拉彼埃尔询问意见，指挥官拉彼埃尔仍旧相信这个危机将最终会以武力来解决。傍晚，谈判代表向恐怖分子表示，如果能够再释放几个人质，就能够保证恐怖分子的所有要求都会在9点的新闻里播出，恐怖分子同意了，并释放了一名怀孕的妇女和一名睡觉大声打鼾的男子，他们俩得以幸运地逃出使馆。

到了晚上，特空队决定从屋顶对十六号进行一次侦察，队员从旁边建筑的天窗爬出，绕过天线，惊悚地经过瓦上后，找到一个天窗口，费尽心机打开天窗，这时终于有一个可靠的入口了，特空团队员们兴奋不已。4日晚上，恐怖分子又释放

★英国特空团解救伊朗大使馆人质

★解救行动结束后的伊朗驻英国大使馆

了一名在发烧的叙利亚记者，加上之前释放的，一共有五名人质被释放了。据人质说，恐怖分子在挨了五天后仍然没有什么收获，恐怖分子内部也出现了问题，特空团队员们猜想最后的汽车方案也许最可行，但入室作战的准备仍不能放松，时间一点一点地过去，特空团的"延时方案"也越来越完善，指挥官大胆推断，如果特空团行动，至少有一半多的人质可以获救。

5日上午，怀特劳表示请阿拉伯外交官出面的可能性已经没有了，使馆里，恐怖分子的精神也近乎崩溃边缘，恐怖分子不想再谈下去了。随着一声枪声，疯狂的恐怖分子杀害了第一名人质，在这枪声之后，武力看来是不能避免了。可在随后的紧急会议上，怀特劳依然认为只有证明了这声枪声之后确实有人质死亡，特空团才能行动，他认为那声枪声也有可能只是恐吓。直到下午五点，怀特劳才最终同意，只要再有人质被杀，特空团就可以行动。

到6时20分，三声枪响，一名人质的尸体被扔了出来，7时7分，"猎人"行动正式开始，警方谈判人员企图让恐怖分子相信"客车方案"的可行性，恐怖分子果然相信，不再威胁杀害人质，转而向警方提出要求，要求提供一辆更大些的客车。事实上，这名谈判代表的任务已经结束了，7时26分，使馆房顶的天窗被炸开，十二名队员分三组同时行动，其中一组从15号阳台爬到16号二楼的阳台，准备从这炸开一个缺口，随着一声巨响，整个阳台被掀掉了，四名队员趁着浓烟冲了进去，开始顺着走廊一间间房的搜索恐怖分子。

天网恢恢：没有死角的清理

特空团冲入后，最先发现的就是恐怖分子的头目，队员们迅速将他解决了。紧接着，他们又在一个房间的沙发上发现了一名受伤的恐怖分子，这名恐怖分子还在朝队员们开枪，很快，这名恐怖分子也被解决了。其他两组人员从炸开天窗的屋顶顺着绳子而下，这些在爆炸中飞落的神兵，准备从恐怖分子的背面开始攻打。

一组的目标是使馆三楼的阳台和两扇窗子，队员们进入后，队员们在一间电传室里发现了一名恐怖分子并立刻击毙了他，另一组延绳一直下到地面，开始计划是采用爆破的方法炸开后门，但计划赶不上变化，一名队员在下来时被卡住了，悬在空中一时间也下不来，如果这时还采用爆破的方法话这名队员就一定会遭殃，于是，只有临时改变计划，使用大锤子砸开后门。后门被顺利地砸开后，队员们进入到屋子里，首先向使馆地下室的楼梯口冲去，却发现楼梯口有一个梯子横在那里，队员们担心这个梯子很有可能连接着爆炸装置，一触即爆，但还好不是，队员们在地下室里没有发现任何人，于是掉转头回到一楼。

这时突然看到楼梯上有十几名人质正往下走，队员们迅速在其中认出了一名恐怖分子，这名恐怖分子的手中还握有一枚手榴弹，但因为这名恐怖分子的前后都有人质，队员们不敢向他开枪，只好冲上去用枪托猛击他的头颈部，后面追上来的队员一脚将这名恐怖分子踹到了楼下，好几名队员蜂拥而上，将这名恐怖分子成功制伏，到目前为止特空团的队员们还不知道在人质中间还有一名恐怖分子藏匿着，真可谓危机四伏。还好天网恢恢，疏而不漏，在人质被全部带出来之后，特别空勤团的队员们发现在人质当中藏匿着的一名劫持者，当他们准备把这名恐怖分子拖回一楼一枪解决时，人质中的一名妇女却向他们求情，说这名恐怖分子对人质很好，希望可以别杀他。这名恐怖分子也是这次行动中唯一活下来的劫持者，这名劫持者后来被判了终身监禁。还有一名恐怖分子在特空团行动的时候跑出使馆，向特空团队员们袭击，后被隐藏的狙击手击毙。

飞机与地面协同作战

在这次的英国特种兵营救扣押人质的行动中，迫于时间紧急，每拖延一秒，人质就多一分危险。英军研究再三之后采用了一种极为高效的作战方式，那就是让飞机与地面协同作战。一方面让英军特别空勤团的队员们在地面上保持着高度的备战状态，随时都可以进入战斗状态。并且为了防止队员疲劳还专门将队员们分为红蓝两个小组每隔12小时就定期换岗。在队员进入了人质被扣留的现场之后，一组人员隐藏在大使馆不远处的一辆家具车内，保持着一级警戒状态，另外一组人就负责监视。将发现的每一个细节都告诉给第一组队员。

在恐怖分子同意先释放几名人质用来交换一辆大客车的时候，队员感到这是一个绝佳的机会，于是派出了一名队员伪装成了大客车的司机，并且考虑到等到双方一开战这个冒牌司机能够迅速逃离大客车，还专门地挑选了一个体型较小的队员。为了保证行动的成功，在行动之前队员们还作了多次的模拟演练。当5月5号恐怖分子因为要求没有达成而杀害了一名人质之后，解救人质的行动正式开始了。按照事前的计划，队员们分为了三个小队分别行动，在整个过程中，飞机一直与地面保持着紧密的联系与配合，一直到入口被炸开队员们进入到了大使馆的内部，然后特种兵们从天而降。在周围藏匿着的狙击手的掩护下把人质全部都解救了出来。这一次飞机与地面部队的完美配合，最终成就了特种兵作战历史上的一段佳话。

★ 沙场点兵 ★

人物：英国特别空勤团

英国特别空勤团是历史上第一个为打击恐怖分子行动专门设立的组织，是由英国当时一位年轻的军官马赛上尉首先提出来的。但是首先被提出的时候，这份关于组建专门对付恐怖主义行动的提案并没有得到重视，甚至被嘲笑，当时的国防部官员认为打击恐怖主义的事情不归自己管，是警察的事情，可当后来发生震惊世界的"慕尼黑惨案"时，人们才意识到没有一个专门应对恐怖分子、经过专门训练、拥有专业技能的小队是不行的，于是当初马赛上尉的提案从尘封中又被重新提了出来，英国特别空勤团响应着时代的号召应运而生。

职责：解救人质

英国特别空勤团的建团目的就是打击恐怖主义行动的，而恐怖主义的行动多是在拿人质威胁政府的基础上进行的，所以，英国特别空勤团的专署职责就是解救人质。在恐怖分子没有杀害人质之前，英国特别空勤团是不会采取任何行动的，可是，他们却一直要处于准备战斗状态的，当政府达不到恐怖分子提出的要求时，这些恐怖分子恼怒地杀害人质时，当杀害到两个或两个以上，英国特别空勤团就进入战斗状态了，争取最大程度上解救人质始终是他们最重要的职责，要在打击恐怖分子的行动中，最大程度保证人质的安全。

特点：空降

英军特种部队在作战中，极度富有创新精神，开辟了让全世界大开眼界的新型作战方式，比如丛林战、山地战、反恐怖战等等，非常实用，常常令恐怖分子心惊胆战、措手不及的就是突然从天而降的空军部队。空降兵有一个特点就是没有预兆，让敌人心理上完全没有准备，可以算是心理战的一种，在对方还没有反应过来，内心处于彷徨失措、不知如何应对时，找准时机将他们消灭于短时间内。飞机带来的是仿佛"从天而降"的神兵，令恐怖分子慌了神，完全没有招架之力，为打击恐怖分子、安全解救人质又多了一层胜算。此次解救人质的行动，英国特别空勤团就是从大楼的顶部实施了空降，给恐怖分子以出其不意的打击。

灵活机动下的尖刀对决 特种战

THE CLASSIC WARS

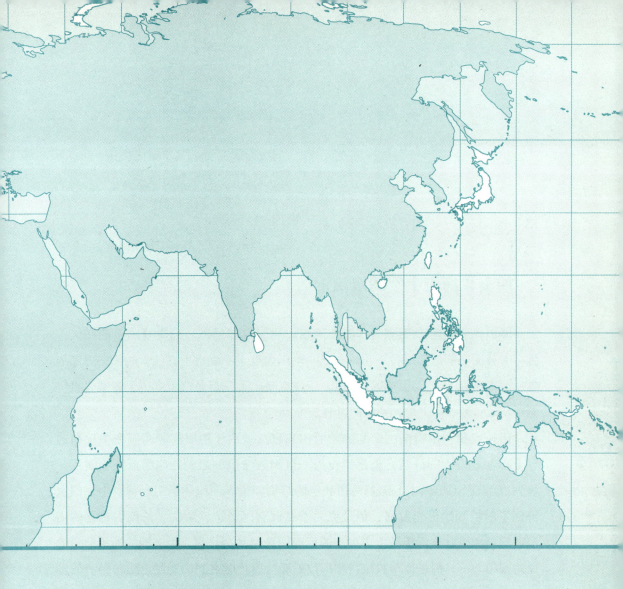

第十六章

风暴序曲
——"绿色贝雷帽"沙漠登陆

▲伊拉克与科威特两国一直在经济、政治、军事上存在着很大的分歧与矛盾。直到1990 年双方矛盾激化，为了谋取经济上更大的利益和在中东的地位，伊拉克率先对科威特发起了进攻，占领了科威特并对联合国的制裁置之不理。于是以美国为首的多国联合部队开始向伊拉克进发，第一次海湾战争爆发。

前奏：海湾上空的滚滚浓烟

波斯湾，也称为海湾。在波斯湾周边的国家都是世界的主要的石油产区，具有十分重要的战略地位。也就在这一地区爆发了二战后世界最大的一场局部战争——海湾战争。1990年8月2日，伊拉克派出了三百多辆坦克，十多架飞机突然对科威特发起了进攻，一时间世界震惊。

伊拉克和科威特两国之间的矛盾由来已久。由于历史问题两国在主权和边界上存在着很大的分歧，但是伊拉克一直因为与伊朗之间的问题而无暇顾及。等到20世纪80年代末，随着两伊战争的结束和世界两级体系的瓦解，中东国家得到了时机开始迅速发展，伊拉克为了发展本国经济，解决了长期困扰它的出海口问题和免除在两伊战争中欠下的巨额债务问题后，突飞猛进地成为了海湾地区的强国之一。但是他与科威特和阿拉伯联合酋长国之间的问题也随着经济的发展不断地暴露了出来，如石油政策、领土纠纷、债务问题不胜其烦。

★伊拉克入侵科威特

1990年7月，伊拉克在向科威特提出一系列要求遭到拒绝后，再加上伊拉克觊觎科威特拥有的丰富石油储备，所以终于下定了决心要用武力解决问题，准备发起伊拉克建国以来最大的一场战争，吞并掉科威特。

8月2日凌晨1点，早

已经准备就绪的伊军在得到了命令后开始越过伊科的边界，向科威特发起进攻，与此同时在海上的伊拉克的一支特种部队也开始对科威特进行突袭。就这样在天快要亮的时候，伊拉克从东西两个方向向科威特进行了夹击。科威特没有想到伊拉克会对它

★联合国就伊拉克入侵科威特事件进行磋商

发起战争，慌乱之中科威特的皇室成员仓皇逃到了附近的美国军舰上，科威特总共两万多的守军在伊拉克迅猛的攻势下溃不成军，上午9点的时候，整个科威特市就已经被伊军控制了，到下午4点的时候科威特全境被伊拉克占领。

在伊拉克入侵科威特后，联合国对此表示了强烈的谴责，先后多次通过反对伊拉克入侵科威特并对其实施制裁的决议。其中反应最为强烈的当属在海湾地区有着巨大经济利益的以美国为首的西方国家。在得知了伊拉克对科威特发起了进攻之后的当天，美国总统布什就亲自主持召开了国家安全委员会全体会议，针对此事讨论对策。

海湾地区一直以来都是美国军事战略体系中的一个重中之重，因为每年美国都会从这里获得巨额的经济收益，并且美国现在正面临着经济增长缓慢的问题，好几项经济指数都不是很乐观，所以很需要海湾地区继续给它带来更多的经济利益。如果放任伊拉克攻占科威特的行动不管的话，那么世界石油储备的五分之一就会被伊拉克控制，这对于美国来说无疑是有害无利的。

最终的决议是通过采取大规模的军事部署行动迫使伊拉克撤兵。如果这招不管用的话，那么就要随时作好采取军事打击行动的准备。8月6日，美国总统布什正式下令开始实施"沙漠盾牌"军事行动，向海湾地区部署兵力。

其实为了避免这样的情况的出现，国际社会也为和谈作出了多方面的努力，可惜最后都失败了。在最开始的时候联合国提出了一系列的解决方案，方案的主要内容是让伊拉克立即无条件从科威特撤兵，恢复科威特的合法主权，否则就会对伊拉克作出包括经济制裁在内的相关制裁，可是萨达姆方面却拒绝了联合国决议，他认为这是联合国在美国的操纵下所作出的决议，要想和平的解决这次的问

★海湾战争中的多国部队士兵

题，必须要答应他提出的让以色列把占领的阿拉伯土地还出来，同时叙利亚从黎巴嫩退兵，还有最重要的就是美军从沙特阿拉伯撤军。

这些条件对于美国来说根本就没有实现的可能，如此一来双方也基本失去了和谈的可能。其他的一些阿拉伯国家因为担心一旦爆发战事会波及到自己也为和谈作出了不少努力，阿拉伯国家联盟为此展开了多方的外交，但是最终都没有成功。整个"沙漠盾牌"行动的参与国除了美国自己之外还包括英国、法国在内的其他38个国家。整个行动总共分为两个部分，第一个部分是用三到四个月的时间在海湾地区部署大约二十四万人的部队和建制装备，使得多国联合部队的兵力达到能与伊军抗衡的水平。第二部分就是继续发展增加在此处的兵力，使得海湾地区多国联合部队的兵力超出伊拉克兵力，以达到威慑作用，胁迫伊拉克自觉退兵。

一鸣惊人：百炼成钢的"绿色贝雷帽"

除了一般正规军的部署外，美国还派出了自己的撒手锏，被称为"绿色贝雷帽"的美国陆军特种部队。美国特种部队具有悠久的历史，最早可以追溯到美墨战争及美国独立战争时期。但是那个时候不叫特种部队而是叫别动队。但是别动队只是在战争情况下才会由战士自愿组建起来，战争一结束就会立即解散。但是随着战争发展的需要，特别是在二战时，美国受英国和德国建立特种部队并且取得卓越战绩的影响，也开始建立了多个特种部队。

其中最受美国总统喜爱的一支特种部队就是"绿色贝雷帽"。它同时也是美国陆军中规模最大的一支特种部队。最早的时候为了解决美国在越南战争中所遭遇到的难题得以建成，但是在被认为是进行越南这场半游击战争最理想的武器而被送上了越战的战场后，虽然取得了一定的战绩，但是在越战结束后，美国的陆军特种部队也受到了很多的责难，因为在越战中，特种部队对越南平民表现出来的残忍和任意杀戮，使得军方对其的信任一度缺失，军费大幅度削减，但是也正因如此促使国防部对其进行了改革。曾经一度解散直到80年代初期才开始重建。

跟世界上其他的特种部队通常用个人或者小组作为作战单位不同，"绿色贝雷帽"一直以来都是采用群作为作战单位。在经历了越战后的整顿，"绿色贝雷帽"的几个特种小队分为，负责太平洋地区作战的第一特种部队、位于布拉格堡的第三特种部队、参加过越战的第五特种部队、负责中南美洲所有行动的第七部队和应对专门针对北约的华沙条约组织的第十特种部队。

作为一名战士要想戴上绿色贝雷帽绝非一件容易的事情。光是作为"绿色贝雷帽"的候选人就必须要通过极高标准的选拔，首先要有五年以上的军龄并在服役期间表现优秀，没有任何不良记录，同时还要在初选的考试中和身体检查中全部通过才行。接下来就到了正式的选拔。所有参加选拔的队员都要接受全面的基础训练，因为是基础，所以以体能训练为主，结业后再转到空降学校开始进行跳伞训练。成功地在这里拿到了空降合格书后，还有更为复杂的学习任务在等待着他们。

在一系列考核全部都通过之后，合格者将会被颁发一个标有S字样的徽章，这时他们才可以说正

★执行任务中的美国"绿色贝雷帽"特种部队

式成为一名美陆军特种部队队员了。但这也只是开始而已，接下来他们将要面临的是更为严峻的考验。他们将要把自己的所学都付诸实践，开始执行各种危险的任务了。不过让美军欣慰的是，所作的一切都是为了培养出一支战斗力超强同时与众不同的特种队伍，在之后的特种行动中，"绿色贝雷帽"果然没有辜负其所望，让人们看到了它的价值所在。

拉开序幕：特遣队准备行动

对伊拉克出兵的计划被确定了下来之后，美军方立即为此制订了具体的部署方案。为了集结大量的兵力对伊拉克形成军事威慑，美军基本上出动了可以动用的所有军事力量，同时为了保证战时的后勤和补给，还专门临时征召后备的军事力量。除美国之外，参加此次打击伊拉克军事行动的其他国家也开始了自己的军事准备。经过紧张的备战，11月美军就已经基本完成了两个阶段的军事部署。这时，美军在海湾地区的驻军从总体上看已经达到了四十多万人。其中海军陆战队队员就有八万多人，再加上其他国家出动的兵力，多国联合部队在海湾地区的总兵力已有五十万人左右。同时还有一些国家虽然没有正式参战，但也提供了许多武器装备和后备医疗力量。

★指挥海湾战争的诺曼·施瓦茨科普夫陆军上将

但是这么多的国家，不同的部队聚集在一起，不可避免地会出现了很多指挥上的不便。为了解决这个问题，使得各国的兵力能够协调一致，行动统一，多国经过协商后在多国部队的高层建立了一个最高的协调性作战指挥部。这个指挥部由美军中央总部司令施瓦茨科普夫上将和沙特阿拉伯武装部队司令哈立德中将一起指挥，在多国对问题出现了分歧的时候，所有的部队都要听从最高指挥部的协调。

看到了美国和多国在海湾地区的大手笔后，再加上早先联合国对伊拉克的经济制裁等一系列举动，使得萨达姆也有些坐立难安，开始进行相应的军事部署了。因为他清楚地知道，无论是在军事上还是经济上，伊拉克根本就没有打败美国的实力。所以萨达姆从一开始就决定了采用拖延战术。尽可能地拖延战争爆发的时间，然后促使海湾地区长期以来的矛盾和冲突爆发，间接地对美国产生一系列的影响，促使其尽早退出这场战争，同时也作了应对军事打击的防御准备，开始军备扩张，在经济上紧缩开支。使得总兵力达到了一百多万人，还加强了在科威特的兵力，建立了三道防线。

★下达海湾战争作战命令的美国总统布什

按照联合国对伊拉克进军科威特所作出的最后决议，1991年1月15日是伊拉克退兵的最后期限，早在这个期限的前几天美国与伊拉克在日内瓦举行了在战前的最后一次谈判，但是结果跟先前的多次谈判一样没有任何进展。最终于1月16日的上午，美国总统布什正式下达了美军向伊拉克开战的命令。

多国部队总司令，驻沙特美军最高统帅施瓦茨科普夫在接到了命令之后，立刻与美国陆军特种部队的队长布兰特会面。自美军开赴海湾以来，布兰特中校和他的队员们就在伊军的阵地进行了一些列的侦察活动。通过无线电窃听、潜入当地群众等手段来获取对美方有用的情报。在接到了到总指挥部的通知后他马上意识到有新的任务了。见到了布兰特之后，施瓦茨科普夫直接告诉了他美军和多国部队将会有所行动，但是却因为萨达姆的撒手锏而不得不有所顾忌。他的撒手锏可能会对多国部队行动产生严重的影响，所以命令特种部队队员深入到伊拉克的腹地，想办法弄到一切有关于这个撒手锏的所有信息。

当布兰特看到施瓦茨科普夫望向自己的目光后，坚定地回答道："请放心长官，我们一定会完成任务的。"1月16号的深夜，多国联合部队终于对伊拉克发起了进攻，四十多架轰炸机开始向伊拉克的领空飞近，为了躲避伊军的雷达，还出动了多架隐形飞机，在此同时早已锁定好目标的导弹也向伊拉克的重要军事目标飞去了。然后轮番的猛烈轰炸开始了，伊拉克的首都巴格达重要设施如军营、政府大楼都被击中，整个城市都陷入了一片火光当中。

头疼不已：沙漠里的"飞毛腿"

"沙漠盾牌"计划一开始就给了伊拉克这样一个大警告，但是萨达姆丝毫不为所动。这次的轰炸反而激起了萨达姆更强烈的斗志。在多国联合部队对伊拉克实行了空袭的第二天，萨达姆就通过了电报向全世界宣布了伊军不会屈服，并要开始"圣战"。伊拉克将会打败所有异教徒，同时他还要求多国联合部队立即撤离海湾。美军早已经估计到伊拉克不可能就这样乖乖撤兵，于是另外又拟定了一个代号为"沙漠风暴"的军事打击行动。

但是这个计划却迟迟没有正式确定下来。虽然此时美国和多国联合部队的驻兵早已经达到了第二阶段，超过了伊拉克在海湾的驻兵，可是萨达姆根本不为所动。美国很想要出兵但是却不得不对萨达姆的撒手锏有所顾忌。萨达姆所说的撒手锏，可能就是生化武器，也就说在接下来的战争中，伊拉克很可能会用携带着生化弹头的导弹来袭击多国部队。而且更加令施瓦茨科普夫头疼的还不是生化武器，而是伊拉克的"飞毛腿"导弹。这正是美军行动计划的一个关键问题。这些导弹的机动性极强，可以说是打完就跑，让多国联合部队根本拿它没有办法，虽然美军的"爱国者"曾经成功地拦截了"飞毛腿"，但是这也根本解决不了什么问题。

"飞毛腿"导弹是苏联仿制德国的V-2导弹制作的一种近程战术导弹，采用车载机动发射，可以装配常规弹头也可以用来装备核弹头，分为A和B两种。整个"飞毛腿"

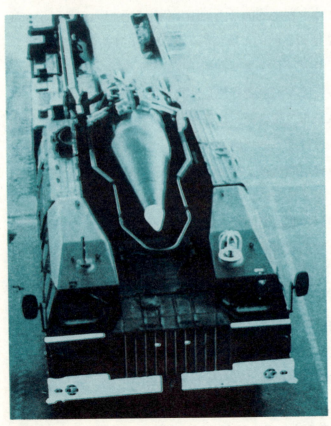

★伊拉克装备的"飞毛腿"导弹

特种战
THE CLASSIC WARS
灵活机动下的尖刀对决

由导弹和地面设备这两大部分组成。在地面设备上主要是担负着发射任务的发射车，公路速度最高可以达到每小时15千米，除此之外还有大地测量车、电源车和指挥车等，它可以在预先测定好的发射点上进行定点发射，这样一来就可以缩短发射的准备

★正在竖起准备发射的"飞毛腿"导弹

时间，从车队进入发射阵地开始到最终的点火发射最短只需要四十多分钟。但是"飞毛腿"导弹如此的名声在外却并不是因为苏联人，在1980年后苏联就已经用新一代的固体机动中程导弹将"飞毛腿"替换了下来，苏联将这些淘汰了下来的"飞毛腿"全部都用作了出口。埃及、叙利亚、朝鲜等国家都曾从苏联进口"飞毛腿"。其中苏联还向伊拉克出口了导弹生产线。因为萨达姆非常重视伊军的军备武装，尤其重视导弹武器，萨达姆将师和师以上的部队都装备上了"飞毛腿"导弹系统。

伊拉克在进口了苏联的"飞毛腿"后，马上就用实际行动对"飞毛腿"的性能进行了实践，还对其作了专门的改装，使得性能更优威力更大射程更远。伊拉克人在苏联专家的帮助下将"飞毛腿"发展出了四种新的型号，"飞毛腿"导弹、远程"飞毛腿"导弹、阿巴斯和侯赛因。其中阿巴斯和侯赛因是这些改装型中最为出名的。

经过改装后的"飞毛腿"整个射程增加了很多，同时可以安装携带生化武器的弹头也让它的威力大大增加。后来在两伊战争中，伊拉克经改装的"飞毛腿"在战争中大显了一番身手，伊拉克在和伊朗在拉锯的状态下发起了一场导弹袭城战，这场战争时间长达两个月，可以说是继二战之后使用导弹最多、时间最长、影响最大的一次局部战争。在伊拉克率先对伊朗的首都进行了空袭后，伊朗在两天后就报复性地向伊拉克的首都发射了两枚导弹。

可是早就料到伊朗不会善罢甘休的伊拉克已经准备好了，接下来的九天时间里，伊拉克向伊朗发射50枚"飞毛腿"，到袭城战结束的时候，伊拉克总共向伊朗发射了189枚"飞毛腿"，使得伊朗的数十个城市被殃及，炸毁无数的楼房建

筑，其中损坏最严重的是首都德黑兰和伊朗的圣城库姆，还造成了一千多人的死伤。最终伊朗迫于伊拉克无休止的轰炸而接受了伊拉克的求和。自此以后"飞毛腿"便声名大振，让人不可小觑。

当初伊朗人没有摆平它，现在这沙漠里的"飞毛腿"也同样让美国人头痛不已。最终美国国防部还是在12月20日批准了"沙漠风暴"的行动。因为专门用来解决各种难题的特种部队已经悄悄地行动了。

大举出击：铲除"飞毛腿"

美军本想用空袭战术解决掉伊拉克"飞毛腿"的难题，但是伊拉克早就宣称只要美军对其进行空袭的话，它就会用"飞毛腿"攻击以色列，将以色列也拖入这场战争，但这显然是美方不愿意看到的。现在的局面就已经够混乱了，如果再加一个以色列就更加难控制了。并且伊拉克还不停地对驻守在沙特阿拉伯的多国联合部队发起了导弹攻势，其攻击目标全部设定为了沙特地区的石油厂，使得这一地区的炼油厂几乎全部被破坏。这一系列的轰炸虽然与多国联合部队的轰炸相比起来算不了什么，但是却让美军头痛不已，于是美军只能够寄希望于特种部队了。

美军从陆军特种部队中精心挑选出了一批熟知阿拉伯国家文化环境，能讲一口流利阿拉伯语的美籍阿拉伯后裔来完成此次的任务，挑选他们还有一个重要的

★移动发射车上的"飞毛腿"导弹

原因，阿拉伯血统使得他们在外貌上与伊拉克人没有什么太大的差别，能够更加方便地潜入伊拉克。

在一个寂静的深夜里，如泼墨般漆黑的夜空中有一架直升机从天空中悄然飞过，没有留下一丝痕迹。飞机上搭载的正是去执行任务的"绿色贝雷帽"们，布兰特中校和十几名全副武装的特种战士在几分钟前登上了这架直升机，他们携带着性能先进的轻武器和在黑夜中能看见目标的目标指示器，还有能把照片直接发回美军总部的数控照相机和摄像机，然后要秘密地飞往伊拉克的境内。为了防止被伊拉克的雷达发现，进入伊拉克的国界后直升机基本上都是在贴着地面飞行。

很快直升机就到达了预定地点，伊拉克的西部沙漠地区，这里就是伊军"飞毛腿"导弹发射架的所在地。但是特种队员们并不知道这些导弹发射架的具体位置，在漆黑的夜里，在如此辽阔的沙漠中迅速地找到导弹发射架实在不是一件容易的事情。于是，按计划在沙漠中设置好了几个预定点，用飞机将特种队员们分别送到沙漠中不同的地点，然后再分头寻找，这样一来就容易多了。

布兰特和几名队员从飞机上下来后，飞机再次起飞，然后将其余的队员送到另一个地点，布兰特和这几名队员则又分为了几个三四人的小组，消失在了茫茫的沙漠中。布兰特和队员在沙漠中四处寻找着，狂风吹起了黄沙，隐隐约约一个队员看见前方有一个黑色的影子，他叫其他的队员看那到底是什么东西，布拉特通过头盔上的夜视仪发现那应该就是导弹发射架的所在位置。

于是在将周围的地形全部了解观察清楚之后，他和其他的队员开始迅速地向这个建筑物靠近，然后将其中的一个最大的建筑物给包围了起来。此时这个建筑物内只有一个伊军人员在值班，其他的驻守人员早就休息了，他听到了外面好像有可疑的声响，于是走到了门口，可是还没有看清就被人从身后捂住了嘴，用枪抵住了后腰。有人在耳边告诉他不要出声否则就让他当场毙命。然后他就被人绑了起来扔到一边，其他的驻守人员跟他一样被人从被窝中拎了出来，还没有清醒过来就已经被人绑成了粽子。

布兰特对着这些人问道谁是技术专家，他们的任务有一项就是带回去一个技术人员。在枪口的威逼下，布兰特很快就找到了自己想要的人，与此同时其他的队员则来到了导弹发射架前，开始迅速地拆卸"飞毛腿"，然后对弹头进行了仔细的核实，好弄清楚萨达姆是否真的给导弹安装生化弹头。在一切都弄清楚了之后，布兰特就下达了迅速撤退的命令，一群人带着重要的导弹零部件和技术人员登上了早已经接到了指示在外等候的直升机上，消失在了漆黑的夜空。

★被损毁的"飞毛腿"导弹残骸

但是还有一些"飞毛腿"导弹发射架没有被找到，2月25日，一枚"飞毛腿"击中了美国驻沙特的兵营，造成美军开战以来最大的伤亡，当场有28名美国军官死亡，一百多人受伤，这让施瓦茨科普夫大为恼火，命令还在伊拉克境内执行任务的特种队员们不惜一切代价，迅速找到剩下的所有导弹发射架。

接到命令的特种队员们加快了搜寻力度，在经过了几天的努力之后，他们终于发现了最后一个导弹发射架。于是队员们立即将随身携带的GPS定位系统拿了出来，将自己所在的位置也就是导弹发射架所在的位置告诉给了美军指挥部。

总部接到了特种队员们传来的情报后下达了让他们迅速撤退的命令。然后美军空军开始向伊军的导弹发射架飞来，对伊军的导弹阵地进行了猛烈的轰炸。顿时伊军的导弹基地化为了灰烬。

"飞毛腿"被美军特种部队斩断了腿，再也飞不起来了。在没有了对伊拉克"飞毛腿"导弹的顾忌之后，美军和多国联合部队开始了对伊拉克的反击，总共有五十多万人的大军分为了四路，开始向伊拉克在科威特的驻军进军，把被伊军占领的科威特团团包围了起来，在这种情况之下无力招架的伊军全线溃败。

侦察归来：打出"左勾拳"

美军的"沙漠风暴"计划的具体作战方案是实现多国的协调一致。达成对伊拉克进行包括空中、海上和地面的多方位攻击。首先从空中对伊拉克的重要军事目标进行攻击，然后开始转移作战的重点，开始在被伊军占领的科威特地区展开地面作战，以达到最终迫使伊拉克撤兵，消灭伊拉克在科威特的驻军，帮助科威特恢复合法政权和摧毁伊拉克的导弹生化武器的目的。现在空中的作战部分基本已经完成，接下来就要进行其他方向的进攻了。

施瓦茨科普夫想要以科威特的海滩为切入点，作为地面进攻的主攻点。两栖作战一直是美军的优势所在，为此他派出了海豹突击队对科威特的海滩进行侦察，来为多国联合部队找寻最佳的登陆地点。

在接到了侦察命令之后，海豹突击队的汤姆·迪茨中尉带领着五名突击队员，在夜幕的掩护下偷偷地潜入到了科威特海岸附近的海域。六个人分别搭乘了两艘快艇，以最快的速度向着岸边驶去。

每个人都装备齐全，穿着黑色潜水衣，背上背着氧气筒，身上携带着水下呼吸器、定位系统等必要工具，以备不时之需。美国的海豹突击队是世界上最为神秘和具有威慑力的特种部队之一，有人称他们为来自地狱的人，虽然有夸张的嫌疑，但是也可以看出一些他们的作战风格。而且根据统计，在各国的特种部队中他们的作战成功率也算是最高的。这也是施瓦茨科普夫没有任何犹豫就派他们去执行这次重要任务的原因。

在进入到地面作战阶段之前，美军已经派遣一支海豹突击小队在沙特的海域附近进行侦察和收集情报的任务了，同时还有好几支特种舟艇队参战，同时为了保证多国联合部队的在海上行动时的安全问题，海豹突击队队员们早就对多国联合部队的活动海域清除了所有的水雷。这是一项极为危险的任务，因为一不小心就会被水雷炸得粉身碎骨。队员们首先要潜入水中，小心翼翼地向发现的水雷游过去，在水雷上安置好一个定时炸弹，然后马上抓紧时间离开，攀上直升机的软梯飞往下一个水雷所在地。

为了防止被伊拉克士兵发现，十几分钟后汤姆和他的队员们乘坐的快艇在离岸边还有十几海里的地方停了下来。然后他们将绑在快艇前面的两艘橡皮突击艇放了下来，乘坐着橡皮突击艇继续向海岸靠近。在离海岸只有五百米的时候，大家从橡皮艇上滑入了水中，没有发出一点声音。然后带着冲锋枪和一些特种装备开始向海边游去。

汤姆在最前面，每隔一段时间他就要用夜视镜看看周围有没有人发现他们，然后继续向海岸游去。整个海岸在夜色的掩映下显得格外的安静，没有一个人，就在离海岸还有数十米的距离时，汤姆做出迅速登陆作战的手势，然后大家迅速地登上了沙滩开始了侦察行动，在完成了侦察任务后，队员们又快速地潜入了水中，回到橡皮艇上消失在夜色中。海面上一片平静，就像什么都没有发生过一样。根据海豹突击队队员们带回来的情报，施瓦茨科普夫发现整个科威特海滩上被伊拉克人布满了地雷。这样一来如果把这里作为登陆作战地点的话，肯定会损失惨重。于是施瓦茨科普夫对整个行动计划都进行了调整，把登陆作战的地点换到了科威特海滩的西南侧，给了伊拉克一记漂亮的"左勾拳"，成功地从后侧给予了伊拉克军以重创。

打击伊拉克的地下武装

在海湾战争中，美军特种部队一直都是充当着排头兵的位置，秘密地在暗处为美军扫除障碍。美军的特种部队在美军的正规军往巴格达推进的时候，就已经乘坐着飞机率先进入了伊拉克，然后将搜集的情报提供给了美军，同时美特种部队还埋伏在巴格达的各个小巷和下水道里，切断了城市的光缆，对巴格达的通信进行监听，快速地建立起了自己的情报网。同时特种部队还深入敌后进行作战，打击伊拉克的地下武装。大力地展开心理战，在海湾战争的前后对伊拉克的民众进行心理战术。同时还负责多国部队的协调，在海湾战争中如果只算直接出兵的国家就有39个，要想让这么多的国家都能保持协调一致，美军的特种部队在背后下了不少的工夫。从地面战争的阶段一开始，他们就跟随着一些阿拉伯国家的部队一起行动，然后随时向美军总部报告有关他们的一切情况，同时帮助联合部队扫除障碍。

提供充足的资料

这场海湾战争是现代战争史上特种部队出动最多、兵种最为齐全的一场战争，在这场战争中特种部队也确实为战争的胜利作出了巨大的贡献。最为重要的一点就是这些特种部队深入到了敌人后方，提供给了美军和多国联合部队许多其他手段得不到的情报。在长达数月的战争中，特种部队一直都冲在美军和多国联合部队之前。在深入伊拉克侦察情报时，特种部队会化装成为一般的当地普通老百姓，以个人或者小队为作战单位，潜入到伊拉克的重要军事设施和交通枢纽的附近。然后再通过随身携带的隐藏在衣服之下的大功率图像和数字传输设备，向美军总部发送第一手的情报。通过这样的方式，在整个海湾战争中，特种部队的侦察是美军和多国部队获得情报的主要方式之一，美军也因为此在战争中受益匪浅。

★ 沙场点兵 ★

人物：诺曼·施瓦茨科普夫

诺曼·施瓦茨科普夫，美国陆军上将，曾经担任过美中央司令部司令，在海湾战争中担任过多国联合部队的总司令。1934年8月22日出生于美国的新泽西州。因为父亲是一名军人的关系，后来他直接进入了美国西点军校，从军校毕业后他担任过第101师少尉排长一职，后来又晋升为了中尉。越战开始之后，他在空降部队里做顾问，直到越战结束，直接进入了五角大楼工作。

1980年的时候，施瓦茨科普夫被晋升为了将军，后来在美军入侵格林纳达的军事行动中因为表现突出，又被任命为了美陆军副总参谋长。1988年的时候他被正式任命为了美国中央司令部总司令。海湾战争发生之后，施瓦茨科普夫一直对海湾战争的局势密切地关注着。他专门组织了一批人员对中东地区的复杂形势进行研究。

所以当1990年8月2日，海湾战争爆发之后，施瓦茨科普夫能够如此迅速地制订出针对伊拉克入侵科威特的行动计划。并在之后成功地领导多国部队执行了对伊拉克的代号为"沙漠风暴"的空袭计划。最后多国部队仅用了极小的代价就歼灭了伊拉克数十个师，这其中施瓦茨科普夫可以说是功不可没。

职责：侦察

一向没有什么耐心的美国人面对伊拉克拒不退兵的态度，直接就把第二套方案"沙漠风暴"搬了出来。只是因为不知道萨达姆到底有没有在"飞毛腿"导弹上安装生化武器弹头，才有所顾忌没有快速出手，面对这种情况，施瓦茨科普夫给"绿色贝雷帽"下达的第一个命令就是去侦察伊拉克的敌情。

在美国总统布什宣布了要向海湾地区派兵的第四天，美国特种部队就已经抵达了海湾地区，开始对伊拉克的阵地和后方的情报侦察工作。随着军事技术的发展，在这场战争中美国特种部队采用了最为先进的侦察设备，通过在沿路各线秘密地埋设会自动发出信号的定向信号标记，使得现场的数字视频影像可以直接传输到美军的中央总部，为美军提供了许多有价值的信息。

特点：快速

自从美军开始向伊拉克施加压力之后，自知不敌美国的萨达姆开始想别的办法来在战场上获得优势。自从多国联合部队压倒了伊拉克获得了空中的优势之后，萨达姆开始把赌注放在了"飞毛腿"导弹上。他下令将导弹对准了以色列，宣称只要美军或者多国联合部队对他发起进攻的话，他就会向以色列发射导弹，从而达到将以色列也拉入战争的目的。美国实在不希望就这样被萨达姆捆住手脚，于是决定在发动地面进攻的同时，派遣特种部队去茫茫的沙漠找寻伊拉克的导弹发射架，然后将它们摧毁。

但是特种部队时间有限，他们必须要在伊拉克发射导弹之前找到位于沙漠中的导弹发射架，然后将其摧毁，否则就会出现让美国不想看到的场景——以色列被拖入战争。到地面进攻开始时，特遣队在伊拉克境内大范围地进行了行动，有四支小队同时行动，以铲除"飞毛腿"导弹的发射设施。四支小队分别呼叫F-15E战斗机、F-16"战隼"或A-10攻击机前来打击他们发现的目标。

2月26日，特种部队攻占了一个无线电转播站。先是AH-6攻击直升机从空中对它进行攻击，之后，游骑兵冲入站内，摧毁了300英尺高的转播塔。"黑鹰"直升机同时行动，摧毁"飞毛腿"导弹、通信线路等其他指挥、控制设施。特遣队还用布雷等方法阻止"飞毛腿"导弹的转移。由于特遣队的行动，"飞毛腿"导弹的袭击次数大大减少，而且精确度明显下降，为美国取得胜利建立了功勋。

灵活机动下的尖刀对决
THE CLASSIC WARS

特种战

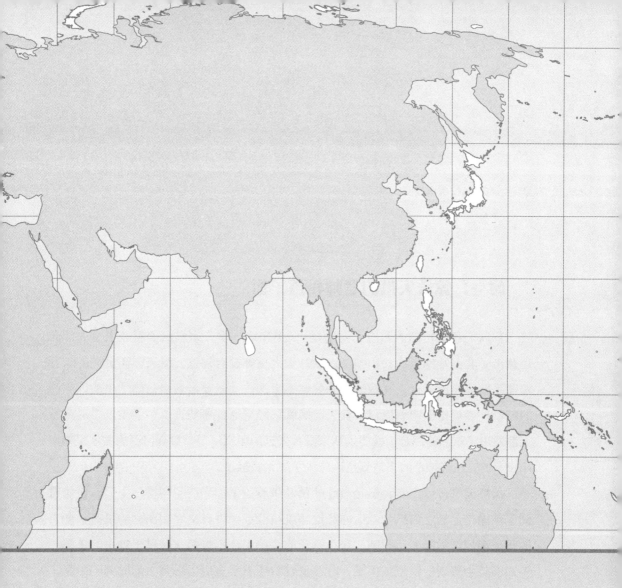

第十七章

“霹雳”行动
——与恐怖分子斗智斗勇

　　▲为了让苏联释放先前被逮捕的同伴并逃出苏联，恐怖分子劫持了小学生作为与苏联谈判的人质。得到了消息的苏联领导人为了成功解救出孩子，保证人质的安全，不得已的情况下派出了特种部队，特种队员们伪装后成功地接近了恐怖分子，然后趁其不备一举擒获。

前奏：惊慌失措的老师和孩子们

苏联的冬季特别的寒冷，特别是1988年的冬季，来自西伯利亚上空的寒流还袭击了北奥塞梯自治共和国，连续几天大雪都没有停过，漫天洋洋洒洒的雪花覆盖了整座城市。今天女教师叶菲莫娃不上课，而是要带着自己的学生前往当地的印刷厂参观整个印刷流程，几天前她就已经把这件事情告诉了学生，当时所有人都发出了欢呼的声音。就要去从来没有去过的印刷厂里，参观自己的书本是如何印出来的，这样神奇的事情真是让这些学生兴奋极了。

虽然天气冷得出奇，但是当叶菲莫娃带着孩子们到达了印刷厂里后，亲眼看到了传输带上的空白纸张就这样经过印刷机变成了带有文字和图画的纸时，所有的孩子都惊奇地睁大了眼睛，在小孩子的头脑里还不能消化这过于神奇的事情。不知不觉中参观很快就结束了，叶菲莫娃看了看手表后告诉孩子们时间不早了，就带着孩子从印刷厂中出来。与暖暖的印刷厂车间不同，一出来，彻骨的寒风让叶菲莫娃和孩子们都打了个冷颤，想要早点到车里去。

大家在印刷厂的门口向前看去，幸好来接孩子们的车已经在厂外等着了。每到天气不好的时候，学校都会有义务的车

★印刷厂的工作流程让孩子们惊奇不已

辆接送孩子们上下学，今天也不例外。看到走过来的孩子们，司机打开了车门摇下了车窗玻璃，笑着让孩子们赶紧上来。叶菲莫娃看了看司机不是前几天的那个司机，但是也没关系，因为各种原因，接送孩子们的司机是经常会更换的。对司机说了感谢后她自己也坐上了车。

刚刚从工厂里出来，孩子们还不能平复刚刚参观完后激动的心情，大家你一言，我一语的，正好在车上做开一个小小的观后交流会，有一个孩子大声地说道："我长大后也要当一个出色的印刷工人。"引起了其他孩子的笑声，叶菲莫娃看着孩子们开心的样子，也不禁露出了笑容。不知是谁开始唱起了《劳动者之歌》，欢快的歌声很快充满了整个车厢。可就在这个时候，从汽车的后座下突然冒出了三个陌生的男人，凶狠地命令道不要再唱了。孩子们包括叶菲莫娃在内都被这突发的事情吓到了，一时间车厢里一片安静。

叶菲莫娃本能地觉得他们不是什么好人，因为他们正在以一种奇特的眼光打量着她和她的学生们，就像是在看着已经到手的猎物一样。"你们到底是什么人？"叶菲莫娃问出了自己的疑惑，但是却没有立刻得到回答。只见一个为首的青年男子指挥着另外两个人将车上的窗帘都拉上，然后又不知道从车里什么地方搬出了几个汽油桶，打开了汽油桶盖，在每个座位的边上都放了一个。顿时浓烈的汽油味扑面而来，孩子们虽然不太明白他们在做什么，但是这样惊恐的气氛让几个孩子立即哭了出来。

叶菲莫娃心里十分不安又问了一遍，为首的那个叫维佳的青年终于说话了："你们现在成为我们的人质了。如果不听话乖乖合作的话，我就会点燃这些汽油。"说完还将手放在了打火机上以示威胁。孩子们看看老师，又看看面露凶光的维佳，危险的味道让他们都紧紧地缩在了一起。虽然自己的身子早就从开始就在哆嗦，但是看着身边的孩子们，叶菲莫娃还是极力地控制住了自己，对歹徒们说希望他们千万不要伤害孩子，尽管到现在为止她都不太清楚到底这些人是为了什么做出这样的事情。

紧急会议：保证孩子们的安全

这些歹徒到底是为什么做出这样的事情呢？这确实是一个值得思考的问题，叶菲莫娃和她的学生们既没有权势也没有金钱，还是在这样的一个冰天雪地里。选择他们作为人质的价值到底在哪里呢？

同时北奥塞梯自治共和国内务部副部长巴塔洛夫上校在下午四点二十五分钟的时候接到了一个紧接报告。在州党委前的广场上，竟然有人从一辆大轿车上向一辆标有警察标志的小车开枪，打伤了小车司机。如此嚣张地在人流密集的广场上袭击警车，如果不是疯了，那么肯定是另有目的想要引起警方的注意。意识到问题的重要性后，巴塔洛夫立刻开车到达了州党委前的广场上。

一到现场，巴塔洛夫就看到这样的一幅场景，很多人都围在向警车开枪的那辆车的周围，但是大家因为害怕被殃及到而和那辆开枪的车保持着一定的距离。现场的警员早就已经向政府报告了这件事情，在一旁守卫不敢轻举妄动，在亮出了自己的身份后，车上的那个叫维佳的男子主动向他要求要一个对讲机。

明白现在的当务之急是弄清楚事情来龙去脉的巴塔洛夫在考虑了片刻后，就示意在自己身旁的胡加多诺夫少校按照他的要求把对讲机给他。接着巴塔洛夫就听见了他最不想听见的话，那个歹徒说自己的手上有人质，31名学生和一名女教师，而且他们的身旁都放着汽油，如果警察向他们射击的话，这些学生就会有生命危险，而且看他们这样有恃无恐的样子不像是在说谎。巴塔洛夫心中一沉问道："你们到底想要干什么？"

绑匪要求警方给他们提供一架大型的运输机，然后还有一些毒品和钱。听到了他们的要求后，巴塔洛夫接着问他们目的地在什么地方。"以色列、南非或者巴基斯坦都可以。"在听到了恐怖分子回答的同时，巴塔洛夫悄悄地用恐怖分子看不见的一只手暗示一直站在自己身边的胡加多诺夫快点把这里的情况报告给总书记。

时任苏共总书记的戈尔巴乔夫正在主持一个有关于改革的会议，当听到一群学生和一位老师被恐怖分子劫持为人质的消息后，立刻停下了手头的会议，转而直接召开了一个紧急会议。在会议上，所有的人都对这一突发事件感到无比惊讶，这些恐怖分子的张狂与嚣张实在是少有。戈尔巴乔夫低着头思索了好一会儿后抬起了头，然后慢慢地把目光投向了坐在一边的克格勃负责人，说

★时任苏共总书记的戈尔巴乔夫

道："事件紧迫，我建议马上组织一个营救指挥中心，全权负责这次营救任务的所有指挥部署工作。这次的营救行动的总指挥我建议由克格勃的副主席波诺马廖夫来担任，行动的代号就叫做'霹雳'行动。"

正在想办法解决问题的其他官员在听到了戈尔巴乔夫的话后，一些人立刻发表了不赞同的反对意见。就算所有的营救人员都是从克格勃、内政部、外交部甚至从特种部队里挑选出来的精英人员，但是谁能够保证行动一定会成功。现在歹徒手中的人质全部都是才上小学的孩子，如果行动过程中出了一点差错的话，那么后果将不堪设想。考虑到这个问题，外交部长第一个提出了疑问，接着内政部的其他官员也纷纷发表了不赞成的看法。

机场交涉：为生命的妥协

听到了大家的质疑，直接参与行动的特种部队官员谢里耶夫连忙表示让大家相信特种部队的实力，但是他的话不仅没有平复大家心里的怀疑，反而换来了更多的质疑。持着不同观点的双方就如何进行营救的问题发起了辩论。虽然说从古之至今劫持人质的事情从来没少发生过，但是它却真的是一个非常难解决的问题。更何况今天在这些凶残歹徒手中的还是一群天真烂漫不知世事的孩子们。虽然在面对一群暴徒的时候，最快的制伏他们的办法就是以暴制暴地付诸武力来解决问题，但是他们实在是冒不起这其中所带的风险。所以一半以上的官员更倾向于派人出面用谈判的方式解决问题。

就在这时会议室的门被人打开了，紧接着负责通讯的人员走到了戈尔巴乔夫的身边，看来情况又有所改变。他带来了劫持人质的恐怖分子的最新要求：他们要求把其同伙克利沃诺索夫从监狱释放出来。

然后一位民航官员站起来向会场的所有人呼吁道，在想要迅速解决问题的同时，最先列入考虑范围的其实就是保障这些孩子的生命安全，没有什么比生命更为宝贵的东西了。特别是这不是一条人命而是三十多条人命时，让官员们执著于不肯武力解决问题的最大原因就是一旦开始执行任务，特种部队开始强行进行攻击的话，那么在混乱中所造成的伤亡很有可能会比劫持者自身对人质造成的伤亡还要大，说不定还会殃及到周围其他无辜的民众，还有一种最坏的可能就是这些恐怖分子会选择以同归于尽的方式作为反抗。

听完这位官员的顾虑和想法之后，谢里耶夫立即辩解道，对这些丧心病狂的恐怖分子抱以希望是不会有结果的。但是又立刻有人跳出来对谢里耶夫进行了反驳，我们可以派谈判专家来与恐怖分子进行谈判，同时来拖延时间，这样在谈判的过程中我们就可以使劫持者慢慢地冷静下来，紧张的情绪就会得到放松，这样在最后当劫持者松懈的时候，我们有机会解救人质了。

最后这位官员越来越激动，甚至还拍着支持者的肩膀说道，要知道劫持者的任何错误都会对我们有利，我们现在要做的就是拖延时间等待机会，从而最小地减少人质伤亡。请你试着想一想，如果这些孩子中有你自己的子女，你还会坚持用武力解决问题吗？一时间谢里耶夫所有想说的话都被噎了回去，再看看这会议室里其他人，看来大家都已经被用谈判来解决问题说服了。但是他还要是表明自己的立场，自己所做的一切都只是因为作为一个军人的职责，用最优的办法作出最优的选择。自己的部队经过严格训练而得出来的技术是不应该被大家如此怀疑的。最后谢里耶夫大声地说道："要知道我们的队员甚至可以在不到十秒的时间内准确地击毙任何匪徒。"

飞机起飞：前往以色列

正在为行动作准备的谢里耶夫主动要求让他去与恐怖分子进行周旋。在场的人听到了谢里耶夫的这番话不约而同地想起了有关于谢里耶夫的一件事情。他曾经让前部长会议主席柯西金难以下台。谢尔盖维奇曾陪同柯西金视察特种部队的狙击学校，在观看完学员们精彩的射击表演后，柯西金饶有兴致地问道："这批射手每天要消耗多少子弹？"谢里耶夫立即答道："每人每天大约要消耗200至300发。"当然，这一数目对勒紧裤带过日子的苏联人来说算是"高消费"。

柯西金对于这个答案显然是吃了一惊，于是说道："每天这样高的消耗需要多少钱呢？"在

★正在训练的苏联特种部队

一旁的谢尔盖维奇也跟着说道这实在太贵了。一直在两人身后陪同参观的谢里耶夫听见了之后反问柯西金："那么请问主席，您觉得一条生命应该值多少发子弹呢？"这个反问让柯西金无言以对。在这所专门培养特种兵的学校里，有学生自己建立的一个一千米距离的靶场，同时还配备了两百五十万发子弹，这些子弹虽然多，但是只够学员们三个月的训练，可见学员们训练的程度之强。虽然学员们从这里毕业正式加入特种部队后每次执行任务时只会消耗几十发子弹，但是正因为平时那上百发子弹的训练，才使得这几十发子弹每一发都不会浪费，这才是真正的养兵千日用兵一时。

看到大家的沉默，谢里耶夫继续地说了下去，提起了三年前的一个发生在黎巴嫩的绑架事件。那一次恐怖分子在黎巴嫩绑架了四名苏联人，并残忍地将其中一名人质杀害。谢里耶夫接到了营救命令之后，就立刻率领一个特种小队采取了以其人之道还治其人之身的方式，绑架了恐怖分子头目的一个好兄弟。然后将恐怖分子兄弟的阳具割了下来送给了恐怖分子的头目，并威胁如果他们不释放人质的话，就会继续割下他兄弟的其他部位给他送过去。最终恐怖分子妥协了，把剩下的人质释放了。这件事情让在场的所有人又重新开始考虑武力营救的方案。最终"霹雳"行动被确定了下来。

可是就在谢里耶夫在为营救行动作准备的时候，要求没有被满足的恐怖分子早已经等待得烦躁不安，要求立即满足要求，否则就会做出伤害孩子的事情，所以现在已经没有时间去准备些什么了，于是整个行动的总指挥波诺马廖夫将军立刻作出了决定，先答应恐怖分子的全部要求，然后政府负责准备钱和外汇，民航部负责准备飞机。除此之外再派一名谈判人员专门负责和恐怖分子周旋。谢里耶夫确实是最为合适的人选，不论是从实力和经验上，至此营救计划正式启动。

现在已经是12月2号的凌晨4点了，叶菲莫娃和她的学生们已经被劫持了将近一天了，惊恐的孩子们最后都因为太累而昏昏地睡了过去。不时有学生在睡梦中惊醒哭泣，叶菲莫娃只能够不停地在一旁安慰，虽然她自己也害怕极了。此时她突然听见外面有车开过来的声音，从窗帘的缝隙中她看见一辆轿车停在了不远的雪地上，然后从车上下来了一个人，身上什么都没有携带，正踩着厚厚的积雪一步步向自己这边走过来，外面雪还没有停，雪花不断落在那个人肩上，他正是前来谈判的谢里耶夫。

维佳十分戒备地问他要求的东西是否已经准备齐全了，谢里耶夫告诉他按照他的要求总共200万的美金已经都准备好了，但是正在运来的路上。另外所有他

★伊尔-76型运输机

要求的东西也准备好了，叫他不要担心。

"那飞机呢？"还是不放心的维佳接着问道。

"请放心，这个也准备好了。"果然不一会儿就传来了飞机的轰鸣声。然后谢里耶夫要求确定人质的安全，于是在维佳的监督下他得以上车。然后他终于放心了，车上所有的孩子包括那唯一的老师都是安全。既然政府已经满足了他们的要求把所有的东西都准备好了，维佳也开始放人质，不过狡猾的他还是留下了10名学生和叶菲莫娃作为保障。看着被留下来的可怜的孩子眼里的泪水，谢里耶夫不禁想起了自己的才刚刚九岁的女儿，于是他突然提议放了这些孩子让他代替他们成为人质。

12点25分，谢里耶夫代替那些孩子在众人的注视之下，由劫持者控制的伊尔-76型飞机腾空而起，迎着雪花，在机场上空盘旋一周后，向铅灰色的天空中飞去。

机舱斗智：解救孩子是关键

当谢里耶夫提出要用自己代替这群孩子的时候，维佳看着他，脸上全都是不解的表情，他不明白为什么会有人为了一些与自己毫无关系的人将自己推入险境。但是他还是同意了。毕竟比起这群小孩来说谢里耶夫好像更有利用价值，而且只有他一个人的话到时候上飞机也会更加方便。

得到了歹徒的允许后叶菲莫娃护着孩子们向外面跑去，但是回头看了看谢里耶夫她又停下了脚步，知道她是担心自己的谢里耶夫连忙让她不要管自己，赶紧在这些恐怖分子还没有改变主意的时候走，最后叶菲莫娃又十分不舍地看了谢里耶夫一眼，眼中包含了太多感情，有感动，更多的则是感激，她只是一个普通的小学老师，每天带着孩子们一起上课，看着孩子们单纯的笑脸觉得生活是如此的美好，可是这一次的经历让她直接与死亡擦身而过，不敢想象如果不是眼前的这个陌生人提议要用他自己来进行人质交换，她会不会就此崩溃。

最终明白了自己再站在这里不仅帮不了任何忙，还会惹来更多的麻烦时，叶菲莫娃终于痛哭着掩面离开了。看着孩子们和叶菲莫娃离去的背影，谢里耶夫也松了一口气，从现在开始自己终于可以毫无顾忌地展开行动了。

民航部准备的飞机是一架连夜从莫斯科赶过来的四引擎的伊尔-76运输机。在谢里耶夫赶来与恐怖分子进行谈判、收集情报之前，这架飞机上的全部机组人员都已经作了一番调动。现在飞机上一共有八名机组成员，其中有五名

★待命的特种部队

都是由特种人员伪装的。他们在从莫斯科起飞的时候接到的命令就是与谢里耶夫会合，然后一切听从谢里耶夫的指挥。飞机起飞前，恐怖分子们要求的美金也由特种部队的两名军官护送了过来，为了使歹徒减少警惕，特种人员都伪装成了机场里的普通工作人员，果然当恐怖分子看到了这么多崭新的美金出现在眼前时，在把钱全部都搬上了飞机的同时，把对他们来说已经没有任何用处的谢里耶夫也推下了飞机，所以说现在飞机上只有那八名"机组人员"和三名恐怖分子了。

在上飞机之前，谢里耶夫趁着维佳不注意，跟飞机上的特种队员们悄悄说道："如果不到万不得已的时候，千万不要使用武力，要注意保护机上剩下的三名真正机组人员的生命安全，这才是第一位的。"等到真正上飞机的时候，维佳还是保持着警惕，没有放下戒心。他和他的其他两名同伙把机舱内外上上下下都作了检查，以确保飞机是安全的，没有被政府方面做过什么手脚。然后又对所有的机组人员进行了搜身，在确定了他们身上没有携带什么危险物之后，就给他们都带上了手铐，然后让他们安安静静地待在机舱内，当然除了驾驶员以外。维佳警告他们千万不要玩什么花样，否则他绝对不会客气。

恐怖分子们的目的地是以色列，整个飞行过程异常地顺利，政府并没有做出什么小动作。飞机上的机组人员也十分安静，如果忽视掉歹徒们手中的枪和被手铐铐住的机组人员，这其实和一次普通的空中旅行没什么两样。

束手就擒：猝不及防的变故

但其实事情远没有看起来那么平静。要知道在过去的二十多年里，苏联经历过五十多起人质劫持事件，但是苏联政府在解决此类事件中从来都没有手软过。而这一次却因为人质的特殊性，所以才因事情关系到了孩子的安危作出了不得已的妥协，可以说真的是史无前例。当谢里耶夫眼睁睁地看着这群恐怖分子拿着钱乘坐着飞机在机场远去，离开了自己的视线之后，他的心里越发不是滋味。

这样的结果好像跟事先定下来的"霹雳"营救行动相差得太远了，不是吗？不过不管过程怎么样，现在最重要的是结果。还没有来得及细细地梳理心中的不快，谢里耶夫立即返回了指挥部把情况向上级进行了汇报，早已经得知了恐怖分子的目的地是以色列，于是外交部的副部长立即通知了苏联驻以色列领事馆的负责人马尔基罗素夫，让他尽快和以色列当地政府取得联系，希望通过外交让以色列政府可以协助解决此事。马尔基罗素夫询问完外交部副部长一些具体的事宜后，就开始与以色列政府联系。

马尔基罗素夫代表苏联提出了希望以色列能够协助的请求，包括让飞机在以色列国内降落，并将劫机者逮捕后交给苏联政府解决。以色列政府没有想过要

★时任以色列武装部队参谋长的沙龙（左一）

蹚这浑水，也不想得罪苏联政府，衡量利弊之后，在马尔基罗素夫与以色列政府联系了二十分钟后，以色列外交部的一位高官就对苏联的要求给予了回复。以色列同意协助苏联打击恐怖分子的行动。"以色列政府准备配合，接收飞机，并将劫机犯逮捕。"

既然已经答应了苏联人，那么抓捕歹徒的行动如果出了意外就太丢脸了，以色列对于这件事情的重视程度很高，甚至派了国防部长拉宾亲自负责此事。整个行动的指挥官也是专门挑选了具有丰富反恐经验的武装部队参谋长沙龙。在飞机还没有进入以色列国界的时候，

特种部队和武装警察就已经封锁了待会儿恐怖分子将会降落的位于特拉维夫东南十千米的本古里安机场。这里被十多辆军车团团围住，呈现出一种水泄不通的状态。当陷阱布置好后，所有的人都在这里等待着猎物入网的一刻。

下午三点半的时候，被恐怖分子劫持的飞机终于到达了以色列的境内，飞机与机场取得了联系请求在这里降落。机场同意了恐怖分子的请求，并让以色列空军启动了一架战斗机为其进行降落引导。四十分钟过后，被劫持的飞机开始在军事跑道上降落，然后以色列的特种部队立即包围了飞机。天空中担任警戒任务的直升机也不断地在上空盘旋着。作为第一个走下飞机的维佳在舱门打开的一瞬间就发现事情不太对劲，特别是看见了飞机周围将自己紧紧包围起来的部队时，他突然明白过来了是怎么回事，连忙想要拔出在腰间的枪，作出反抗了。但是还没有等把手伸到腰间，就被人制止了自己的这个动作，有人用什么顶住了自己的腰间。回过头来的时候，维佳惊讶地发现用尖刀抵住自己的人竟然是一直被自己铐在飞机内的机组人员。"不可能……"维佳想要问清楚却已经惊讶得说不出话来了。

原来维佳虽然已经对他们全身都进行了搜查，却唯独忘记了检查腰带。特种队员们的腰带经过改装后，里面放有可以用来逃脱的工具。事态陡然发生了变化，维佳和其他的恐怖分子只能够选择投降，最后他们被押解到了机场，然后引渡回了苏联接受判决。这一场历时60小时的劫机闹剧终于以没伤一兵一卒、没费一枪一弹而告终。

战典回响

耐心和果敢决定胜利

"霹雳"行动的成功不是偶然的，行动人员如何将被动的局面扭转为主动局面，从而获得行动的成功，这都是需要经过多次的讨论、研究而确定的。相信在行动开始之前，行动小组的成员们一定就营救方案反复琢磨，一个细节都不愿放过，这才能在先处于劣势的情况下，扭转局面，转危为安。在经过仔细的研究后，行动队员们决定假扮成机组人员，伺机对劫持者下手。队员们整装待发，上了飞机后，这些队员无一例外地被劫持者控制起来，这些假扮成机组人员的特种部队精英，最忌讳的就是冲动，他们现在需要的是忍耐，之所以需要忍耐就是为了等待机会的到来，如果不慎重行动，后果肯定不堪设想，甚至可能会直接导致机毁人亡。经过漫长的忍耐过程，飞机安全降落到以色列机场。机会来了，这时的队员们需要的不是忍耐而是果断的决定，是决定冲过去制伏劫持者，还是决定不行动等机外的以方人员对劫持者实施抓捕，最后，队员们觉定行动起来，这样才能不辱使命，他们勇敢地向劫持者冲去，并最后制伏了劫持者。队员们抓住这个机会，他们最终也不负众望，"霹雳"行动圆满成功。

这场行动的胜利，可以说是队员们的耐心与果敢决定的，在局面不利的情况下，他们选择了忍耐，在机会出现时，他们也能够果断地作出决定，勇敢地与劫持者正面交锋。促使这场行动成功的最终因素，不是别的，而是存在于队员们心中的一种信念，一种坚持。

★沙场点兵★

🐾 人物：谢里耶夫

谢里耶夫作为这次"霹雳"行动的重要参与者，在这次行动中所起的作用不容置疑，正是谢里耶夫在最终营救方案还没确定的时候，力争积极采取行动从而主动解决当前的复杂局面，在他费力说服了一千人等后，行动才得以顺利展开。

作为一名经验丰富的老队员，当赤手空拳地面对着恐怖的挟持者时，谢里耶夫主动提出让劫持者拿自己当人质，来交换那些无辜的孩子，试想如果后来不是谢里耶夫充当人质，而是那些孩子，结果将有可能完全不同了，而被交换为人质的谢里耶夫很有可能在劫持者顺利搭上飞机后就性命不保，最终谢里耶夫还是选择了牺牲自己拯救孩子们，幸运的是，恐怖分子并没有对谢里耶夫下手，人质也都安然无恙，"霹雳"行动的成功，谢里耶夫功不可没。

☀ 职责：解救

这次"霹雳"行动的主要目标在于拯救被劫持的人质，确保被劫持人质的安全，与众多援救行动不同的是这次行动的人质大多是尚未成年的小学生，其困难程度不言而喻。面对如此困难的行动，营救人员们更需要仔细再仔细，稍微出一点差池，这些无辜的孩子就将会受到伤害，在接到行动命令后，谢里耶夫率先前去与劫持者进行谈判，前去谈判的谢里耶夫与众多热切期盼行动成功的人们一样，希望能够尽一切可能确保孩子们的安全，抓住一切机会将人质救出来，幸运的是他找到了机会，用自己换来了人质的安全，行动也算成功了一大半，剩下的就是要将这些劫持者绳之以法，队员们最终完成了自己的职责，既援救了人质，又成功地制伏了劫持者，这次行动在没损伤一兵一卒的情况下圆满完成了。

✦ 特点：伪装

特种部队中，需要特种部队队员们进行伪装的任务有很多，除了伪装成不同职业身份的人方便执行任务，有时甚至还需要男扮女装，以混淆视听。伪装的方法在特种部队中并不少见，可以说也是特种部队的特点之一。在这次"霹雳"行动中，执行任务的队员们就伪装成了机组人员，成功登上飞机，与恐怖分子们同在一个屋檐下，以便伺机行动。为防劫持者识破他们的身份，他们还不能携带任何武器，在时机还没成熟之前，他们还要装作手无缚鸡之力的样子，任凭劫持者捆绑控制，在大部分时间内，这些队员可以说都是一群任人宰割的牛羊，因为他们稍有不慎，不仅他们自己性命会受到威胁，就连机上真正的三名机组成员都会性命不保，成功的伪装何等重要，幸好任务顺利完成，没有任何人员伤亡。

灵活机动下的尖刀对决

THE CLASSIC WARS

特种战

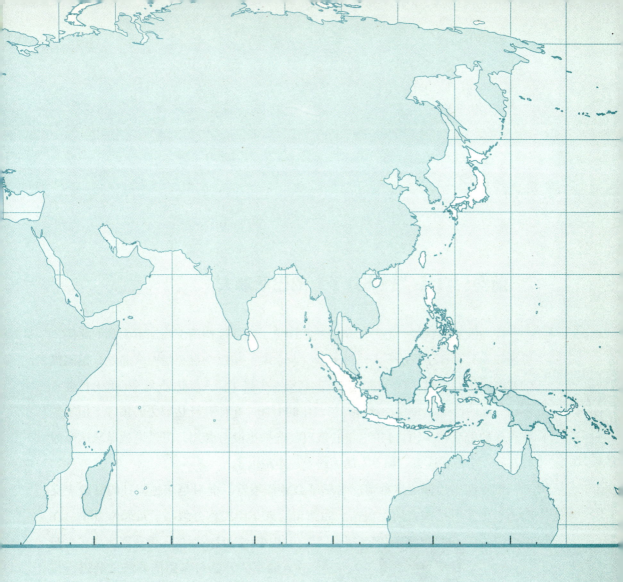

第十八章

"孤狼" 末日
——俄罗斯特种兵击毙车臣匪首

▲作为车臣恐怖分子的头目，巴萨耶夫多次参与和策划了多起针对俄罗斯的恐怖事件。为了维护俄罗斯联邦国家的统一，消灭车臣恐怖分子，俄罗斯多次派出特种队员对其进行围追和剿杀，但是却一直没有成功。不过巴萨耶夫的好运也有用完的时候，最终还是被俄罗斯的特种队员们找到了将其击毙的机会。

前奏：自认"恐怖分子"的巴萨耶夫

　　作为俄罗斯联邦一部分的车臣共和国位于俄罗斯西南部高加索山脉的北侧，总面积约有1.5万平方千米。对于俄罗斯来说，车臣一直都是一块痛处，是困扰俄罗斯的一大难题。1991年9月，苏联空军少将车臣人杜达耶夫凭借武力推翻了车臣当地的苏维埃政权。紧接着第二年的时候，车臣在杜达耶夫的领导下拒绝签署当年的俄联邦条约，1993年的俄议会选举也没有参加，可以说就是从这个时候开始，车臣在这条"独立"的道路上越走越远了。

　　俄罗斯当局面对这种情况当然不会放任不管。面对越来越猖狂的分裂主义势力，为了维护国家的主权领土完整和消灭车臣民族分裂分子及恐怖分子，在1994年12月的时候，俄罗斯出动了六万人的军队开始对车臣的非法武装进行打击。 随后还开展了一系列小规模的搜缴行动。其中最让俄方头痛的人就是车臣大名鼎鼎的军阀头子——沙米尔·巴萨耶夫。他被称为车臣经验最丰富、最冷酷无情的战地指挥官，外号"高加索之狼"，更是臭名昭著的"恐怖大师"。

　　可是当你真正面对他的时候，你绝对不会觉得他与一个平常人有什么不同，他个子不高，留着茂密的络腮胡子，说话时声音低沉而有条理，相比于恐怖分子的头衔他更像是一个大学教

★自认为恐怖分子的车臣匪首巴萨耶夫

授。巴萨耶夫小时候在学校里就是个成绩不好的学生，是学校里有名的后进生，他曾经三次申请考取莫斯科国立大学，可悲的是他的申请都没有通过，还由于在一所农学院里表现不好，被这所农学院扫地出门。

即使如此，巴萨耶夫在与同学们的相处中还是十分融洽的，他的脑筋转得非常快，能够想出很多怪点子，在同学中是个绝对的领导者，这为巴萨耶夫以后的道路打下了基础。他在书中认识到，车臣不能再像以往一样一直这样下去，要进行整顿，走一条全新的道路，那才是更好的发展车臣的道路。在成为

★1995年布琼诺夫斯克人质事件中的巴萨耶夫

了车臣领导头目之后，他又进行了一系列特殊训练，接受了极端的激进的伊斯兰思想，变成了一个典型的激进派穆斯林。当巴萨耶夫辞去"总理"的职务后，便开始策划他的恐怖主义计划，他的最终目的就是达成车臣的独立，在北高加索地区建立政教合一的国家，连他自己都自认为是"恐怖分子"。

逃过一劫：幸运的"高加索之狼"

他确实是一个最冷酷无情的恐怖分子，策划了多次恐怖绑架案件，伤害了许许多多无辜的人质，当然，在这些惊心动魄的战斗中，他自己也时时处于危险的境地，每次都是与死神擦肩而过。在这许许多多次侥幸中，可以说，布琼诺夫斯克人质恐怖事件是他最幸运地一次，这只"高加索之狼"幸运地逃过了一劫。巴萨耶夫曾在俄媒体上"死而复活"过八次，足可以看出他的惨烈战斗经历抑或说幸运的有惊无险。

俄媒体曾称：1999年1月，在车臣乌鲁斯马尔坦地区，他所领导的车臣非法武装分子与马斯哈多夫的支持者发生内讧，疑似被打死；2000年，仅一年中，传出他的死亡消息的次数就有三次之多；2001年，又有消息说巴萨耶夫并没有死，而且称消息来源十分可靠，来自车臣内部权力部门； 2002年，又有消息说

巴萨耶夫已经被打死，放消息的是时任俄军总参谋长的克瓦什宁和北高加索军区司令特罗舍夫；2002年2月，他病重的消息又传了出来，有些媒体称他因肾病恶化不治而死。这一次次惊险正突出了巴萨耶夫在布琼诺夫斯克事件中的幸运，巴萨耶夫率领非法武装分子在斯塔夫罗波

★被俄罗斯特种部队击毙的巴萨耶夫组织恐怖分子

尔边疆区的布琼诺夫斯克市烧杀抢掠，并劫持扣押了人质，向俄罗斯政府提出撤兵的要求，并扬言若俄罗斯政府不满足自己的要求就杀害人质，在与俄罗斯政府的军队武装力量发起激烈正面冲突的时候，用劫持的人质作为"人肉盾牌"来阻挠俄罗斯武装军事力量和特种部队的进攻。

在双方激烈的对峙中，人质作为巴萨耶夫带领的非法武装力量的筹码被不断地杀害，尽管俄罗斯政府想尽了各种办法，派出了正规武装军事部队和特种部队，但是特种部队浴血奋战的战果并不大，巴萨耶夫领导的非法武装恐怖主义分子软硬不吃，在人质的不断减少中，俄罗斯政府终于妥协了。我们无从得知这次恐怖事件的战斗过程有多么惨烈，只能从伤亡人数上略想一下，或许人质曾奋力反抗，或许交战地点战火连天弹壳纷飞，或许特种部队经历了我们无法想象的艰难坎坷。

总之，最后，在巴萨耶夫冷酷地残杀人质的时候，俄罗斯政府终于妥协了，基本上满足了车臣非法武装分子提出的要求，巴萨耶夫幸运地又经历了一次死神的问候，又逃过了一劫。

他的这次幸运会给以后更多的无辜人民带来什么样的恐惧，会给俄罗斯政府领导的武装军事力量带来什么潜在的危险，会对和平带来什么样的伏笔，我们不得而知，但结果是肯定的，巴萨耶夫的这次幸运，使得两方力量在明里暗里又开始进行莫大的较量，使得一切在表面的平衡之下又变得不平衡，在这一战中，"高加索之狼"是幸运的，那此后的无辜人民呢？

艰难寻找：只为发现"狼踪"

　　巴萨耶夫领导的非法武装恐怖力量虽无正规体制，却是有组织有纪律，俄军派出了大量的作战部队和特种部队，艰难地寻找，都只为发现这只狡猾的"狼"的踪迹。在搜查巴萨耶夫的行动中，空降兵、侦察兵、特种部队在与巴萨耶夫领导的非法武装恐怖分子的实际战斗中，起着莫大的作用。

　　空降兵可以被认为是最有力的战斗部队，而空降兵中的特种侦察分队的作用更是没活说，简直可以说是恐怖分子的克星，在车臣非法武装分子内部发布的小册子上如是说："战斗结束后应立即撤退，以防遭到敌人的空中轰炸。"可是俄罗斯当时的空中武装力量还不足以对付车臣非法武装分子，许多特种兵遭受车臣匪徒伏击的消息不断地从前线的战场上传来，许多特种兵的退役人员提出请战申请，想重新披甲上战场，几周后，一支专门由特种兵退役人员组成的游击队在战场上开始战斗，这只是艰难寻找的第一步。

　　这支游击队一上战场就屡屡获胜，打得大快人心。由于都是当年战争中的精英人物，这支游击队在十几天内，渗透到敌人的大后方，侦察准确，汇报快速，俄军大部队根据他们提供的精准的信息，集中火力连连摧毁了车臣非法武装恐怖

★正在瞄准的俄罗斯特种兵

分子的七个坚固据点。由于车臣非法武装分子的游击战术神出鬼没，"打一枪换一个地方"，再加上车臣恐怖分子对地理环境的熟悉，常常使得俄军摸不着头脑，被打得团团转。

正在此时，有个惊人的消息使俄军喜上眉梢，俄军秘密监听到了一个车臣非法武装分子的电话，内容是刚建成的一个武装小组战斗队需要一份今后如何行动的小册子。功夫不负有心人，特种部队游击队在路途中截获了两名装扮成平民的车臣武装分子，并通过审讯询问清楚了姓名、地点、接头人等重要信息，两个特种游击队员假扮成前去接头的车臣分子，渗透到了坚固据点的内部，获得了这份重要的小册子，由于口音习俗颇像当地人，两个特工人员并没有引起车臣非法武装分子的怀疑。

这份重要的情报终于到了俄军的手里，从此俄军掌握了车臣武装分子的作战路线和作战方针，轻而易举地打退了车臣非法武装分子一次又一次的袭击，识破了他们一次又一次的诡计，特种部队队员们在与车臣非法武装分子的战斗中，拼尽脑力、体力、人力、物力，不惜一切代价，冒着枪林弹雨，就像寻找猎物的猎人们一样，克服种种艰难困苦只为找到"狼踪"。

若隐若现：他们在丛林中蛰伏

这位车臣匪首的行踪可谓是神出鬼没，完全让俄军特种部队摸不着头脑，他藏匿于丛林中，若隐若现。一眼望过去，茂密的树叶以及低矮灌木都层层叠叠，

★丛林中的巴萨耶夫

深绿浅绿棕黄，一切都是这么的郁郁葱葱，这更适合车臣非法武装恐怖分子的伪装，更适合于他们的潜藏蛰伏，也使得俄军的特种部队更加头疼。车臣非法武装恐怖分子通过这些丛林的遮蔽，更诡异更自如地行动于丛林之中，他们穿着迷彩的服装，脸上画着绿绿黄黄的彩条，

★丛林中的俄罗斯特种部队

全身上下看起来就像一株灌木，与密集的丛林融为一体，俄军很难在茂密的丛林中分辨出哪里是树，哪里是车臣非法武装恐怖分子，丛林的密绿成了车臣非法武装恐怖分子最有力的保护色。

在树木林立的丛林里，有很多武器是派不上用场的，由于树木密集的遮挡，即使枪法再好的人也无法像在平原上那样轻而易举地射中目标。在丛林里，树木是敌军最好的盾牌，远射程的武器根本派不上用场，如果换成高损害性的武器，比如火枪之类的，那是更加不靠谱的选择。这些武器犹如炸弹炸蚊子，不仅收效甚微，还容易引起不必要的麻烦，比如暴露自己的身份和位置，使车臣非法武装恐怖分子有机可乘，还会造成森林大火，更加麻烦，得不偿失。

在丛林中作战，说不准会在哪里遇见敌人，说不定背靠大树，树后就是敌军，而且茂密的丛林又极容易藏身，一转身就可以钻到让对方找不到的地方，大部分兵器真的都是"英雄无用武之地"，这可让俄军特种部队大为恼火，而车臣非法武装恐怖分子却沾沾自喜，逃进丛林真是个不错的选择。

在丛林中，实际上车臣非法武装分子可以和特种部队打一场持久战。丛林中危险重重，双方都要首先克服丛林自然法则，要经过丛林本身的考验，才能再向对方出手。根据丛林的先天条件，车臣非法武装分子很容易在俄军特种部队活动的区域设下陷阱，埋下隐性的作战武器，在还没有与俄军特种部队正面交锋的时候，就可以不费一枪一弹地将俄军的特种部队消灭于无形中，但是，力的作用是相互的，既然车臣非法武装恐怖分子可以这样做，那俄军的特种部队也可以这样做，只不过大为不同的是，车臣的非法武装恐怖分子行动诡异，俄军的特种部队还不能摸清他们经常活动的区域，所以主动权还是掌握在车臣非法武装恐怖分子的手里。他们白天借着丛林，夜晚趁着夜色，在这偌大的丛林中跟俄军的特种部队玩着长时间的捉迷藏的游戏，若隐若现，自如蛰伏。

锁定目标：盯紧了自己的猎物

俄军特种部队经过浴血奋战，打击消灭了车臣非法武装分子的多个指挥点和指挥头领，但不是每次都很顺利，更多的是经过了生与死的考验，从血泊中走过来的。猎人要成功获取猎物，首先就是要死死地钉紧自己的猎物，不让它逃出自己的掌控。俄罗斯武装力量总参谋部军事情报总局"格鲁乌"所属的陆军特种部队，就是像猎人一样锁定了自己的猎物，紧紧地钉着号称"黑色天使"的匪首格拉耶夫。格拉耶夫一直以来都是一个厉害角色，是个经验丰富的作战家，一直是俄军的眼中钉、肉中刺，多次从俄军的手心中安全逃脱，让俄军很头疼。多年

★行动中的"格鲁乌"特种部队士兵

来，他利用自己的计谋一直使俄军处于被动之中，为了铲除这个难缠的嚣张的车臣非法武装分子，特种部队进行了多次追剿行动，终于在2004年的冬天看到了成效。

2004年2月4日，"格鲁乌"特种部队与格拉耶夫领导的车臣非法武装分子进行了正面冲突，经过激烈的遭遇战，在双方都快要弹尽粮绝的关键时刻，格拉耶夫领导的车臣非法武装分子玩起了心理战，幸亏俄军的增援部队及时赶到，使得格拉耶夫领导的武装分子落荒而逃。

特种部队在处理好战友的尸体和受伤者之后，对格拉耶夫穷追猛打。逃脱之后的格拉耶夫匪帮们，在印古什和车臣四处躲避流窜，寻找逃到格鲁吉亚的路线。后来，他们用100美元的筹码从一个村民那里拿到了一张路线图，是一条狭窄的山间小路，可是这条路却是通过边境的必经之路，最重要的是，沿着这条路走，安全系数更大，更能够不受阻碍地顺利通过。可是，在车臣非法武装分子通过的时候，被边防的巡逻官兵发现了，车臣非法武装分子打死了几个巡逻队员，可是这也暴露了他们的行进踪迹和行进路线。

特种部队的两个作战小组迅速封锁了边界的路线，双方又进行了一场激烈的对决，面对车臣非法武装分子先进的武器装备，特种部队毫不畏惧，时刻警惕地准备战斗。格拉耶夫匪帮们在梅特拉达村租了两辆"尼瓦"和"伏尔加"汽车，不过这只猎物还是没能逃出猎人们的敏锐的目光，"莫科克"边防哨所的巡逻兵发现了他们的踪迹，立即穷追不舍，狠追猛打，双方又是经过了激烈的战斗，俄军的特种兵在开始几秒钟的与车臣非法武装分子的机枪扫射中，很多人还没有来得及反应就被当场打死了，这足以看出战争的惨烈。猎人们想要得到自己喜欢的猎物，在某种程度上也是要付出一定代价的，没有什么东西是不经过争取就手到擒来的，更何况在战场上。只有经过浴血奋战和紧紧追击，才能使敌人死于我方的战火中。

轰然一声：雪地里孤独的狼

车臣非法武装分子与俄军进行过大大小小许多次激烈的战斗，这个车臣匪首仿佛一匹凶猛的狼，骄傲地指挥着车臣的恐怖分子们，或许在那些车臣非法武装恐怖分子的眼中，这个车臣匪首是一个经验丰富、身怀绝技的优秀指挥者，是个可以带领他们获得胜利的大人物，是个每次都可以死里逃生仿佛不会战死的英雄。但是再有智谋的人也抵不过次次战争残酷的洗礼，幸运并不是每次都会降临到同一个人身上，这一次，幸运并没有再次光顾这个车臣匪首，幸运的天平此时倾斜到了俄军这一边。消灭匪帮的战斗持续了将近一个月，双方都在严酷的自然环境中考验着自己的身体极限，现在双方拼的已经不仅仅是火力装备，而是多方面的综合因素，比如地理环境、天气环境、地理位置，以及个人的意志。

四周一片白雪茫茫，车臣匪首率领着他的部下们行进在茫茫无边的大雪地上。在海拔3000多米的雪山上，大雪是

★特种部队阵亡官兵纪念碑

齐膝深的，无论是俄军的特种部队还是车臣的恐怖分子们，都要用手和步枪拨开前行的道路。车臣的非法武装恐怖分子有地理上的优势，有时还可以在山洞中生火取暖，而俄军的特种部队为了防止暴露自己的位置，不敢有任何取暖的措施，只能凭借自己的定力和意志艰难地一直前行。

在雪山上俄军可以利用空军部队的狂轰滥炸解决车臣的非法武装分子，可是这些车臣非法武装分子也并不是一干酒囊饭袋。他们在匪首的带领下也有着自己的一套计谋，每当看到俄军的轰炸机在天空出现的时候，车臣非法武装恐怖分子们迅速地支起硕大的白色罩单与大雪融为了一体，与俄军玩起了捉迷藏的游戏。

车臣非法武装恐怖分子瞬间消失在一片白茫茫中，特种部队也无从着手。双方就这样僵持着，最后的十几名车臣武装分子据守在一个山洞里。他们在这个山洞里死撑着，由于占据了有利形，他们占了主动权，守在一个一夫当关万夫莫开的有利境地。俄军若要硬攻的话，恐怕半个月也攻不下来，但若要用高爆炸药强行轰炸的话，又担心附近的村子会遭到波及，被夷为平地。

俄军的特种部队只好硬着头皮上，侦察兵们沿着瀑布向上攀登。但是由于地理环境不利于俄军的特种部队，悬崖和树木的遮挡，俄军的武器大部分都派不上用场。比如，自动步枪无法射击瞄准，枪挂式榴弹发射器也无法使用。队员们与车臣非法武装分子的距离只有不到50米，最后实在没有办法，俄军特种部队只好

向车臣非法武装恐怖分子投掷柠檬型手榴弹。当这位车臣匪首终于明白自己已经无法逃到事先设想好的安全区——格鲁吉亚时，于是同他的两个心腹一起躲在当地的一个牧羊人的羊圈里。等躲避一段时间之后，他们又秘密化装成流浪汉的样子，穿上破衣破裤，准备乔装打扮混过边境，这位车臣匪首剪掉了自己蓄了多年的胡子，穿上烂衣破裤，作好了一切蒙混过关的准备。

可是当他们刚刚来到公路上时，就又一次地和边防巡逻兵遭遇了，忠心耿耿的心腹们用机枪扫射着巡逻的边防俄军们，掩护自己的主子撤退。可不幸的是，这位车臣匪首在逃亡的过程中，被一名临死的达吉斯坦边防巡逻兵击中受伤，这位车臣匪首绝望地在雪地里挣扎，痛苦地呻吟，抑或对被救有着深刻的期盼。但是就在他种种情绪中，终于因为失血过多，轰然一声，这位曾在战场上翻云覆雨的车臣匪首倒在了雪地上，含着无限的恨意又或者是带着解脱，永远地长眠于皑皑的白雪之上。

战典回响

身前身后的迷雾

巴萨耶夫有很多不为人知的故事。他是一匹"高加索之狼"，他有着狼一样的品性，狼一样的凶恶，狼一样的残暴，他像狼一样嗜血，像狼一样好战。他的身前身后就像一团迷雾一样，让人摸索不清，我们只能通过拨开一点点迷雾，来窥探他罪恶的人生。

巴萨耶夫是个野心勃勃的人。从他能够很快地成为车臣非法武装恐怖力量中的头目、"副总统"，就能看出这一点。但是他身后却有很多我们常人猜不透的地方，比如说，当车臣的反政府武装领导人马斯哈多夫被打死后，车臣内部就开始沸沸扬扬，大家都纷纷猜测，将目光投向了这个车臣匪首，觉得以他这样的实力、地位和野心，非常有可能趁此机会夺权，当上车臣的最高领导人。可是，让大家万万想不到的是，他不但没有采取任何有利于自己夺权的行动，出人意料的是，却极力帮助萨杜拉耶夫，支持他登上了车臣非法武装第一把交椅的位子。

从这件事情上我们也可以看出，他看人的眼光还是非常独特，思想非常阴险的。这样一个恐怖集团的匪首，给当地人民带来了非常深重的灾难，成为人们心头的梦魇。

★沙场点兵★

人物："格鲁乌"

"格鲁乌"是俄罗斯军事情报总局的简称。它与经过改组和受到公众监督的克格勃有所不同，它并没有因苏联的解体而受到影响。目前该局拥有24个训练有素的特种突击旅，人数总计约三万人。其主要任务是威慑和阻止突然袭击。主要基地设在俄罗斯梁赞州的丘奇科沃市。"格鲁乌"特种部队在苏联解体前一直处于保密状态，近期它才刚刚被人们所了解。它是俄军中"阿尔法"之外的另一支赫赫有名的特种部队。

职责：剿杀

巴萨耶夫领导的车臣非法武装是俄罗斯政府眼中的第一大恐怖组织，其制造的一起起恐怖事件让俄罗斯政府下决心要对其进行剿杀，俄罗斯特种部队"格鲁乌"承担了这一重任，经过长时间的侦察以及跟踪，"格鲁乌"最终成功击毙巴萨耶夫，为俄罗斯除去心头大患。

特点：艰难

巴萨耶夫的隐蔽能力超强，数次躲过俄罗斯特种部队对他的剿杀，习惯于野外作战的他有着极强的野外作战能力，在极差的自然条件下依然能够与俄罗斯特种兵周旋，这就加大了俄罗斯特种兵对其剿杀的难度。特种兵必须要在比巴萨耶夫更加艰苦的条件下等待时机对其剿杀。

灵活机动下的尖刀对决 **特种战**
THE CLASSIC WARS

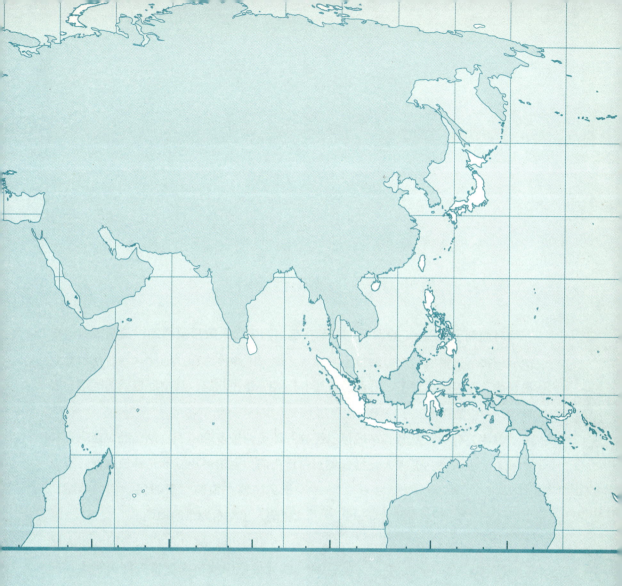

第十九章

象牙海岸
——带山西战俘营的伙伴回家

▲越战到了 1970 年的时候，美军深陷其中不可自拔。美军面对越南的游击战术苦不堪言，大批美军沦为越南人的战俘，美国国内的反战情绪也随着越战时间的拉长而不断高涨。为了平复国内的反战情绪，经过多方考虑之后，美国决定派出一支特种部队将被关押在越南山西战俘营的战俘解救出来。

前奏："象牙海岸"方案出台前后

时间到了1970年的春天，美军在越南的阵亡人数日益增加，美国国内民众厌战情绪与日俱增，反战游行不时出现。据美国媒体的保守估计，当时在东南亚被俘的美军已经达到了450人，而其中有80%是在北越，其中还包括美国第七舰队总司令麦凯恩的儿子约翰·麦凯恩。

其中，有两百多名美军战俘已经被关押了两千多个日子。早已经对这场冗长的战争失去耐性的美国人经常聚集到白宫门前，要求停止越战，释放战俘。尼克松总统倚在窗前，看着民众们的呐喊，也陷入了左右为难的境地。

其实早在战争之初，美国五角大楼就通过空中侦察来搜索关押美军士兵的越南战俘营的情况，并且要保持不间断的监控。

在美军所监控的战俘营里，就包括位于河内以西37千米处的山西战俘营。据中情局的情报显示，在这个偏僻的战俘营里总共关押着50到100名美军战俘。华盛顿的专家们在详细分析了各个战俘营的具体情况之后，他们一致认为山西战俘营是实施突袭行动的最佳选择，经过漫长的辩论和讨论，专家们觉得只要能够找到可靠的人，组成一支有

★美国爆发的反越战大游行

经验的救援小组，足以把山西战俘营里的美军战俘解救出来。

不过，最后专家的这个援救方案还是要由军方制订成完整、严谨的计划，所以这个工作最后就交到了负责反游击战和特种行动的特别助理布莱克本陆军准将手里。随后，布莱克本与中央情报局、国防情报局和国家安全局一起制订出了初步的行动计划。

布莱克本把计划书放在了总统的办公桌上，尼克松本人对这个计划还是很满意的，他看完之后，还为这个计划起了一个极富诗意的名字——"象牙海岸"。

★时任美国总统的尼克松

不过，这个看似有些冒险的计划最初在白宫的官员之中并未有太大反响，议员们对此反应平平，但是在1970年7月，美国参联会最终还是同意了该计划的执行，而且将该计划的保密等级设置为了"绝密"。除了策划者与即将参与到该计划中来的执行人员，该计划将对所有人保密。

接下来，美空军SR-71"黑鸟"高

★SR-71"黑鸟"侦察机

空侦察机和猎人低空无人侦察机就开始悄无声息地进入越南领空进行侦察，计划小组的专家通过它们所拍摄的照片分析，在山西战俘营方圆约10千米的范围内大概驻扎了1.2万名北越士兵，北越的防空导弹部队也在附近随时待命。

山西战俘营整体看上去并不是很大，一共有两个区，一个区域用来专门关押战俘，一个区域则主要是北越守军休息的地方。在那里降落并不是一件很困难的事情，只要多注意那里的树枝树杈，任何有经验的飞行员都可以驾驶着直升机在那里平稳着陆。专家的分析听起来客观而又公正，总统微微点着头，所有的一切似乎都非常顺利，营救工作并不如最开始想象的那么复杂，当然，仅仅是"听起来"而已。

准备就绪：山西战俘营里等待回家的美军

美军决心要达到出其不意的效果，他们选择了位于泰国中部的打卡里皇家空军基地来集结，作为他们此次任务的大本营。接到袭击的命令之后，他们就会乘坐运输机飞抵位于老挝南部边境的乌隆基地，然后在这个基地换乘直升机，之后负责突击的队员将趁着蒙蒙夜色出发，目标直指山西战俘营。

因为从乌隆到山西战俘营来回有1 100多千米，所以直升机只能在老挝的上空进行空中加油。这就意味着，执行这次任务的直升机需要在山间的丛林上空进行很长时间的低空飞行。所以，这次任务很可能会受到气候条件变化的影响，气象专家也通过卫星开始观测山西战俘营上空的云层变化。

时任美国参联会主席的穆勒上将刚刚上任不久，他经过再三斟酌，决定把这次任务交给麦纳空军准将和西蒙斯陆军上校。这次行动的指挥官将是佛罗里达埃格林空军基地美空军特种大队的司令官麦纳将军，麦纳将军身经百战，曾经参加过第二次世界大战，并且在越南多次执行特种作战任务，对那里的环境非常了解。负责突袭行动的现场指挥官则是西蒙斯上校，他是个身体强壮、性格外向的男人，在第二次世界大战的时候是个老突击队员，经验非常丰富，在菲律宾、老

★负责此次行动的KC-130空中加油机

挺都曾经有过大显身手的表现，被人们称为"公牛"。

最终的行动计划在几天之后确定下来，美国陆军一支突击小队将乘坐一架空军HH-3E直升机和五架HH-53直升机飞抵山西战俘营上空，提供导航的将是两架MC-130特战飞机，负责空中加油的则是两架KC-130直升机。一个攻击机编队会负责空中的掩护任务，十架F-4战斗机会在空中负责战斗巡逻，拦截企图接近的所有敌机。麦纳将军经过深思熟虑，出于掩护突击部队顺利采取行动的考虑，决定再增加一个战斗轰炸机编队来吸引北越地对空导弹阵地的注意力。

★参与此次行动的美军HH-53

营救小组的代号为"蓝色少年"，指挥官是迈道斯上尉，他们会乘坐直升机着陆在院内的空地，然后去负责寻找和营救战俘。

警戒组的代号为"红色车轮"，指挥官是希德纳中校，他们将乘直升机着陆在战俘营的外边。他们中的一部分需要负责该行动区域的安全，封锁四处的道路，将任何企图靠近战俘营的敌人击退，另外一些突击队员需要负责在监狱的外墙上炸开一个缺口，负责把战俘接到直升机上。

★"绿色贝雷帽"特种部队标志

因为整个任务非常艰巨，所以指挥人员决定根据自愿的原则，组成特遣部队的人员应该从美空军和陆军的精英分子里挑选。即便是"绿色贝雷帽"的成员，一旦表示愿意参加这次任务，也需要在埃格林基地参加集训，最后表现出色得到指挥人员的认可才行。

西蒙斯上校经过了认真仔细的挑选，选择了第103陆军特种部队"绿色贝雷帽"执行这次的突袭任务。另外，麦纳将军还从空军挑选了数名多次参加搜救行动、经验丰富的老兵来驾驶直升机。

这个时候，前"绿色贝雷帽"部队首席医生卡塔尔多上校扔给了西蒙斯上校一根烟，说："嘿，去越南救我们的伙伴们回来，你可得带上我，我还没有老，上战场去做这种事情少不了我。"西蒙斯很乐意带上这个"狡猾"而又经验丰富的家伙，他和麦纳又看了一次他们的阵容，每个人可以说都是顶尖的、最棒的。

即便如此，他们依然不敢怠慢，为了让参加行动的人员熟悉当地的情况，在埃格林基地，他们还模仿山西战俘营建了一个一模一样的监狱。白天，当苏联的侦察卫星不在基地上空活动时，他们就开始抓紧时间进行训练。平常的时候，则把这个模型建筑伪装起来，以防机密泄露。

每一个参与该行动的人员都知道，这将是一次多么危险的任务，所以没有人急于去深入战场，冲动地去救回他们的战友，在基地里，他们每天都在训练，除非做到天衣无缝的时候，否则他们不会轻易地踏上战场。西蒙斯觉得，这既是对参加任务的士兵负责，更是对山西战俘营里等待着回家的士兵们负责。

严格训练：只为万无一失

任务制定完成，接下来就必须抓紧时间训练。时间拖延得越久营救的难度就会越大。经过商议和讨论之后，训练的地点被定在了位于佛罗里达的埃格林空军基地。根据计划美军将会让执行营救任务的特种队员们搭乘直升机飞往山西，途中还会派出两架飞机导航。另外还有两架直升机为其在空中加油。五架攻击机在旁掩护，几架攻击机在旁巡逻护航。这样一来整个空军部署看起来已经万无一失了。可是如此一来对于行动过程中飞机之间的配合默契程度的要求就提高了。

因为任务多样难度大，8月20日空军率先开始了训练，针对直升机主要提供导航和搭载特种部队成员的任务，直升机的训练大都是在美国和墨西哥的上空进行的，飞行员被要求能够完成各种足以让人眼花缭乱的复杂高难度飞行动作。每天都要从佐治亚州深幽的峡谷中穿过多次，然后接着飞到田纳西州地形复杂的山岭中进行飞行训练，还被要求能够贴着佛罗里达茂密的森林完美地作出超低空飞行。美军还专门对飞机进行了必要的改装，给其装备了最新的导航系统和一道红外线障碍识别装置，这样可以使导航的精准性进一步得到提高。

负责掩护和巡逻的攻击机的主要训练任务是增加互相之间的配合程度，同时能够保持与运输机和直升机相同的速度，在整个飞行过程中都能够保持队形。为了行动的保密着想，在训练的时候，指挥员都没有告知飞行员他们将要执行的是什么任务，所以一直到9月，训练基本已经要完成时，飞行员们也只是知道他们如此辛苦的训练是因为要执行一项重要的袭击任务。

9月，陆军也开始了艰苦的训练，每天天还没有亮队员们就要起来作行军训练，然后在早饭后开

★美军"绿色贝雷帽"特种兵战士

始例行的三千米徒步行军，回来后开始进行专业的训练，科目包括有各种武器、战斗机械的操作、野外生存训练和射击训练等，并且随着时间的增加，每天的训练任务的强度和难度也是不断地在增加，一段时间过去后，个人的训练结束，开始进入了真正的训练重头戏演习阶段。

为了使得演习更加逼真，增加队员们的实战感，美军还专门建造了一个与山西战俘营一模一样的模型。这个模型完全是采用一比一的比例建造，军方的目的是为了让特种队员们记住战俘营的每一个角落，在演习过程中将未来营救过程中会发生的各种问题现在就全部都找出来，使得行动的伤亡到时候能够降到最低的程度。而且为了保密，不让苏联人的侦察卫星发现这个过于真实的模型从而向越南人告密，美方在建造模型的时候还煞费苦心地将模型分成了好几部分来建造，这样使得模型可以方便地组装和拆卸，所有的演习时间都选在苏联的侦察卫星不在此处上空的时候进行，在训练完成了之后又全部拆除返回原样。就这样，队员

们每天不分昼夜地不断训练，很快，一个月的时间就过去了，10月6日，将会进行最后一次实战演习，如果一切顺利的话，就会直接向白宫进行汇报，然后准备行动。

回家之路：营救人员的决心和意志

在最后的这次演习中，队员将长期训练获得的成果全部都体现了出来。整场演习格外激烈，不仅有空中的火炮射击，还专门地进行了针对越南士兵人体模型的实弹射击演习，同时空军也加入了整个演习，在上空不断盘旋着对战俘营进行着监视，最后如果光从这一整场演习来看，营救行动的成功率是百分之百的。所有人都对这次任务自信满满，相信一定可以成功地完成任务将人质解救出来。但是让麦纳不安的是最后的行动命令却一直没有下来。

事情好像并没有人们想的那样简单。虽然尼克松总统对于解救战俘的事情一直很重视，想要尽快的将战俘解救出来，给民众一个交代，但是作为一个政治家他又不免较普通人考虑得更多一些，出于一些原因，他慎重地决定将行动的时间再次往后拖延一段时间。从最近从越南传来的情报看，山西战俘营的越军的活动最近有些不对劲，十分反常。尼克松看着手中SR-71高空侦察机拍摄回来的侦察照片不禁皱紧了眉头，与从前拍摄回来的照片相比，这些照片无一例外地少了人影的活动，这么大的一个战俘营不可能没有一个人影出现，原先让美军注意到这里就是战俘营的战俘们晾在外面呈现出"K"字形的衣服也不见了踪影，尼克松心里浮现出不好的感觉，难道说越军发现了他们的营救计划，提前将人质进行了转移。但是也有可能是这些战俘被关在了营内不允许再到室外活动了。

同时，派往越南的情报人员传回的情报中也说到，山西的战俘营已经变成空的了，但是最让人困惑的是几天过后又有新的情报传了过来，这一次照片中又出现了战俘的活动情况，很显然战俘营中的人数又所有增加，虽然还不能确定这些人到底是不是原先的那一批战俘，不过现在唯一可以肯定的事情就是，山西战俘营的战俘确实被转移过一次，而且到现在为止这个战俘营里是还有人的。作为决策者，尼克松现在必须要作出一个抉择，到底是否下令执行营救任务，如果下令之后发现这里的战俘早已经被转移走，营救队员们扑了空怎么办，如果不下令，这里果真还是有战俘，而因为自己没有下令的原因错失了营救的机会那又怎么办？这两个想法在尼克松的脑海里僵持不下，弄得他心烦不已。

可是在11月3号发生了一件事情彻底打消了他心头的犹豫。从越南内部传来了消息，内容是有六个想要逃跑的战俘已经死亡，这个消息让尼克松的心头蒙上了一层阴影，没有人有权力决定别人的生死，就算真是只有很小的可能也必须要进行营救，于是在11月8日，就"象牙海岸"营救计划举行了最后一次会议，尼克松、总统国家安全事务助理基辛格和国防部长等人都参加了会议，商讨了执行任务的具体时间。会议上麦纳又一次就整个行动计划向大家进行了汇报，并且告诉了大家如果现在不进行营救，在继续拖延下去的话，那么今年就不会有机会了，下一次营救就要等到明年的3月。在这段时间里战俘们会遭遇些什么我们也无法得知了。最后尼克松下达了命令，要麦纳立即展开行动。

终于出发：麻烦还是来了

在尼克松下达了命令的当天晚上，早已经为了这声命令训练多时的56名特种队员作为第一批营救队员就搭乘着一架MC-130特战飞机离开了埃格林训练基地，在天空盘旋了一阵之后飞机与漆黑的夜空融为了一体，再也寻不到踪迹。根据计划他们将会在泰国的打卡里空军基地降落。一个半小时后又有两架攻击机也起飞了，作为支援分队他们的任务是阻击前去增援的越军飞机。同时在越南附近的海军机群也开始向越南的境内飞去，这一切都在麦纳的指挥下有条不紊地进行

● 特种队员乘坐的MC-130特战飞机

着。此时虽然行动已经展开，但是对于参与行动的作战队员，麦纳还是坚持着保密的原则，只有少数的几个人知道整个行动的具体计划。带领着特种队员的西蒙斯就属于这少数人中的一个。

飞机单调的轰鸣声加上连续紧绷的神经，让队员们在飞机上都睡了过去，西蒙斯也蒙蒙眬眬的闭上了眼睛。突然飞机震动了一下，西蒙斯睁开眼睛一看发现已经到了泰国，在这里几个小时之后，他们转搭直升机，在老挝的空军基地加一次油，然后直接飞往山西战俘营。抬手看了看表，现在离转机还有好长时间，西蒙斯看着大家疲惫的脸后下达了一个奇怪的命令，他把大家都召集在了一起然后让大家全部都去睡觉，目的是为了让队员们调整时差保持最佳的战斗状态。在队员们一觉醒来后，西蒙斯把所有人都召集了起来，宣布了行动内容。但是对于最后的地点还是保密。

作战计划中将把56名陆军特种兵和九十多名空军分为三个小组，分头行动。第一个是最为重要的营救组，由14个队员组成，迈道斯上校负责指挥，他们将会乘坐直升机停在山西战俘营的空地上，然后冲进去寻找战俘。这个组的代号叫做"蓝色少年"。第二个组的任务是负责警戒，代号为"红色车轮，"由希德纳中校指挥，他们乘坐的飞机将会在战俘营的外面着陆，然后所有的队员会在外面对

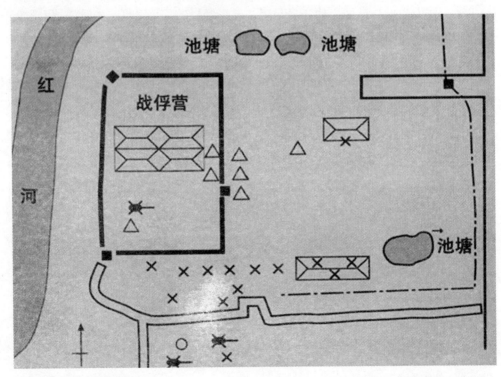

★美军袭击山西战俘营态势图

整个行动区域进行清查，将周围的道路都封锁起来，不让任何可疑人员有机会靠近这里。第三个小组的代号叫做"绿色暗礁"，总共有22个人，是由西蒙斯上校亲自带领的，他们乘坐的直升机也同样是在院外着陆，但是他们的任务是为前面的两个小组提供援助和支援。

11月20号的晚上，突击队员们从打卡里起飞，然后到达了老挝，接着在夜晚十点多钟的时候直接飞往山西。另一边的美国国防部内所有人的表情都异常紧张和严肃，大家一直盯着的指挥室中央的那个大屏幕上面正在缓缓移动的小点，就是正在前往山西的搭载着特种队员的飞机，此时他们已经越过了老挝的边境，在空中加满了油，现在正直奔山西而去。就在这时特种部队的飞机一进入越南的境内，河内的海防港上的美军就开始摆出了一副要对海防港进攻的样子，这样做的目的是为了吸引越军的注意力，为特种部队的营救行动制造机会。美国海军们投下了大量的照明弹，顿时整个海港都被照亮，一拨一拨的飞机不时地从海防港的上空掠过，整个进攻的气氛被营造得异常真实，另外美军还专门使用了电子战飞机干扰越军的雷达，使得越军的雷达系统暂时瘫痪。这样一来悄悄向山西而去的特种部队一路上没有碰到任何障碍。

一切都进展得很顺利，飞机终于到达了山西战俘营的上空，现在直升机准备按照计划在各自预定好的位置降落了，而其余的几架攻击机将在高处盘旋对战俘营周围进行监控。可是就在这时，一架直升机的黄色指示灯突然亮了起来，这意味着飞机的变速器坏掉了，这可不是什么小故障。飞机上的所有人都在心中暗骂，怎么这个时候出了这样的事情，变速器出了问题，如果不赶快修理，严重的话就会导致直升机失去控制后坠毁。于是飞行员立即采取了紧急措施，不断地降低了飞行高度，最后在马上就要撞到战俘营的监视塔时紧急迫降。

失望而归：战俘营里空无一人

这架直升机最终安全地降落了，所有的特种队员在飞机着陆的一瞬间就从飞机上跳了下来，然后四散开来，各自按照自己的任务向该去的地方奔去。负责营救的营救小组在组长迈道斯的带领下直接向战俘营那座两层楼高的小楼房而去。他们手上拿着自动步枪，全身戒备，防止会有人从暗处突然地扑上来。迈道斯脚踹开了战俘营的房门，同时大声地喊道："我们是美国人，是来救你们的。"可是门打开的一瞬间，他却惊讶地发现房间里空荡荡的没有一个人，这个情况让迈道斯觉得自己

★特种队员乘坐的HH-53直升机

真是倒霉透了，他想过许多种营救时会出现的问题，但是从来没有想过会出现营救对象都不见了的情况。就在迈道斯为自己的倒霉运气叹气的时候，另外的两个组也同样不太顺利。西蒙斯带领的这支负责支援的小组，在下了飞机之后发现眼前的建筑物和目标建筑物不太一样，根据情报，山西战俘营里并没有安装铁丝网，可是现在他却亲眼看见这座建筑物的围墙上有一道铁丝网。但是现在他也找不到什么证据证明这里不是山西战俘营，带着满腹的狐疑，西蒙斯还是按照计划冲进了院内准备援助，可是刚一进院子，就有机枪向他们猛烈地射击，西蒙斯只能够带着队员们展开防御，双方在黑夜中展开了一场激烈的枪战。

现在西蒙斯才敢确定他们果真是来错了地方，在山西战俘营的西南面有一座小学，现在里面被改成了越军的一个临时营房，根据现在所遇到的状况来看，西蒙斯确定自己撞到了枪口上，虽然对方的装备精良人数又多，但是因为在仓促间应战没有任何准备，西蒙斯和他的小组一会儿就以零伤亡将这些越军消灭了。另外的一个警戒小组一直都是跟在西蒙斯小组的飞机后面，当他们发现西蒙斯小组的飞机降落错了地方之后立即掉转了方向，向战俘营正确的位置飞去。

此时迈道斯已经将整个山西战俘营都搜查了一遍，仍旧没有发现一个人影，看来战俘肯定已经被转移了，整个营救计划被迫失败了。最后西蒙斯的支援小组也终于赶了过来，在了解了情况之后，每个人都露出了失望的表情，大家辛辛苦苦进行了两个多月的特训，就为了这次营救，结果到头来却什么都没有用上。最后离开时西蒙斯下令将战俘营里的所有重要的建筑物都破坏掉，然后特种队员们清点好人数，搭乘着剩下的两架完好的直升机返回了美国。等上了飞机之后西蒙斯上校才将山西战俘营的所有情况报告给了五角大楼，所有参与此事的将领都对此感到非常惊讶，特别是麦纳将军。

特种部队在返回的途中还不幸被越军发现，然后遭到了导弹的攻击，两架飞机中的一架被击中，最后只有一架飞机平安回到了美国。虽然这次任务最终没有完成，但是尼克松总统依然给参加这次行动的所有作战人员颁发了勋章，作为他们能够勇敢无畏营救同伴的嘉奖。

战典回响

成功的突袭，失败的结果

美军营救山西战俘营战俘的行动，不能单纯说这次行动是成功还是失败，越南为什么会突然转移战俘的原因到现在也没有明确的说法。有人认为是因为越南北方在这段时间里连降暴雨，导致了红河的泛滥，越南突然转移战俘是为了战俘的安全着想。还有的说法认为越军这样做是因为美国的营救计划被不小心泄露了出来，越南听到了有关此事的风声才会将战俘转移的。

但是不可否认的是，整个计划从策划到最后的执行除了最后出了一些不碍事的差错之外，整个突击的过程都进行得相当完美。特种队员们搭乘直升机到了泰国，然后从泰国转机直接飞往山西战俘营，顺利地到达了目的地，然后出其不意地来了个突袭。如果战俘没有那么巧刚好被越南军转移走的话，最后的结局应该还是未知。

美军战俘的生活终于得到改善

越南战争在1964年8月开始由南部扩展到了北部，美军在越南投入的兵力也在不断增加。由于美军对越南的作战主要是以空中轰炸为主，因此美军在越南投放了许多的空军。同时越南人民也没有放弃抵抗，甚至于随着美军的疲乏，越南人民的抵抗越来越顽强。大批的美军飞机被击落，伴随而来的就是美军飞行员的被俘人数也在不断地攀升。这些飞行员被俘成为了美国的一块痛处，因为这样一来使得美军不敢再和从前一样对越南进行大规模的轰炸，怕误伤到自己的飞行员。同时这些被俘的飞行员也成为了美国民众攻击政府的硬伤。还有一点就是美军战俘在越南没有得到良好的对待，反而有很多士兵遭到了虐待。这一次的营救战俘行动虽然没有成功，但是也传达给了越南政府一个信号，那就是美军是不会放弃自己的战士的，让越南政府开始考虑善待战俘，间接地使得美军战俘的生活得到了改善。

★ 沙场点兵 ★

🐺 人物：麦纳

麦纳将军是美国佛罗里达埃格林空军基地空军特种大队的司令官，在拯救山西战俘的"海岸象牙"行动中他受命担任整个行动的指挥官。麦纳将军在担任埃格林空军基地的空军特种司令官之前曾经参加过第二次世界大战，还在越南战争中执行过多次的特种作战任务。这次行动中担任麦纳将军的副指挥官的西蒙斯上校也是参加过第二次世界大战的老特种队员，曾经在菲律宾和老挝等国多次执行任务。

☀ 职责：营救

1964年8月4日，美军自称有两艘驱逐舰在北部湾遭到了越南的侦察舰的袭击，然后就开始以此为借口介入了越南的内战，开始不断地向越南派兵。到了1969年，美国在越南的总兵力已经达到了五十四万，这个数字对于小小的越南来说已经够多了。同时随着战争的不断发展，美军的死伤人数和被俘人数也变得越来越多，美国自己一脚踩入了越战的泥潭，等到想要拔出来的时候却发现早已经泥足深陷，拔不出来了。在迫于国内民众的停战及救出战俘的强烈要求之下，尼克松制订了这个以营救为目的的计划。所以说这一次美国特种部队的任务就是将越南河内以西三十多千米处的山西战俘营里面的战俘营救出来。

✦ 特点：谨慎

为了保证战俘的安全，整个行动的进行都格外谨慎，特别是在作行动准备的时候。在准备随身携带的东西里除了一些必备的武器如突击步枪、手榴弹、刀、钳子之外，特种队员们甚至还携带了专门为战俘们准备的医疗急救包，还带了婴儿食品，这是为应对战俘们如果吃不下固态食物的情况。在训练的时候，为了让队员们有身临其境的感觉，记住战俘营的每一个角落，尽早发现营救计划中存在的问题，美军还专门制作了一个一比一比例的山西战俘营模型。总之通过一切手段和方式确保行动的安全。

灵活机动下的尖刀对决
THE CLASSIC WARS

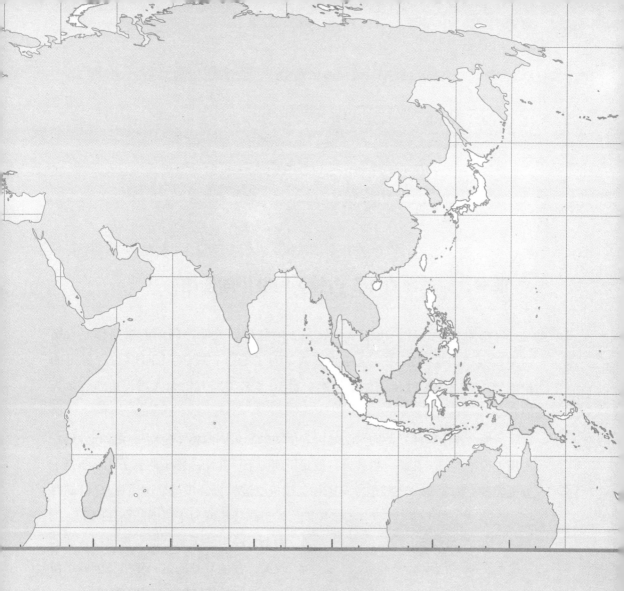

第二十章

虎头蛇尾
——"三角洲"突击队的失误

　　▲因为不满美国收留伊朗的被废的国王巴列维，伊朗国内激进的青年学生在1979年11月4日占领了美国驻伊朗的大使馆，并将馆内的工作人员全部扣留为了人质，以此作为对美国收留巴列维做法的抗议。为了将人质解救出来，美国总统卡特决定下令派遣"三角洲"突击队将人质营救出来。

前奏："革命青年"占领美国驻伊朗使馆

　　每年的11月4号，伊朗学生就在美国驻伊朗大使馆门前的塔列甘尼大街前举行大型的反美集会，这样的行为是为了纪念1979年11月4日，激进的伊朗学生占领美国驻伊朗使馆，然后将50多名美国人扣为人质长达四百多天的行动。

　　伊朗会作出如此冒险的举动是因为伊朗恼怒美国收留了伊朗被废而在外逃亡的国王穆罕默德·礼萨·巴列维。他是伊朗国王，礼萨莎国王的长子，从小就十分受宠被立为王储，还被送往英国和美国接受过教育，学成回国后在1941的时候正式登基成为了伊朗的新任国王。因为个人经历的关系，他一直执行亲美的政策。在他登基的这一年里英国驻军伊朗，紧接着第二年美国也驻军伊朗。

　　在此之前伊朗的阿塞拜疆省一直被苏联所掌控，在得到了英美的支持后，1946年巴列维就在联合国的帮助下成功地夺回了阿塞拜疆省的控制权，并且将苏联军队赶出国界。但是他也逐渐地越来越依靠美国的力量，最终成为了美国的附庸，凡事都以美国为首，并用石油向美国交换了大量的军事和经济的援助。这样的做法逐渐让国内的社会及宗教人士开始不满起来。因为在巴列

★被废黜的伊朗国王巴列维

维登基初一直许诺会进行改革，随后却一直食言，假意民主，再加上他个人在生活方面的奢侈与中饱私囊，终于激起了民愤，引发了一场反对国王的大规模群众运动。

巴列维的政权在疾风暴雨之下被迅速推翻了。1979年1月16日，他被迫离开了自己坐了37年的孔雀宝座，开始了异国的流浪生涯。而一直被排斥流亡在外的伊朗宗教首领霍梅尼则在伊朗人民的欢呼声中被迎回了国内，一时间这两个昔日对头的身份就来了个惊人对转。但是事情并没有这样结束，霍梅尼回国之后就极力废除了君主制，建立了伊朗伊斯兰共和国，同时伊朗的伊斯兰革命法庭宣布判处巴列维和他的妻子死刑，并发出命令，即使巴列维已经逃出了伊朗，但是一旦发现他就会就地处决他。

自从巴列维离开了伊朗后，他就一直在各地流亡。伊朗伊斯兰革命法庭为了使最终的宣判得以执行，还专门组建了一支特别行动小组对巴列维进行追杀，还对巴列维悬赏了14.1万美元的高价，真的可以说是不遗余力不惜代价。为了防止有国家收留巴列维，新伊朗政权还专门向世界发出了声明，不论是谁收留了巴列维，伊朗都会视做对他们的挑战，伊朗绝对不会善罢甘休。

这样的威胁对于美国来说实在算不上什么，让美国人头疼的是听话的巴列维被弄下去，自己又要花费大工夫去培植一个新势力了。而且不管是出于利益、面子，还是单纯的不想让伊朗的新政权好过，美国人这次十分够朋友地没有对陷入绝境的巴列维放任不管，反而说服了墨西哥政府收留巴列维。在美国的强力支持下，墨西哥的外交部长十分不在乎地表示道，墨西哥有权收留任何愿意居住在其领土上的人，你伊朗管不着。

可是一直以来都是养尊处优的巴列维在一场流亡中显然是有些吃不消了，多年的旧疾被引发了出来，淋巴癌恶化，危在旦夕。墨西哥国内的医疗条件不够，只能够再次向美国求助，最后美国决定将巴列维悄悄地转移到位于美国的医疗中心进行救治。就是这件事情直接导致了人质事件的发生。

虽然美国在转移之前就已经跟伊朗打过招呼，可是美国却拒绝了伊朗自己派出医生去给巴列维检查的要求。这样一来伊朗就判定美国人所有的救治是假诡计是真。于是在1979年11月4日上午，一场早已谋划好的行动开始了。

上午十点多钟时，几千民信奉伊斯兰教的伊朗学生在街上开始了示威游行，所有的人结成了一群，向着美国的驻伊大使馆的方向进发，一边走还一边喊着要美国将巴列维送还和要将巴列维处死的口号。美国大使馆以为这只是学生们的一

★游行示威的伊朗学生

★伊朗学生占领美国大使馆

场普通集会，并没有什么警觉，却没有想到当学生们经过了大使馆的门口时，突然这些学生就冲了进来，虽然大使馆内有美军防守，但是最后靠着数量的优势，在学生们与守卫双方的搏斗中，学生们胜利了，三个小时之后大使馆就被学生们占领了。

为了示威，学生们把美国国旗降了下来，换上了写有宣扬伊斯兰教精神字样的白旗，并且开始在美驻伊朗大使馆的门口发表了针对美国收留巴列维这一件事的反对演说，现场的情绪立即被这场演说给煽动了起来，学生们呼喊口号的声音更加激昂了，到下午一点多钟的时候，整个美驻伊朗大使馆就被愤怒的学生们完全占领了。但是幸运的是，学生们虽然态度十分粗暴，但是并没有伤害这些被扣留的美国人，还把大使馆内的几名伊朗人给释放了。

计划出笼：筹备机密的拯救计划

美国驻伊朗大使馆被占领的消息传到美国国内的时候举国震惊，引起了美国政府极大的愤慨。对伊朗充满了愤怒的美国人民纷纷涌上了街头举行游行，甚至于美国国际码头的工人们都表示从现在开始他们不会在任何港口给伊朗的船只卸货。同时国际上也嘘声一片。针对于伊朗外交部发言人所说的，伊朗这么做完全是因为美国收留被伊朗人民赶下台的巴列维的做法伤害了伊朗人民的感情，许多国家都表示不同程度的支持或反对，除了少数国家队伊朗进行声援外，欧洲共同体的九个成员国都对伊朗学生的此次行为表示不满，

★时任美国总统的卡特

几个小时之前美国总统卡特就已经得到了此事的具体消息，随后立即召开了紧急会议讨论营救方案。事情的根源其实十分简单，就是这位来自沙漠的不速之客巴列维，所以有人提议要将巴列维交出去息事宁人，有人提议直接用武力解决问题，卡特考虑到为了保证人质的安全，避免流血，最终决定不到迫不得已不要采取军事行动，而是先采取一些如外交、经济等其他途径看看可否解决问题。可是经过几天的交涉，伊朗的态度依旧十分强硬没有一丝软化，不仅霍梅尼个人拒绝接见美国特使，还下令不准任何伊朗官员会见美国特使，甚至发出命令关闭国门禁止美国特使的入境，霍梅尼这样让卡特十分气愤。他之所以这样做是由于他对美国的仇恨实在不是这近几天里才积攒起来的，早在1953年因为一场由美国中央情报局策划的军事政变而使摩萨台的民族主义政府倒台，逃亡中的巴列维复位开始他就一直对美国怀恨于心。

霍梅尼出生于伊斯兰世界里最为显赫的家族里的一支属于穆罕默德的世系，是被冠以了"赛义德"称呼的尊贵圣裔。但是由于童年生活十分不幸，在艰难的家庭环境和压抑的社会环境下长大的他一直立志要改变这个世界，在他看来，美国在伊朗的统治是伊朗人民一切不幸的根源，这一次行动虽然与霍梅尼的新政府没有直接关系，但是确实很合霍梅尼的心意，美国想让他轻易妥协是绝对不可能的。

此时离美国大使馆被占领、人质被扣押已经过去了好几天，美国驻伊朗大使馆被占领的那天，待在大使馆内的包括秘书、武官等在内的人员一共有63人，学生们将使馆占领后虽然态度粗鲁，但并没有伤害他们，只是给他们所有人都蒙上了眼睛后集中到了正楼附近的一个建筑物里软禁了起来，一切迹象都表明暂时他们都不会有生命危险。

可是一天不救出人质，卡特就一天寝食难安。因为1980年正巧轮到了美国每四年一次的大选年，卡特想要求得连任，却偏偏在如此关键的时候遇到了这样的事情，如果再这样任由人质危机拖延下去，就会对卡特的大选造成极大的影响。

在综合了各方面的考虑之后，11月9日卡特下令要国家安全委员会立即制订出一套营救方案来，第二天的时候营救方案就出来了，决定采用武装营救与外交手段双管齐下的办法。在不放弃外交的同时派遣特种人员武装潜入伊朗营救人质，这样一来人质的营救就有了双重保障。

铤而走险：组建"蓝光"

计划已经确定，接下来就是寻找执行计划的人了。美国将此次任务直接交给了一个名为"蓝光"的在卡特总统指示下刚建立不久的特种部队，这个名字听起来陌生，但是它其实就是后来大名鼎鼎的美国"三角洲"特种部队的前身。把任务交给"蓝光"的原因很简单，与其他的特种部队相比，这支特种部队在建立之初的主要目的就是为了应对此类反恐任务。1978年，美国效仿英国的特别空勤团组建了这支部队，在职责的设置上专门负责海外反恐怖行动，卡特总统的初衷是因为看到了其他国家的特种部队在营救任务上的突出表现，如二战期间希特勒派遣特种部队营救墨索里尼的成功行动，再加上近年来国际恐怖组织格外嚣张，接连发生了好几起恐怖事件，所以美五角大楼对这支部队抱有很高的期望，专门挑选了最优秀的人员，配置了最精良的武器装备。

这一次派他们去伊朗执行营救被扣押人质的任务，可以说是"蓝光"组建以来头一次执行如此重要的任务，所以当"蓝光"特别行动队的队长查尔斯·贝克韦斯从参谋长联席会议主席琼斯将军那里得到任务命令的时候着实也吃了一惊。要知道这表明了总统对他们的极大信任。在琼斯将军的办公室里，琼斯将军接见了贝克韦斯并将整个行动都告诉了他。贝克韦斯是个典型的军人，是一个为了战斗而生的人，一米八三的个头，整齐的短发，严肃的外表下却有一颗大胆冒险的心，在"蓝光"刚刚组建完成时，贝克韦斯就曾经率领着一支由一百多人组成的特别行动小组到越南去营救被关押在集中营的美军俘虏，虽然任务最后因为营救目标已被转移而没有完成，但是他的机智勇敢给琼斯将军留下了深刻了的印象。

琼斯将军告诉贝克韦斯美军将会给予这次营救行动全力支持，在指派任务之前美军就已将开始为行动作准备了。一些特工早已经潜入到伊朗的境内负责侦察和收集情报的工作，等到时候好与贝克韦斯里应外合。并且在伊朗的境内也已经设好了三个专门的接应点，一个在塔巴斯附近的沙漠里，一个在德黑兰的郊区，第三个则在伊朗西部的一个偏远地区。

这样的安排是为了当特种部队的队员们乘坐飞机进入伊朗之后，就可以在第一个接应点内加满油，然后飞到第二个接应点也就是德黑兰将飞机隐蔽起来，这样"蓝光"特种部队的成员就可以放心地去执行营救任务。当任务顺利完成之后就可以直接乘坐直升机飞到第三个接应点离开伊朗，这样整个营救行动就算是圆满结束了。在了解了所有的情况之后，贝克韦斯立即就回到了"蓝光"的总部——位于美国北卡罗来纳州的布雷格堡，研究和制订更为详细的行动计划，然后就开始进行行动队员的挑选和训练工作。根据行动计划，他必须要选出九十多名出色的队员来组成一个营救小队。

箭在弦上：几个月的不断演练

"蓝光"营救小队在11月底的时候终于开始了针对此次营救任务而准备的专门训练。此时离美国驻伊朗大使馆被占领已经过去了将近一个月的时间了。在这期间，迫于国际舆论的压力和伊朗领导高层对于占领美大使馆一事本就有着分歧等原因，伊朗先后释放了几名人质。第一次是一名妇女和两名黑人被释放，第二次是四名妇女和六名黑人被被释放，但是还是有50人被扣留着。美国国内对于此事的关注度和人民的焦虑心情随着人质被扣留时间的增加也在逐渐地攀升。

面对这样情况，看着才刚刚开始训练的队员们，贝克韦斯自己也是心急如焚。但是现在唯一能做的也只有督促队员们

★ "蓝光"突击队进行空降训练

加紧训练，以更为苛刻的标准要求自己以求得行动时不要出任何差错才好。"蓝光"特种部队的训练任务在平常就已经十分不容易了，体能上，每个队员必须要能在一分钟内做37个仰卧起坐，33个俯卧撑。16分钟内跑完两千米，然后接着进行18千米的紧急行军，到达目的地休息两个小时之后还必须在24小时内，在没有任何帮助的情况下仅凭着一张地图和一个指南针在荒无人烟的地区完成74千米的单独行军的极限体能测验。在技能上，必须熟练地使用各种轻武器，同时还要会操作使用多种工具设备。擅长擒拿、格斗、攀岩等。

这次贝克韦斯在训练的过程中按照营救计划把训练分为了几个部分。第一个部分就是想办法飞入伊朗。行动时营救小组的成员将会分别乘坐着八架RH-53直升机从停留在伊朗海域附近的航空母舰上起飞，然后准备进入第一个接应点加油，因为整个阿拉伯半岛的海域有一千多千米长，远超过了RH-53的航程。那么就必须想办法躲开伊朗与巴基斯坦交界处的一个雷达跟踪站。

巧的是这个雷达站的雷达是在巴列维当政期间美国帮忙安装的，所以美国很清楚这个雷达的频率，这样一来只要选择出一条正确的路线，要躲开雷达的追踪是完全可以的。第二个训练部分是让RH-53和用于加油的运输机到美国西南的沙漠区进行飞行训练，因为这里的地质环境与伊朗十分相似，RH-53和运输机每天要在这里练习远程飞行和起飞降落。第三部分的训练就是基础的在不同环境下的作战训练，如在黑夜中如何安全准确地让飞机降落。

★美军RH-53直升机

就在"蓝光"特种队全力进行训练的时候，美国的航空母舰已经在驶往伊朗海域的路上了，航母巨大的身躯在海面上平稳地前进着，从空中望下去就像一座小型的岛屿，本来美国可以派遣小一号的"小鹰"号航母，但是最终还是选择了巨型核动力的"尼米兹"号来执行这次任务，这其中的威胁意味不言而喻。但是也正因为它的体积太庞大，无法通过苏伊士运河而只好绕道而行了，不过这也没有对整个行动造成什么影响，只是需要多花费些时间罢了。

状况迭出：手忙脚乱的特种部队

时间转眼就到了1980年1月，贝克韦斯觉得"蓝光"的训练已经基本完成，可以前往伊朗进行营救了。这几天他一直在等待行动命令，但是却迟迟没有得到任何行动的消息。因为卡特觉得现在并不是最佳的时机，整个中东的局势都不太稳定。在美国深陷于大使馆被占领、人质被扣留的危机中时，苏联发起了一个大动作，举兵开进了阿富汗，并且攻入了阿富汗的总统官邸杀死了总统阿明，推翻了阿明的政权。在阿明之前，苏联控制阿富汗多时，这一次美国本来也想分一杯羹，却没有想到苏联的行动如此快速，整个东欧的局势顿时又一大变。卡特这个时候不得不先将营救事宜放下，解决苏联这边带来的一系列问题。

不过苏联人可能没有想到他们攻占阿富汗的这一举动却在无形中助了美国一臂之力。作为阿富汗的邻国，唇亡齿寒的道理让伊朗看到苏联攻占了阿富汗后深感不安，意识到人质事件不宜再拖，对于伊朗自己来说，也是越早解决越好，此时霍梅尼的态度早已经不像先前那么强硬了，话语间的丝丝松动让美国人看到了和谈的希望。

在2月6号的时候，人质的和谈有了突破性进展，不得已的伊朗和美国双方在国际和国内的形势、外在和内在的压力下都纷纷作出了一定的让步和妥协，最终攻占美国驻伊大使馆的学生们同意将扣押的人质移交给伊朗政府。美国人一直担心这些学生中说不定混入别国的间谍对人质造成伤害使事情更加复杂，听到这一消息后心里轻松不少。但是让卡特愤怒的事情很快就发生了，这些学生出尔反尔，两天后就又变卦了，拒绝将人质交给伊朗政府。虽然随后伊朗又向美国保证会解决好学生们的问题，但是美国人还真从来没有如此憋屈过。

两个月的时间又过去了，转眼间就到了4月1日，伊朗公开向外界宣布只要美国宣布停止对伊朗的一切敌对活动，伊朗政府就将从学生的手中将人质接管过

★美军"尼米兹"号航空母舰

来。然后由伊朗的议会对人质问题进行讨论，直到作出最终的决定。可是人质事件从一开始的时候就几经变动，此时也同样不可能如此顺利，接管人质的话是由伊朗的总统巴尼萨德尔在群众大会上说的，并不是霍梅尼说的，他们两个在这件事情上完全站在相反的立场上，巴尼萨德尔从一开始就认为伊朗需要摆脱对美国的依赖，但是绝对不是以这种扣押人质的方法，这就是说霍梅尼从来没有同意过将人质交给伊朗政府，这样一来，看清楚伊朗政府没有解决人质事情的能力的事实后，卡特终于按捺不住了。

4月11日，卡特又一次召开了国家安全委员会会议，在会议上作出了最后的决定，要执行武装营救人质的计划了。4月20日，以特种部队名字命名的"蓝光"营救计划开始行动了。正处于等待状态中的"蓝光"队员们在得到了命令之后就立即前往"尼米兹"航空母舰上待命了。

1980年4月25日清晨，美国电视台播放了一条让人震惊的消息，就在几个小时之前美国已经派遣了武装人员前往伊朗营救人质。从训练的一开始到现在，贝克韦斯已经把整个计划倒背如流了，每一步都清楚明了，只要不出差错肯定能够顺利完成任务。但是世界上从来没有万无一失的事情，贝克韦斯的预想中肯定没有一种预想是他和他的队员会如此手忙脚乱，一切都变得混乱不已。

草草收场：成了一场闹剧

贝克韦斯和九十名突击队员一起登上了八架RH-53直升机，然后从位于波斯湾水域的"尼米兹"号航母上起飞了。所有人携带着最先进的武器，甚至还有可以让人昏厥的毒气朝着伊朗的南部距德黑兰320千米的塔巴斯附近的沙漠而去。按照计划他们要在这里暂停一下，然后加油补充装备。这里已经有六架从中东飞来的大型运输机在此等待。

伊朗地域辽阔，气候种类多样，位于南部的塔巴斯沙漠区是典型的沙漠气候，4月份正好是冬春交替的时候，沙漠上不时地刮起狂风，卷起层层黄沙，贝克韦斯和突击队员们乘坐的飞机在风中飞行着，为了避开伊朗的雷达网直升机采取超低空的飞行方式，飞机离地面大约只有三十米的距离，偷偷地进入了伊朗的国界没有被任何人发现。

但是就在此时，飞机飞行了大约三分之一的路程后，飞行员发现前方的天空突然变得混沌不清，漫天狂沙扑面而来。这个场景在沙漠里不少见，特别还是在冬春交替的时候，他们遇到了沙尘暴。所有人吃了一惊，要知道飞行中遇到沙暴云团是非常危险的事情，因为能见度的降低加上现在又是晚上，飞行员只能够凭

★贝克韦斯在给特种队员作战前动员

★在此次行动中坠毁的美国飞机

着感觉在沙暴云团中飞行着，夜空中飞机如同大海中失去了航向的小舟，随着气流上下翻腾着，队员们只能暗自祈祷千万不要出什么事情，但是最终还是有两架飞机没能够冲出沙暴云团。

因为大量的沙尘进入了飞机的部件里，使两架飞机相继出现了故障。一架问题较为严重，只能够在沙漠上紧急迫降，飞机上的队员们转乘另一架飞机，而另一架因为沙暴迷失了方向，最后在夜空中毫无方向地转了两个小时无果后只能够重返"尼米兹"号。最终到达第一接应点的直升机只有六架。这其中除了沙尘暴的原因外，还有一个原因是因为在行动之前的几个月这批直升机一直在阿拉伯海附近执勤，含盐量极高的海风极大地腐蚀了飞机的零部件，而在出发前机师并没有对此作详细的检查。

另一边先行到达接应地的运输机早就发现了沙尘暴，想要对正在往这里赶来的直升机进行通知，但是却因为信号问题没有联系上，只能够在这里焦急地等待着，好不容易看到终于赶到的直升机，大家心里都松了一口气。连忙抓紧时间在漆黑的夜色中为直升机加油。

当油加满后飞机开始起飞，可是却没有想到事情又有变，刚才从沙暴中飞出来后没有对飞机进行仔细的检查，现在要起飞的时候才发现一架飞机的主螺旋桨竟然出现了裂痕不能再起飞了。现在只能被迫又放弃一架飞机，原本六架直升机已经是执行任务的最低限度了，现在又少了一架，无论如何都不能完成任务了，心情沉重的贝克韦斯在思考了一会儿后向总部报告了所有的情况，他要求撤退，因为现在就算临时改变行动计划，不仅时间不允许，成功的机会也太小了。在得知了情况后，卡特总统一筹莫展，本来计划好的行动到现在变成了一场闹剧，可是也只能这样了。但是在最后的撤退中还是出现了让人意想不到的事情，此时沙暴越来越大，风沙肆虐，能见度越来越低，在慌乱中一架正在起飞的直升机竟然和一架运输机撞在了一起，顿时一声巨响火光冲天，当场就有三名机组人员死亡，另有四人重伤。

到此为止整个营救计划变成了一出闹剧。

跟五个月前的人质事件一样，营救行动失败的消息传到美国后国内同样一片震惊。伊朗方面除了在美国营救行动失败后的7月11日因有一名人质生病释放了他外，其余剩下的人直到1981年1月19日才由阿尔及利亚从中协调，美伊双方达成了协议，被扣押长达444天的人质才得到了释放。

战典回响

未遂不能抹杀"蓝光"计划

有句俗话叫做"智者千虑，必有一失"，美国这次的"蓝光"计划就是如此，一直以来在国际事务中都处于上风的美国却在这次的人质事件上栽了一个大跟头。不过瑕不掩瑜，虽然行动的结果是失败了，但是依然不能掩盖美军特种部队在这次事件中的突出表现。美军特种部队的总体表现特别是战前的准备工作仍是值得称赞的。

这次营救计划无论是从行动的时间，地点的选择上来看，美国人都是经过了一定的深思熟虑。目的只有一个，就是要保障人质的安全和尽可能地减少伤亡。虽然在最后没有把自然气候问题给考虑进去，但也正是这次不成功的营救行动给了美国特种兵一个吸取教训的机会，让美国特种兵有机会重新审视自己的不足，不会再犯同样的错误，所以他们依然是世界上最优秀的特种兵团之一。

两伊战争帮助人质脱困

美国武装解救人质失败后，伊朗对此事作出了强烈的反应。伊朗认为这是美国对其的又一次军事挑衅行为，并且声称如果美国再次出现这样的行动，那么伊朗就会毫不客气地把所有的石油都倒到波斯湾，然后放把火烧掉也不会便宜美国人。

同时这件事情使得扣押人质的伊朗青年学生们将人质分散到了全国各地进行扣押，这样的话，就彻底断绝掉了美国想要武装营救人质的念头。美国和伊朗之间关于人质的问题又一次陷入了僵局。但是就在美国为了人质问题发愁的时候，两伊战争给了美国一个绝佳的机会。

随着伊拉克和伊朗之间矛盾冲突不断扩大，伊朗为了有更多的精力与伊拉克抗衡，不得不将人质事件尽快解决。

因为在巴列维死后，伊朗扣押人质已经毫无意义了，但如果把人质释放，还可以从美国那里换取被冻结的资金解冻的话，那么更有利于伊朗在这一次两伊战争中占据优势。于是伊朗向美国发出了可以接受和谈的信息，然后在第三国家阿尔及利亚的协调之下，两国终于再次坐上了谈判桌，最后双方在1月19日达成了协议，被伊朗扣留了四百多天的人质终于在20日搭上了回国的飞机，结束了这一场噩梦。

★ 沙场点兵 ★

人物：贝克韦斯

贝克韦斯是一名特种部队的上校，凭借着自身在战场上的勇猛与冲劲，在越南战争中他带领着一组特种兵活跃在越南战场的各个角落，破坏、渗透、收集情报，所有的任务都能够完美地完成，从而深受上司的赏识，越战之后他便被人称为了"特种作战的专家"。

所以在之后1977年当美国想要组建一支新的特种部队时，就把组建任务直接交给贝克韦斯。在给部队起名字的时候，他想起了他这么多年的特种兵生涯中，唯独在叫做三角洲的地方曾经吃过大亏，所以就用这个名字给部队命名，好引以为戒。

贝克韦斯是一名非常严厉的教官，为了能够选拔出合格的队员，他制定了一套非常特殊的选拔制度。首先报名的必须是美国公民并且年纪在二十二岁以下，并已经在特种部队中服役两年以上，本来这样一来符合条件的人就非常少了，剩下的人还要经过魔鬼般的体能测验，要能在25秒钟内逆向爬行35米，可以每分钟做33个俯卧撑和37个仰卧起坐等等一系列之后，还要接受一个终极的体力极限测试，合格者方能加入"三角洲"特种部队。

职责：营救

"蓝光"计划是美国人在无奈之下的一次铤而走险之举，目的只有一个就是营救出被伊朗青年学生扣押的美国人质。为了抗议美国人不顾伊朗人民的强烈反对，收留伊朗流亡国王巴列维的这种伤害了伊朗人民感情的做法，伊朗也同样用极端的方式给予了美国报复。在1979年11月4日，伊朗青年学生冲进了没有任何防御措施的美国驻伊朗大使馆，扣押了正在大使馆里工作的所有人作为了人质，威胁美国把巴列维移交给伊朗。美国一边与伊朗进行外交谈判，一边暗中准备营救行动，想要利用特种部队将人质全部解救出来。但是最后却因为种种原因导致了美国特种兵的行动失败，营救计划破产。

特点：谨慎

虽然行动失败，但是整个计划从策划之初到最后的执行其实都是十分谨慎的。这一点从特种部队行动前的训练准备中就可以看出。首先考虑如何让飞机不被发现地飞入伊朗的这个问题，美方在训练中就对此进行了专门的训练，到最后的行动中时，为了躲避开伊朗的防空雷达系统，美军的直升机一直都是以超低空的方式飞行。在选择了在夜晚行动之后，美军就专门在黑夜中作针对性极强的夜晚起降飞机和驾驶机动车的训练。

Afterword  后记

　　伴随着科技进步、人类发展，历史总是会碰撞出波澜壮阔的凝重声响。秣马厉兵的人们总是在不断思索着战争的最终模式，硝烟弥漫的系统不断革新、升级，战争的狂热爱好者们在前行的路上一往无前。特种战就是在这时应运而生。脱离了冷兵器时代的战争，不再是单一模式的攻防关系。但战争终归还是人与人之间的战争，特种战到最后依然是在高科技皮囊的掩盖下，人与人最直接的战争对话。

　　相比较其他的战争模式，特种战是缺少宏大的场面的，它似乎一直隐藏在历史的暗面，并不容易被人察觉，直到很多年后，如果没有一些蛛丝马迹让人们去寻出一二，当事者对此往往也讳莫如深。这就是特种战，它如同历史那羞答答的一面，欲说还休，却风情万种。其实接触特种战、了解特种战的演化过程，就是在接触现代战争，它的发育和成长，它的生长痛和青春期。

　　作为《战典》丛书中的一书，本书尽可能地对战争史上的经典特种战役作出最翔实、细致的描写。但是虽竭尽所能仍有人力所不能达。毕竟这些战役早已经过去，很少有人亲眼见证过，无论一些资料史实中记录得有多么详细齐全，我们所能做的只是还原出这些战争最基本的样子，文中对一些战争的描写可能还是会有一些疏漏，希望读者能够给予谅解。虽然战争不是人类所喜欢的，但是在和平的大主流下仍然不时有局部战争冲突发生，编写此书并不是提倡战争，而仅是为了供大家学习、交流。希望此书能够受到大家的喜爱，并请大家提出宝贵的意见。

　　最后再次感谢所有为此书的编写提供过帮助的人，真诚地感谢大家为此书作出的贡献。

主要参考书目

1. 苏雨生，苏刚：《战争幽灵——信息兵器》，北京出版社 北京少年儿童出版社，2002年12月。

2. 王军校：《世界王牌特种部队实录》，中央编译出版社，2006年1月。

3. 张晖，张黎等：《15种特种作战——20世纪典型特种战评价》，解放军出版社，2008年7月。

4. 洋子，晓伟：《神兵劲旅——世界特种部队50年》，珠海出版社，1996年11月。

5. 宋颖：《世界王牌特种部队秘密档案》，哈尔滨出版社，2009年1月。